鸡东县城

田园风光

森林资源
Forest Resources
鸡东县境内分布着8个林场，林地面积229.9万亩，森林覆盖率44.3%，活立木蓄积量1094.9万立方米，主要树种有红松、赤松、落叶松、云杉、白桦、柞树等。广阔葱茏的山林中栖息着鹿、熊、狼、狐狸、紫貂等野生动物，盛产人参、黄芪、党参、五味子、刺五加等中药材和松茸、灵芝、猴头等山珍品。
Eight forestry centers are distributed within the territory of Jidong County, with the area of woodland being 2,299,000mu, forest coverage reaching 44.3%, and growing stock standing at 10,949,000 cubic meters. Major species of trees growing here include red pine, scots pine, larch, spruce, birch and oak. Living in the vast and verdant mountain forests are deer, bears, wolves, foxes, sables and other wild animals. The forestry centers are endowed with ginseng, milkvetch, codonopsis pilosula, schisandra berry, manyprickle acanthopanax root and other medicinal materials as well as such delicacies from mountain as matsutake mushroom, glossy ganoderma and madusa fungi.
松茸
Matsutake mushroom
刺五加
manyprickle acanthopanax root
peacock
梅花鹿 spotted deer

森林资源

米之忆大米
美福壹品大米
野鹰有机大米
东北珍珠米
米之忆

优质稻米

江南名府住宅小区

鸡东宾馆

湿地风光

重修后的平阳镇八角楼

凤凰湖风光

鸡东境内的鸡西兴凯湖机场

麒麟山风光

南华大街

北华大街

鸡东县委、县人大、县政府、县政协综合办公楼

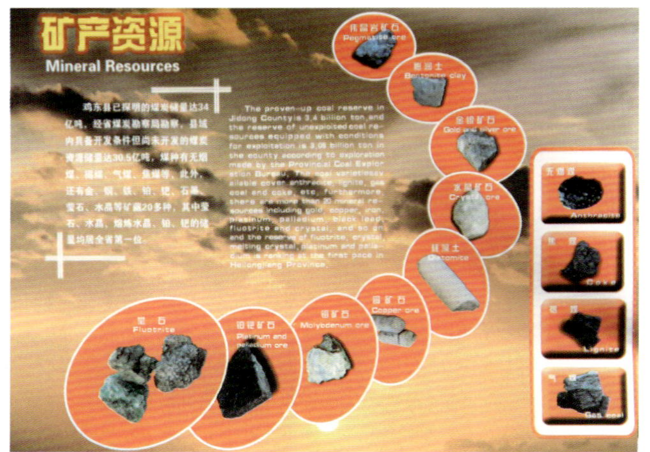

矿产资源

建设中的生态产业园

密山抗日游击队长朱守一烈士墓

抗日救国军补充二团36烈士牺牲地纪念碑

重修抗日救国军补充二团36烈士牺牲地纪念碑

鸡东县东山烈士陵园内的革命烈士纪念碑

市、县老促会调研北药产业

全县老区宣传联席会议

县老促会、老科协参观鸡西历史博物馆“鸡西红色历史展览”

县老促会、老科协参观鸡西民俗馆
“红色历史文化专题展”

县老促会组织的“重走抗联之路，重温红色历史”活动

全县老区建设、老科协工作会议

组织乡镇老促会长到虎林参观“二战”终结地

清明节在烈士陵园举行缅怀先烈活动

东海中心校组织学生参观抗联四军纪念馆

参观哈达河红色历史陈列馆

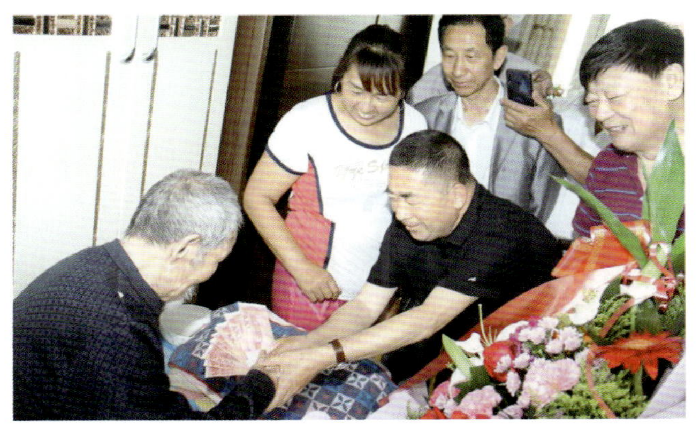

县老促会、老科协慰问102岁
抗联老战士张玉君

参加“不忘初心、牢记使命”主题教育活动的乡镇老促会长、老科协分会长参观哈达河抗联四军成立地纪念碑

参加老区行的各乡镇老促会长在朱守一烈士墓前

县委党校青干班学员“重走红色之路”活动

鸡东县革命老区发展史

鸡东县老区建设促进会　编

黑龙江教育出版社

图书在版编目（CIP）数据

鸡东县革命老区发展史 / 鸡东县老区建设促进会编
. -- 哈尔滨 : 黑龙江教育出版社, 2021.5
ISBN 978-7-5709-2212-3

Ⅰ. ①鸡… Ⅱ. ①鸡… Ⅲ. ①鸡东县一地方史 Ⅳ.
①K293.54

中国版本图书馆CIP数据核字(2021)第078446号

顾　　问　于万岭
丛书主编　杜吉明
副 主 编　白亚光　张利国　李树明　李　勃

鸡东县革命老区发展史

Jidongxian Geming Laoqu Fazhanshi

鸡东县老区建设促进会　编

责任编辑　高　璐
封面设计　朱建明
责任校对　杨　彬
出版发行　黑龙江教育出版社
地　　址　哈尔滨市道里区群力第六大道1305号
印　　刷　哈尔滨博奇印刷有限公司
开　　本　787毫米×1092毫米　1/16
印　　张　23.5
字　　数　290千
版　　次　2021年5月第1版
印　　次　2021年5月第1次印刷

书　　号　ISBN 978-7-5709-2212-3　　　**定　　价**　48.00元

黑龙江教育出版社网址：www.hljep.com.cn
如需订购图书，请与我社发行中心联系。联系电话：0451-82533097　82534665
如有印装质量问题，影响阅读，请与我公司联系调换。联系电话：0451-51789011
如发现盗版图书，请向我社举报。举报电话：0451-82533087

《鸡东县革命老区发展史》编委员会

主　任　毛中一

副主任　徐正非　姜　伟　李军亮
　　　　　汪　鸿　常　斌

成　员　县委办公室　县政府办公室　县委组织部
　　　　　县委宣传部　县委老干部局　发展改革局
　　　　　民政局　农业局　档案局　统计局领导
　　　　　县老区建设促进会秘书长
　　　　　各乡镇老区建设促进会长

《鸡东县革命老区发展史》编辑部

主　　编　汪　鸿

执行主编　张前矛

委　　员　万民义　殷德著　朱延春　张福林
　　　　　　时　莹　李　铁

统　　稿　汪　鸿

图片采集　常　斌　张前矛

总 序

在举国欢庆新中国成立70周年前夕，中国老区建设促进会王健会长请我为《全国革命老区县发展史》丛书作序，作为一名在老区战斗过并得到老区人民生死相助的老兵，回首往事，心潮澎湃，感慨万千，深感义不容辞，欣然应允。

中国革命老区，是以毛泽东为代表的中国共产党人在领导人民推翻帝国主义、封建主义和官僚资本主义三座大山，争取民族独立和人民解放伟大斗争中建立的革命根据地，在这片红色的土地上，诞生了无数可歌可泣的革命英雄儿女，为后人树起了一座不朽的丰碑。她是新中国的摇篮，是党和军队的根。

在艰苦卓绝的战争年代，老区人民把自己的命运与中华民族的命运紧紧地联系在一起，与中国共产党和人民军队的命运紧紧地联系在一起，他们生死相依，患难与共。我曾亲历过战争年代，并得到过老区红哥红嫂的救助，切身感受到发生在身边的一幕幕撼天动地的革命故事，在那极其艰难的条件下，老区人民倾其所有、破家支前，不怕艰难困苦，不怕流血牺牲。“最后一碗米送去做军粮，最后一尺布送去做军装，最后一件老棉袄盖在担架上，最后一个亲骨肉送去上战场”，这是当时伟大的老区人民为建立新中国做出巨大牺牲的真实写照，它将永远镌刻在中国共产党、中国人民解放军、中华人民共和国的历史丰碑上。他们的光辉业绩永载史册，他们的革命精神必将影响一代又一代的革命新人，造就一代又一代的民族脊梁。

在社会主义革命和建设时期，革命老区和老区人民响应党的号召，面对落后的面貌、脆弱的经济、恶劣的生态环境，他们本色不变，精神不丢，自力更生，艰苦奋斗，干一行爱一行。始终坚持“革命理想高于天”，自觉做共产主义远大理想的坚定信仰者和忠实实践者，勇于向恶劣的自然环境和贫穷落后宣战，他们在各条战线上为国建功立业，用平凡的双手创造了一个又一个不平凡的奇迹，彰显了老区人的崇高精神和人格力量。

在改革开放的伟大进程中，老区人民解放思想，勇于创新，发奋图强，攻坚克难，老区的经济社会建设取得了辉煌成就。特别是在改变中国的面貌、中华民族的面貌、中国人民的面貌、中国共产党的面貌的伟大实践中发挥了至关重要的作用。老区人民既是改革开放的参与者，也是改革开放的推动者。

艰苦练意志，危难见精神。老区人民在近百年的革命战争、社会主义建设和改革开放的伟大实践中，孕育形成了伟大的老区精神：爱党信党、坚定不移的理想信念；舍生忘死、无私奉献的博大胸怀；不屈不挠、敢于胜利的英雄气概；自强不息、艰苦奋斗的顽强斗志；求真务实、开拓创新的科学态度；鱼水情深、生死相依的光荣传统。这是党和人民宝贵的精神财富、丰厚的政治资源，是凝心聚力、振奋民族精神的重要法宝，也是社会主义核心价值观的重要内容。

中国老区建设促进会怀着强烈的政治责任感和历史使命感，组织全国各地老促会人员克服困难，尽心竭力编纂《全国革命老区县发展史》丛书，记录老区的光辉历史和辉煌成就，传承红色基因，弘扬老区精神，是功在当代，利及千秋的一件大事。手捧这部丛书的部分书稿，读着书中的故事，倍感亲切，深感这部丛书具有资政、育人、存史的社会功能，有着重要的时代和历史价值。它是不忘初心、牢记使命的源头活水，是赞颂共产党、讴歌老区人民的一部精品力作，是弘扬老区精神、传承红色记忆的丰厚载体，是一项继承优秀传统文化、弘扬革命文化、发展社会主义先进文化，坚定“四个自信”的宏大文化工程。它必将成为一种文化品牌，为各界人士了解老区宣传老区支持老区提供一部有价值的研究史料。希望读者朋友们能从中了解并牢记这些为党和民族的利益不断奉献的老区人民，从中得到教益，汲取人生奋斗的精神动力。

新时代赋予新使命，新起点开启新征程。让我们更加紧密地团结在以习近平同志为核心的党中央周围，坚持以习近平新时代中国特色社会主义思想为指导，增强“四个意识”，坚定“四个自信”，做到“两个维护”，弘扬老区精神，铭记苦难辉煌。为实现“两个一百年”奋斗目标，实现中华民族伟大复兴的中国梦做出新的更大的贡献！

迟浩田

2019 年4 月11 日

编写说明

2017年6月，中国老区建设促进会组织全国各地老促会启动编纂《全国革命老区县发展史》丛书，按照“建立中国共产党、成立中华人民共和国、推进改革开放和中国特色社会主义事业”三大里程碑的历史脉络，系统书写革命老区百年历史，深入挖掘革命老区红色文化资源，这对于充实丰富中国革命史籍宝库、在新时代传承红色基因、弘扬革命精神、强固根本，对于激励人们在新的历史条件下夺取中国特色社会主义伟大胜利，实现中华民族伟大复兴的中国梦具有重要意义。

丛书编纂以习近平新时代中国特色社会主义思想为指导，以《中国共产党历史》《中国共产党的九十年》等重要文献为基本依据，以党的领导为核心，以老区人民为主体，以老区发展为主线，体现历史进程特征，突出时代发展特色，坚持辩证唯物主义和历史唯物主义相统一、历史真实性与内容可读性相统一的原则，书写革命老区从站起来、富起来到强起来的光辉革命史、不懈奋斗史、辉煌成就史，把老区人民的伟大贡献、伟大创造、伟大成就、伟大精神充分展示出来，形成一部具有厚重历史特征和鲜明时代特色的精品力作。这是一部培根铸魂、守正创新，既为历史立言，又为时代服务，字里行间流淌着红色血脉、催生着革命激情的传世之作。丛书的编纂出版将成为讴歌党讴歌人民讴歌时代、传播红色文化、为革命老区和老区人民树碑立传的重要载体。丛书按照编年体与纪事本末体相结合、以编年体为主的编写体例确定框架结构；运用时经事纬、点面结合的方式记述史实；坚持人事结合、以事带人的原则处理人与事的关系；采取夹叙夹议、叙论结合以叙为主的方法展开内容。做到史料与史论、历史与现实、政治与学术统一，文献性、学术性、知识性相兼容。

为编纂好《全国革命老区县发展史》丛书，打造红色文化品牌，中国老区建设促进会认真组织积极协调，提出政治立场鲜明、史料真实准确、思想论述深刻、历史维度厚重、时代特色突出、编写体例规范、篇目布局合理、审读把关严格、出版制作精良的编纂出版总要求，力求达到革命史籍精品的精神高度、思想深度、知识广度、语言力度，增强丛书的权威性和社会影响力。各省（区、市）、市（州、盟）、县（市、区、旗）老促会的同志，以强烈的使命感、责任感和紧迫感，勇于担当，积极作为，认真实施，组织由老促会成员、专家学者等参加的十余万人编纂队伍。编纂工作主体责任在县，省、市组织协调、有力指导、审读把关。各方面人员以高度负责的精神和科学严谨的态度，满腔热情地投入工作，为丛书编纂出版做出了重要贡献。丛书编纂工作还得到了党和国家有关部委、地方各级党委政府及有关部门的大力支持和积极参与，社会各界也给予了热情帮助。中共中央政治局原委员、中央军委原副主席、原国务委员兼国防部长迟浩田上将，对老区人民怀有深厚感情，对革命老区建设发展十分关注，欣然为《全国革命老区县发展史》丛书作总序。

丛书由总册和1 599 部分册（每个革命老区县编纂1部分册）组成，共1 600 册。鉴于丛书所记述的史实内容多、时间跨度长和编纂时间紧，不妥之处，敬请批评指正。

中国老区建设促进会

目 录

序 言

全国老区建设促进会组织全国1 599个老区县（市）编写老区发展史，这是一件很有意义的大事。鸡东县革命老区建设促进会，根据国家和省、市老促会的部署，集中精力，攻坚克难，历时近十个月时间，编纂完成了《鸡东县革命老区发展史》，用热诚和奉献，用辛勤和汗水，为鸡东老区增添了一份不可多得的历史资料，也为鸡东老区的开发建设做了一件非常有意义的好事。

鸡东是全国1 599个老区县、黑龙江省54个老区县12个一类老区县之一，有着光荣的革命传统，老区精神、抗联精神一直激励着鸡东老区人民。

早在1930年冬季，中共北满特委派人到一撮毛建立了党支部，1931年11月，中共满洲省委和宁安中心县委派人到哈达河一带开展党的地下活动并组建了哈达河党支部，1932年11月，中共密山县委在哈达河西北的炮手沟张老畲菜营成立，1933年抗日救国会在哈达河诞生。抗日战争期间，鸡东地区较早地建立了大石头河、黄泥河、郝家屯儿、夹信子、半截河等游击区，创建了哈达河和哈达岗抗日游击根据地及密营。鸡东地区是抗日队伍特别是抗联四军的重要活动基地，从哈达河到大石河、半截河；从锅盘山到大顶山；从郝家屯儿到黄家店儿；从夹信子到张三儿沟，大大小小战役有上百次，英勇顽强的抗日队伍给了日本侵略者沉重打击。李延禄、崔庸健、周保中等抗日将领都曾在这里领导过抗日队伍。朱守一、李银峰、苏怀田、田宝贵等烈士在这里血染大地，还有一批无名的抗联将士长眠在这片土地上。抗日战争期间鸡东地区有一批爱国志士参加抗联队伍，有的英勇牺牲在抗日战场，有一批共产党员和团员及广大民众积极参加反日组织，用各种形式支援抗日斗争，他们为争取抗日胜利和民族解放做出了重大贡献和牺牲。抗战胜利后，鸡东人民在党的领导下，以前所未有的热情，积极投身到建党、建政、剿匪、“土改”、参军、支前和大生产运动的热潮中。鸡东被划定为革命老区，体现了党和国家对鸡东人民为抗日战争的胜利和民族解放做出的重大贡献、付出的巨大牺牲的一种认可，也是对老区历史的一种尊重，更是对老区人民的一份热爱。

《鸡东县革命老区发展史》系统、完整、准确、生动地了记录了鸡东地区民主革命时期斗争历史，记录了抗日将士的英雄壮举，记录了抗联和老区人民群众的血肉之情，记录了夺取政权和剿匪反霸的激烈曲折，记录了建设家园的豪情热情，是一部丰满厚重的老区发展史。编写《鸡东县革命老区发展史》，旨在铭记老区历史，缅怀革命先烈，弘扬抗联精神。因此我们要充分利用好《鸡东县革命老区发展史》，把它作为对广大党员干部群众和青少年进行爱国主义教育、社会主义核心价值观教育和爱老区、爱家乡教育的教材之一，在全县广泛深入宣传老区精神、抗联精神，传承红色基因，使伟大的老区精神、抗联精神成为广大人民群众投身建设家乡的巨大动力之源。

《鸡东县革命老区发展史》具有史料性和可读性。展卷细读，从中可以看出编纂者对资料的挖掘、搜集、整理下了很多功夫，此书凝结着编纂者的辛勤汗水，体现着编纂者严谨不苟的编纂态度。鸡东老促会的老同志不忘初心、勤于工作、乐于奉献的精神令人感动。

鸡东老区从历史走来，经过几代人的艰苦奋斗，面貌发生了翻天覆地的变化，经济社会建设日新月异，老区人民安居乐业，生活幸福，如今鸡东大地呈现出一派欣欣向荣的景象。站在过去与未来的梦想交会点上，我们要继承和发扬老区的光荣传统，把老区精神转化为实现新目标、新跨越的强大动力，在全面建设小康社会的道路上，昂首阔步，开拓进取，务实创新，奋力谱写更加辉煌的篇章。

中共鸡东县委副书记
县老区工作领导小组组长　毛中一

第一章　革命老区鸡东县概况

第一节　地理位置

鸡东，因位于鸡冠山以东而得名。

鸡东县城民国初期称北大甸子，1939年林密铁路通车时设立了平阳车站（今鸡东站），地名改为新平屯。日本侵略者为切断抗日联军与群众的联系，强行将分散居住的百姓向新平屯归并，形成较大的村落，1945年改称新兴村。1955年为纪念剿匪烈士李银峰改为银峰村。1964年国务院批准成立鸡东县时，定名鸡东县，县委、县人委设在银峰大队，银峰大队改名鸡东镇。

鸡东县位于黑龙江省东南部，地理坐标为东经130° 40′39″—131° 41′ 5″，北纬44° 51′ 7″—45° 40′ 58″ 。东与密山市相连，北与七台河市、勃利县接壤，西与鸡西市、穆棱市、林口县为邻，南与俄罗斯搭界，陆地边界线111公里。

鸡东县东西横距最长78.5公里，南北纵距最长92公里，总面积3 243平方公里。耕地面积155万亩，林地面积3 425 500亩。

第二节　行政区划

鸡东县现辖8镇（鸡东镇、永和镇、平阳镇、向阳镇、永安镇、东海镇、哈达镇、兴农镇）、3乡（下亮子乡、明德朝鲜族乡、鸡林朝鲜族乡）。全县123行政村，645个村民小组。1965年建县时辖14个人民公社，157个生产大队。1985年时，辖1镇、2个民族乡、12个乡、178个村，633个村民小组。2000年合村并镇后，设11个乡镇，其中8个镇、3个乡，123个行政村，645个村民小组。有13个社区，其中7个县城社区、6个矿区社区。

第三节　人口民族

鸡东县1965年建县时人口168 949人，其中农业人口141 800人；到2017年末总人口273 761人。其中：农业人口182 460人。

鸡东县汉族人口占人口总数的76.5%，除汉族外，还有满、朝鲜、蒙古、回、苗、壮、侗、锡伯、高山、达斡尔、鄂伦春等18个少数民族。鸡东县属于老、少、边地区。

第四节　历史沿革

1913年九一八事变，日本帝国主义侵占东北，炮制伪满洲国傀儡政权，本地属东安省密山县。1941年伪东安省设置鸡宁县，本地由密山县、鸡宁县分管。1947年5月设置永安县，本地分属密山县、永安县、鸡宁县。同年9月，撤销永安县，本地仍属密山、鸡宁两县管辖。新中国成立后，本地分属密山县、鸡宁县。1957年撤销鸡西县设立鸡西市。原鸡西市的兴农乡划归勃利县，其余划归密山县，本地分属密山县和勃利县。1960年，从密山县划出银峰公社和哈达公社的11个生产大队，归属鸡西市。银峰公社改为平阳公社。哈达公社的另13个生产大队设东海公社，归属密山县管辖，本地分属鸡西市、密山县、勃利县。

1964年6月5日，经国务院第145次全体会议决定，设置鸡东县。1964年8月16日，黑龙江省人民委员会决定将鸡西市所辖的哈达、银峰（原平阳）公社、张家街农业生产大队和密山县所辖的鸡林、下亮子、平阳、永安、综合、东海、兴隆（新华）、永和、向阳、明德10个公社以及勃利县所辖的兴农公社划归鸡东县。鸡东县成立时，县人民委员会设在银峰大队，银峰大队改为鸡东镇公社，1964年8月20日成立鸡东县筹建委员会，1965年1月1日，中共鸡东县委员会、鸡东县人民委员会开始办公，隶属牡丹江地区行政公署。1983年9月划归鸡西市管辖。

第五节　悠远历史

鸡东县历史十分悠久。据鸡东地区文物调查发现，鸡东大地早在8 000多年前，就有人类在这片土地上繁衍生息。虽然至今没有发现更多的文字记载，但是90年代考古挖掘发现，距离鸡东县不到5公里的鸡冠山北侧山顶的一处积石冢古墓葬群遗址（现为国家级文物保护单位“刀背山遗址”）。距今已有8 000年的历史。其中，鸡东县永和镇长安遗址距今3 000年、永和镇白土坑遗址距今3 000~4 000年、平阳镇凤凰山遗址距今3 000年、平阳镇金城遗址距今近千年、向阳镇古城遗址800多年。在这些遗址内出土的文物断定他们历经了从新时器时期、汉魏时期、南北朝时期、隋唐时期、辽金时期以及元、明、清时期。从鸡东县11个乡镇、80多个村出土的大量文物来看，早在旧石器中晚期时期，我们的祖先就已经开始用打制、磨制的石器作为生产工具和战斗、狩猎的武器，开垦耕耘了鸡东这片土地。

2016年7月14日，黑龙江省文物考古研究所对“牡丹江至佳木斯高速铁路”沿线进行文物考古调查时，在鸡东县兴农镇地界不到20公里的线路上考古调查中，就发现了汉魏、辽金时期的遗址多达10余处，这些遗址的新发现再一次证明了早在2000年前（汉魏时期），鸡东县3 243平方公里的土地上就遍布人类渔猎、狩猎和农耕轨迹，从发现的居住遗址（聚落址）密集程度来看，当时的人类数量大大超乎了我们今天的想象，面积之广、范围之大、人数之多，由此可以想象到，古代人们生活在鸡东大地时的繁荣景象。

所以，鸡东不但是有着悠久的历史，而且鸡东地区是古老民族“肃慎族”的发祥地之一。

东北地区是中华文明的发祥地之一。大量文物表明肃慎人早在新石器时代就生活在我国东北的白山黑水之间，是我国东北地区最早的土著居民。肃慎人居于东北的北部之东，南至今吉林长白山地区、北达黑龙江入海处、东邻日本海、西至嫩江以东的辽阔地区，习称白山黑水之间广大地区。

随着历史进程的推移，肃慎人的称谓也在不断地变化。先秦称肃慎，汉魏称挹娄，南北朝称勿吉，隋唐称靺鞨，宋、辽、金、元、明称女真，明末至清代称满洲，简称满族。今天生活在东北地区的少数民族如赫哲、鄂伦春、鄂温克等，都是肃慎族系的后裔。

鸡东地区繁衍生息的肃慎人，秦、汉时期隶属于辽东郡，北朝时期隶属于靺鞨拂涅部，唐代属渤海国东平府伊州所辖，辽代为东京道五国部，金代属上京路速频路。元代隶属胡里改路万户府和开元路万户府分辖。明代隶属奴尔干都司海西女真部麦兰河卫。清代封禁。1880年，清政府解除封禁，移民实边，始有少数领垦农户陆续来此定居耕殖，有居民400人分布在大石河（今永和镇）、夹信子（今平阳镇）、水曲柳河和半截河（今向阳镇）等地，民国初年“户至两千，人丁一万”。清光绪二十五年（1899年）设蜂蜜山招垦局。清光绪三十四年（1908年）设密山府。1913年改密山府为密山县，本地均为其所辖。

第六节 自然资源

鸡东县地处完达山系西南端，太平岭山东北端山地，完达山余尾那丹哈达河岭在本县北部由东向西延伸，太平岭余脉波格拉尼池内山由西向东横卧本县南部。穆陵河由西向东贯通中部，南北山连接着丘陵漫岗和穆陵河冲积平原，构成了西高东低，南北高，中间低的地势。境内最高峰西大翁山海拔880.6米，最低为东界穆陵河谷漫滩，海拔145米。最大比高630米，一般在100~300米，地形起伏较大，局部山势陡峻。在总面积中，低山丘陵占66%，台地占24%，平原占10%，构成七山半水二分半田的布局。

由于这样的一个特殊地貌，所以鸡东县自然资源十分禀赋。

地下矿产资源品种多、储量大、品位高。现已探明有煤、油页岩、铁、钛铁、铂、钯、银、镍、钴、金、铀、铅锌、石墨、萤石、水晶、熔岩水晶、石灰岩、花岗岩、玄武岩、黏土等40余种。其中萤石、水晶、熔岩水晶、铂、钯的蕴藏量均占全省第一位。煤矿储存量37亿吨，是全省产煤大县，也是原国家煤炭部确定的全国10个重点产煤县之一，经省煤炭勘察局勘察，鸡东县具备开发条件但尚未开发的煤炭资源储量达30.5亿吨，煤种有无烟煤、褐煤、气煤、焦煤、弱黏结煤、长焰煤等。其中完成精查的荣华矿区储量5.1亿吨，永庆一区10.2亿吨（褐煤9.2亿吨），完成详查的永庆二区4.7亿吨（褐煤3亿吨），平阳区2亿吨，永安一区褐煤3.3亿吨，永安二区0.7亿吨，和平区1.5亿吨。境内五星铂钯矿床经精查，已探明铂+钯金属储量8.95吨，镍金属储量9 772吨。四山岩金资源勘探已控制7条矿床，其中两条矿床已达到详查程度，提供金属资源量11.5吨，平均品位为10.26克/吨。鸡西煤矿集团的杏花煤矿、荣华煤矿、东海煤矿就坐落在鸡东境内。有各类矿产10处，矿点和矿化点97处，矿产线索地17处。

林业资源也十分丰富。有高等植物679种。主要树种：针叶树有红松、云杉、冷杉、赤松、杜松和稀有的树种紫杉。阔叶树有柞树、白桦、黑桦、杨、柳、榆、椴、槭、黄波罗、胡桃秋和曲柳等。有国家级凤凰山自然保护区一处。有人工林地2 628 915亩，森林覆盖率占45.6%，活立木蓄积量8 698 900立方米。森林类型是柞树林硬阔混交林遍布南北山区。南部山区还有针阔混交林、赤松林、杨树林和白桦林。山区面积为321.3万亩，占全县总面积的66%，山地树种多为天然次生林。除南部山区的四山、平房、西南岔国有林场施业区，存有天然针阔叶混交林外，大部分是以柞桦树为主的阔叶次生林。柞树占有林地面积的98%，杨树在天然林中呈团状分布，多为小面积纯林，生长在土壤肥沃的缓坡地段，长势良好。天然针、阔叶混交林，分布在四山、平房国营林场施业区，以冷杉、云杉为主，红松、落叶松比重很少，桦、椴、水曲柳、榆、色树等混交，几经择伐形成令林，天然更新情况良好。赤松分布在西南岔林场施业区，天然更新能力强，已成为本县大有前途的树种。1951年开始营造人工林，先成林的已经先后间伐利用。人工林中以落叶松为主，大面积分布在国有林场施业区。集体营造人工林大部分分布于林缘地带，部分分布在穆陵河冲积平原及丘陵漫岗农业区。全县有林地1 828 915亩，森林覆盖率占37，6%，活立木蓄积量5 698 900立方米。

本区域清末人烟稀少，山高林密，野生动物资源丰富，种类繁多，不仅有野猪、黑熊、野鸡、野鸭、獐、狍、鹿、猞猁、水獭、貉等，还有珍贵的东北虎出没。“棒打狍子瓢舀鱼，野鸡飞到饭锅里”就是当时的真实写照。民国时期人口不断增加，特别是1933年日军侵占本地后，森林资源遭到严重破坏，改变了森林环境和野生动物的生活栖息条件，使野生动物急剧减少。

新中国成立后，实行了封山育林的方针，重新为野生动物创造了栖息条件，野生动物逐年繁殖起来。后来随着人口的增加，生产发展，特别是人为活动的增加，20世纪60年代初，曾出现了乱捕滥猎野生经济动物和野生珍贵动物的现象不断出现。“文化大革命”期间，已被刹住的乱捕滥猎的歪风又刮了起来，野生动物资源又遭到了一场浩劫。1975年，重新制定了措施，深入开展了野生动物的保护工作，使野生动物资源得到了有效保护。

野生植物有猴头、木耳、蘑菇、蕨菜、黄花菜、四叶菜等山野菜49种。山野果有榛子、橡子、核桃、松子、山葡萄等28种。有野生植物药材黄芪、五味子、黄芩、防风、桔梗、赤芍、柴胡、鹿茸、人参、田鸡、林蛙、鹿角等170多种。沼泽草甸有小叶樟、牛鞭草、苔草等。

第二章　抗日烽火燎原鸡东

1931年“九一八”事变之后不久，日本帝国主义占领了东北。1933年1月6日日本侵占密山，鸡东沦陷。在中国共产党的领导下，鸡东人民组织起来，武装起来，奋战起来，经历了艰苦卓绝的14年抗战，谱写了鸡东抗战史上壮丽的篇章。

第一节　党组织的建立及其活动

鸡东境内较早地建立了党组织。早在1930年，中央的一些党员就来到了这里，特别是集中在哈达河一带，传播革命的火种。“九一八”事变后，党在密山的活动空前活跃起来，党领导人民同日伪反动派进行了艰苦卓绝的斗争，发展了党的组织。

20世纪30年代，现在的鸡东境内大部分隶属密山县管辖。而当时的密山县党组织主要活动在现鸡东县境内的哈达河（现东海镇）北部的长山、长兴及永安、半截河（现向阳镇）、平阳镇一带。当时这里山深林密，草繁木茂，且地僻一隅，人烟稀少，靠近苏境，适合共产党和抗日武装开展活动。

一、早期党组织的建立

1930年9月，中共北满特委行动委员会在哈达河（原鸡东县新华乡新华村）建立中共密山特别支部，10月，中共北满特委行动委员会撤销，成立中共北满特委，将密山特别支部改为中共密山区委。11月，分别在各地建立了5个党支部，其中有一撮毛（明德乡立新村）党支部。隶属于饶河中心县委。

1931年春，中共饶河中心县委领导人崔石泉派党员金刚天、蔡基范来一撮毛（今明德乡立新村）开展革命工作，组织群众，宣传马列主义，在一撮毛发展了一批党员，党员有金炳龙、蔡基范、金刚天、奇斗星。组建了党支部，金炳龙任支部书记。

1931年冬，绥宁中心县委派党员阚玉坤来到哈达河，就在农民梁玉坤家扎了根，后又派党员金镇浩、金佰万、朱德海、李春华、金平国、郑燮等10名同志携带着家眷来到永安乡（今鸡东县永安镇）锅盔山下落户，做组织群众和发展党工作。后来绥宁中心县委又派党员张墨林、张墨林、阚玉坤等人到此地，深入群众，宣传革命道理，用革命思想武装群众。

1932年2月，中共绥宁中心县委派朴凤南同志到密山任区委书记。3月16日，张墨林、阚玉坤、金大伦（李成林）、林贵春、大老朴等8名同志在哈达河二段梁玉坤家召开骨干会议，在会上成立了密山县抗日总会，负责人张墨林。抗日总会的成立，为党领导人民进行抗日斗争，组建密山县党组织，打开了道路。7月，朴凤南派金镇浩、金佰万到密山了解党组织情况，在兰岭金佰万因事返回，金镇浩来哈达河先后到一撮毛、当壁镇等地了解党组织情况，分别向绥宁中心县委、满洲省委作了汇报。

为了广泛开展工作，朴凤南又指派朱德海等4名党员组成假家庭来到锅盔山（现永安镇永兴村）定居建立革命根据地。

1932年11月，朴凤南带领李根淑、黄玉清、金佰万、金镇浩、金根、南老头、李春根、崔玉仑等人在哈达河一边劳动一边组织群众和发展党员工作。

为了解决密山县党组织的领导关系问题，朴凤南和崔石泉同志一起到中共满洲省委，研究党组织归属问题，因密山距饶河较远，交通又不方便，不便领导，因此，经满洲省委决定，将饶河中心县创建的党支部交给绥宁中心县委。

1932年11月，绥宁中心县委为了加强对密山地区党组织领导，决定成立中共密山县委，将密山区委改组建立密山县委，县委副书记朴凤南任县委书记，副书记兼组织部长张墨林，宣传部长金大伦（李成林），委员李根淑、黄玉清、李春根、金佰万、朱德海，县委机关设在哈达河头段（今东海镇长兴村）金炳奎家。

密山县委成立后，在哈达河、白泡子、西大林子等地发展了党员，建立了六个党支部。其中三个在现在的鸡东县境内。

1.哈达河党支部（今东海镇长兴村）：书记池若俊，党员金昌敛、金昌然、金大伦等。

2.一撮毛党支部（今明德乡立新村）：书记金炳龙，党员金炳龙爱人、蔡基范、金刚天、奇斗星等。

3.柞木台党支部（今明德乡明德村）：书记金真大，党员安日山、崔洪基、郑燮、韩守根等。

其他当壁镇、白泡子、西大林子三个党支部在密山县境内。

在县委之下支部之上还划分了四个区，组织了四个区委，即东区：白泡子；西区：平阳镇区；哈达区：哈达河；勃利区委。

1933年夏，李延禄带领抗联四军开进密山，中共密山县委同四军紧密协作，共同开展抗日斗争。但在工作中，中共密山县委书记朴凤南在一些问题上与李延禄的抗联四军出现了分歧。这些分歧主要是在对待山林队的问题上（当时此地有大小多股山林队及地方武装）。由于有的山林队曾缴过游击队的枪，因此朴凤南认为游击队同山林队的矛盾是阶级矛盾，不同意李延禄关于改编一些较好的山林队，壮大抗日队伍的建议。另外在奖励伪军投诚上，朴凤南也不同意。认为“中国人不打中国人”的口号是没有阶级性。这些问题产生的原因，主要是当时密山县委远离党中央、远离省委，中央的文件、指示精神知道得太晚，不及时。中央1933年的“一·二六”指示信直到1934年5月份才传达到密山县委。“一·二六”指示信对于纠正东北党内的“左”倾关门主义错误起到了积极作用，对东北党的工作和抗日游击战争起到了决定性的影响。

8月份，满洲省委派巡视员吴赤峰到抗联四军视察后又到虎饶去了解情况，回来后在吴赤峰主持下开了会议，中共密山县委的也参加了会议。在这次联席会议上，各种矛盾都提出来了。但由于没有正式传达中央“一·二六”指示信，朴凤南仍然坚持自己的观点，问题没有得到解决。为了求得问题的解决，李延禄秘密前往上海寻找党中央。此后吉东局巡视员张林来密山视察工作，口头上传达了中央“一·二六”指示信和省委关于执行中央指示“五月决议”，并对朴凤南提出批评，帮助他提高实行抗日民族统一战线的认识。在上级党组织的帮助下，朴凤南思想上有了很大的转变。

1934年10月，中共密山县委在哈达河二段召开了县委扩大会议，抗联四军的主要领导都参加了会议，中共驻国际代表团派吴平以满洲省委巡视员的身份参加了会议。会上传达了中共以宋庆龄等爱国人士名义发表的抗日爱国六大纲领，介绍了满洲省委的新领导，总结了密山县委和抗联四军的工作，提出了要求。在吴平的参加下，密山县委书记朴凤南检讨了过去工作中一些“左”的错误，原山林队赵挑水部队改编为抗联四军第二支队。同日，这次会议还就县委和抗联四军的领导进行了调整。县委原副书记张墨林任密山县委书记。为了便于工作，决定原县委书记朴凤南任抗联四军组织部长，县委宣传部长李太俊调到四军政治部任宣传部长，县委委员李根淑调到四军任妇委会主任，县委委员金根调到四军任参谋处长，胡伦任参谋长。

二、党组织艰难曲折的战斗历程

1935年，抗联四军转移到方正、宝清县一带，中共密山县委书记张墨林留密山继续开展地下工作。张墨林在工作中没有认真地执行上级决定，还把筹集到的子弹卖掉，因此，省委撤销他县委书记职务，暂时由一个姓孟的代理工作。

1935年初，满洲省委和吉东特委派曾经在苏联学习过的刘曙华到密山担任县委书记。

刘曙华（老曹）以逃荒者的身份到密山后，针对密山党、团组织、抗日群众组织比较混乱的情况，深入哈达河、兴隆沟、半截河、平阳镇一带，深入群众，宣传抗日救国，重新整顿了组织。党员、团员、抗日会员进行了重新登记。改组了县抗日总会，整顿了五个区的抗日分会，发展了抗日会员，使抗日会员增加了一百多人。同时还开展了妇女会、儿童团，在一些地方还办了读报组、训练班。经过一段时间的工作，党团组织、抗日群众组织的各种活动都有了新起色。1935年4月，刘曙华在哈达河二段，找正在地里干活的县妇女干部田仲樵要抗日会员登记表，当他离去时遇上了伪军大搜查，刘曙华怕敌人搜去登记表，迅速钻进草丛，分几处埋藏登记表，但没有埋完，就被敌人发现逮捕，并被搜去了登记表。敌人按登记表又逮捕了抗日会员李贵、孙洪山、王老疙瘩等人。

1935年8月，刘曙华被捕后，省委派褚志远接任县委书记。褚志远以记者身份在密山县委工作一段时间后，被派到铁路上工作。吉东特委让倪景阳暂时代理一个月密山县委书记。

1935年12月，中共满洲省委派曾经在哈尔滨工作过的王学尧到密山任县委副书记。王学尧到密山后积极工作，组织伪军哗变，组织群众为抗联筹集运送物资。1936年春他因家事回到哈尔滨，因叛徒告密被捕入狱.在狱中王学尧坚贞不屈，组织难友同敌人斗争，保卫了党的机密。1936年10月被害于哈尔滨，年仅26岁。

1937年1月，密山县委按照上级党委“关于发挥党员独立性工作能力”的指示精神，为了保存革命力量，将地方党组织分散各地隐避斗争，等待时机配合部队开展抗日斗争。

1938年7月31日，中共吉东省委书记宋逸夫投敌叛变，供出吉东地区党组织和领导人，鸡东地区党组织又遭到一次严重破坏。但仍有少数党员以各种身份作掩护坚持革命活动。密山县委直到1945年“八一五”光复终止了活动。

鸡东地区东北光复后才恢复党组织。

三、坚守党组织的恢复和发展

1946年4月1日，中共鸡宁县委建立（对外称鸡宁地方办事处）。中共东安地委副书记白如海兼任县委书记，陶宜民任副书记。

1946年10月，第一批“土改”工作结束，半截河、平阳镇、哈达等地建立了村、区政府和自卫队，秘密发展了党组织。

1947年2月，成立中共平阳镇区委，书记张震；下亮子区委，书记刁开智；东海区委，书记冯光；哈达区委，书记王石柱；兴农区委，书记陶新生。3月，中共新兴区（后来的银峰乡）委成立，张进学任书记；中共鸡林朝鲜族自治区委成立，朴太杰任书记。

1947年4月，中共合江省工委决定成立中共永安县委、县政府，下辖六个区：永安区、半截河子区、下亮子区、黑台区、东海区、连珠山区，谭云鹤任县委书记，冯光任组织部长兼东海区委书记，伊仁任宣传部长兼永安区委书记，沈先夫任县长，刘俊任副县长兼半截河子区委书记。

1947年8月，平阳、向阳、下亮子、永安、鸡林、哈达、新兴、兴农等区在区委领导下进行了公开建党，各村普遍建立了党支部。

第二节　抗日组织凝聚民众

在抗日斗争期间，鸡东境内在中国共产党的领导下，先后成立了一些抗日组织，起到了宣传民众、组织民众、凝聚民众、武装民众的作用。

一、抗日总会的发起

1933年2月，中共绥宁中心县委派朴凤南到密山任区委书记。3月16日，张墨林、阚玉坤、金大伦（李成林）、林贵春、大老朴等8名同志在哈达河二段梁玉坤家召开骨干会议，在会上成立了密山县反日总会，也叫抗日总会，以后又称为抗日救国会。首任会长李成林，副会长张墨林、阚玉坤，梁玉坤为组织部长，老赵（田中齐，女）为宣传部长，李雅艳负责妇女工作，王丕年负责儿童工作。总会机关设在哈达河梁玉坤家。总会下设四个分会，分别是哈达河分会、哈达岗分会、柞木台子分会和西大林子分会，也叫抗日会、反日会。反日会给每个会员发一块印有“吉林省抗日会密山分会”的布，这个印章先是椭圆形，后改为菱形。抗日会会员每家交会费，记账时怕敌人发现，就写上菜、粮。这些会费全部支援抗日队伍。

抗日总会的主要活动和任务：一是巩固和扩大抗日根据地；二是协助党组织推行抗日民族统一战线；三是开展拥军支前工作；四是配合抗日武装打击日本侵略者；五是掩护党的组织；六是抚养抗联子女。

抗日总会骨干会议以后，鸡东地区的抗日救亡活动更加活跃。各骨干分子到群众中去，宣传群众，动员群众，组织群众，使抗日会的队伍迅速壮大，很快在哈达河发展了一大批新会员。他们是张山合、张发、代晋峰、何（孙）福林、李宝义（文）、王金亮、陈区高（后叛变）、腾双靖、王维帮、王维席、王志远、张继明、徐子峰、高凤阁、王天恩、孙洪山、王喜坤、黄清林、张子厚、邱凤文等。据抗联老战士张玉君的回忆，会员还有：戴云峰、戴云章、戴云亭、佟双庆、王山东（张哈）、王清、梁玉坤，共有30多名新会员。反日总会的成立，对于发动群众，组织群众，团结群众，壮大革命队伍，发展党的队伍，武装群众，培养干部创造了条件。

1933年6月，李延禄领导的抗日救国游击军进入鸡东境内开展抗日斗争。1934年3月20日，中共密山县委创建密山抗日游击队。随着党领导的抗日武装力量的不断壮大，党所制定的民族抗日统一战线方针的逐步推行，密山反日总会的工作也日益活跃，抗日总会的组织不仅在全县有了很大的发展，抗日武装队伍甚至还发展到伪军、伪警、大排队之中。会员多时达三百多人，有农民、士兵，还有山林队的头领和哗变的伪军头目。

反日会在党的领导下，为反对日本帝国主义的侵略，支援抗日游击战争，建立抗日根据地，做出了不可磨灭的贡献。其主要活动：一是监视敌人，保卫抗日根据地。反日会会员经常在一起学习、开会，接受党的教育，提高政治觉悟。反日会的会员们站岗放哨，侦察敌情，注视敌特活动。1934年春，一个“阴阳先生”进入哈达河。会员梁玉坤见此人面貌生疏，形迹可疑，马上报告了县委领导张墨林。张墨林部署会员苏福堂请“阴阳先生”看“房宅地”，作一进步考察。在交谈中，“阴阳先生”屡屡探问党组织和游击队的情况，苏福堂又如实地向张墨林作了汇报，张墨林决定将其扣押作进一步审查。在审查中，从他身上搜出可疑名单一份，其中有张墨林等15名党团员骨干的名字，后经审问，证实是日伪特务，后来把这个“阴阳先生”秘密处决。1934年11月，叛徒李歪嘴子（李恩忠）潜入哈达河刺探抗日根据地的情报，正要离开时，被反日会员张继明的二儿子发现。他骑马飞报县委书记、抗日总会会长张墨林（1934年9月25日朴凤南调到抗日同盟军工作，张墨林任县委书记）。张墨林接到报告后，带张继明骑马追捕，把这个叛徒押回密营处死。二是联合各方力量，广泛开展民族统一战线工作。反日会积极开展对义勇军、山林队、伪军头领和士兵以及开明地主的统战工作。1933年10月，西大林子反日会长朱德海、会员娄景明一起进山，与山林队首领冯佩华结拜把兄弟，一举收编了这支30多人的山林队，使之走上了抗日的道路，壮大了抗日队伍。三是宣传动员群众奋起抗日。1934年初，反日会曾向全县发号召信，要求各地反日会组织发动群众破坏日军通往边境修筑的铁路。给木材重点产区金场沟一带的20多支山林队写信，动员他们阻止木材外运给日本人。四是动员有枪支大户反日军收枪。两次组织有枪支的大户举行武装暴动。五是开展拥军活动，支援部队抗日斗争。1934年春，哈达河反日会员集资120元，买了枪支和子弹送给游击队。西大林子反日会妇女买了一架望远镜送给游击队。哈达河反日会耕种的15垧水稻和西大林子反日会播种的3垧罂粟的收入全部捐给了游击队。1934年，日军推行配给制，封锁游击队日用品供应渠道。反日会员为了使游击队员有衣穿、有鞋穿，就都去配给店买布、买胶鞋，回来以后集中到一起，夜晚偷偷送给游击队和抗日救国军。六是想办法鼓舞战士斗志。反日会的妇女做手帕，在上面绣上“抗日到底”的字样，送给抗日部队将士，鼓舞亲人将驱逐日本侵略者的斗争进行到底。七是配合抗日武装打击日本侵略者。1933年5月，柞木台子反日会员林逢春、朴道俊等7人，将日军电话杆7根的电话线扔到5里地之外，致使日军通讯联络多日中断。1933年9月，党员金佰万等人打入马鞍山大排队，发展反日会员数人，金佰万在大排队中的反日会员的协助下，一举夺枪14支。八是破坏日军设施。1934年春，日军修建永安镇至半截河小铁路。日军在进行测量时，白天竖杆插旗，柞木台子的反日会员们，夜晚就将测量标志破坏掉，气得日军暴跳如雷，致使筑路工程延误受阻。九是英勇反日，不怕牺牲，掩护党的组织。1932年冬，中共密山区委机关设在首批加入反日会的金炳奎家，区委书记朴凤南等人就隐蔽在金炳奎家中开展抗日活动，这里一度成为密山党组织活动的据点。金炳奎一家为区委站岗、放哨，做了很多工作。1933年冬的一天早晨，反日会员金炳贤发现日军来搜捕，他为了给县委机关（1033年10月区委改县委）报信，不顾个人安危，突然向深山里跑去，以引逗日军，掩护县委机关。他的跑动引起了日军的注意，果然中计，一时间枪声、喊声大作。在金炳奎家的县委机关领导人朴凤南、李根淑、李春根等听到枪声，知道出现敌情，马上转移隐蔽进入山中，致使日军搜捕落空。十是冒着生命危险，抚养抗联子女。1934年冬，密营的党员和抗联战士将要随四军转移。为了便于随军活动，他们把8个孩子交给当地反日会员抚养。8个孩子都是朝鲜族，为了安全，全部由汉族反日会员抚养，其中金汉植烈士的儿子当年才5岁，在娄景玉、娄景明家抚养期间，日军曾派人侦察其下落，软硬兼施，娄景玉一家闭口不吐真情，最终保护了烈士遗孤。十一是掩护营救革命同志。1935年1月，县委书记刘曙华以山东难民帮人种地为掩护开展抗日斗争，当时就吃住在反日会员李贵的家里。1935年7月，刘曙华不幸被捕后，反日会员李贵等10余人也相继被捕入狱。李贵等人在敌人严刑拷打下，始终没有暴露刘曙华的真实身份，使刘曙华得以被营救出狱，继续战斗，保全了密山县委党组织免受更大的损失。

1934年秋初，密山抗日总会会长由县委书记张墨林担任。1935年4月，新任县委书记刘曙华担任总会会长。11月新任县委书记褚志远接任总会会长。

抗日游击队的建立

反日会的成立和发展壮大，为武装抗日奠定了领导组织基础。在反日的斗争中，密山县委认识到，必须武装起来，拿起武器，真枪实弹的和小日本干，才能真正有效地反击日本侵略者，直至把日本侵略者赶出中国。

（一）为筹建武装游击队智夺枪支

金佰万三次夺枪　要发展抗日武装，最重要的就是要解决武器弹药问题。金佰万原名金亨国，穆棱县百草沟人，1932年底被绥宁中心县委派来密山县。金佰万智勇双全，胆大心细，为筹建密山游击队，曾三次带人从敌人手里夺取枪支，为密山游击队的建立和武装抗日斗争创造了有利条件。

第一次夺枪是在1933年7月中旬的一天。金佰万得到消息，哈达河伪大排队长于仁江及五个卫兵携带武器将于第二天早晨骑马从大路去密山县城。金佰万立即找来三位同志研究夺取于仁江等人枪支的伏击计划。次日清晨，金佰万即率三位同志抄小路飞快地向二人班方向赶去。当太阳一竿子高时他们到了二人班，选择了居高临下的有利地形，四个人分成前后两处埋伏下来。这时也听到了马蹄的嗒嗒声，敌人越来越近了。金佰万屏住呼吸，手指紧紧地扣着扳机，眼睛瞄准着敌人，只等靠近了再打。当敌人走到伏击点的中间时，金佰万猛然站起，喊了一声："打！"子弹就猛烈地射向了敌人。这一突然变故，把敌人打得蒙头转向，还没等还击，就已纷纷坠马了。前后不到五分钟，就结束了战斗，击毙于仁江等6人，缴获短枪1支、步枪5支、子弹数百发。

第二次夺枪是在同年9月份。金佰万到勃利县大五站执行任务，一天饭后听说离大五站不远的一个伪军小分队，有十几个人，成天围在一起掷色子、推牌九耍钱。他听到后觉得，这些伪军成天热衷于耍钱，必然麻痹大意，缺乏警惕，是夺枪的好机会。于是他通过关系认识了其中的一个不满日本人统治的伪军，就启发他的民族意识，共同反日。这个伪军决意抗日，愿做内应，配合夺枪。订好行动暗号后，晚上9时，趁伪军们沉浸于耍钱之中时，金佰万冲到伪军小分队的房门口，抄起事先准备好放在那里的步枪，踹开门对着伪军们大喊一声"不许动！谁动就打死谁！"那个内应的伪军迅速将枪支收拢到一起，其他伪军也都高高地举起了双手。金佰万没费一枪一弹，就夺取10支大枪。

第三次是在同年的11月。县委派金佰万打入马鞍山大排队，和先期打入其中的金瑞玲伺机夺枪。因为平时没有下手的机会，且新年将近，就和金瑞玲商定，在过年时下手夺枪。转眼来到了新年，三十这天晚上，队长下令放假三天，有家的回家，无家的在队里过年。人走了一半，只剩下14个人。金佰万把这14个人叫到一起热情地说："弟兄们，咱们都是无家可归的穷哥们，可再穷也得过年啊！我初来乍到，对各位没有晋见，今天过年，我请客。"说着掏出钱来交给炊事员，让买好酒好菜，办得丰盛一点。在酒席上，金佰万频频举杯劝酒，大排队的队员们如饥似渴地大吃大喝起来。直喝得眼睛红了，舌头硬了，但还在吆五喝六，山吃海喝。金佰万一看时机已到，便猛地跳到炕上，抄起枪，对着还在狂饮的大排队的官兵，大喝一声："不准动！谁动就打死谁！"在这些队员还没有反应过来怎么回事时，金瑞玲已迅速地将十几条枪收缴在一起了。他们只好乖乖地举起手，有的还跪在地上大喊饶命。就这样，金佰万巧施妙计，夺得了13条大枪。

巧取沈家大院枪支 沈子君是哈达岗汉奸大地主，也是这一带的恶霸，有千顷土地，万贯家财，以护院为名，养着二十多名炮手，武器弹药足够武装一个排。这年的农历八月初，游击队获知沈家油房二号库里有10支新枪，遂决定把这10支枪夺来，为我所用，并研究了一套巧妙夺枪的计划。农历八月十四，来沈家大院打油的非常多，五名游击队员也身着老百姓的服装混迹其中，院外还有两个策应的。大约9时许，是沈家大院最忙的时候，人也最多。正在这时，两名游击队员打起架来，而且越打越凶，鼻青脸肿，大有你死我活的劲头。院里的人全都驻足围观起来，有劝架的，也有起哄的，乱乱糟糟的。乘此时机，其他三名游击队员撬开仓库，把枪支从后墙扔到院外，被院外策应的取走。枪扔完了，架也打完了。当沈家发现库房被撬，枪支丢失时，为时已晚，游击队员早已撤走了。

（二）密山反日游击队的成立

日本帝国主义占领东北全境后，对东北的殖民统治日益加剧，残酷地迫害东北人民，疯狂地掠夺人民的财产和宝贵的资源。奸淫烧杀，无恶不作。日本强盗的野蛮血腥统治和罪恶行径，激起全东北人民的同仇敌忾。在中国共产党的号召下，迫于民族危亡的严峻关头，各行各界、各阶层人民、东北军爱国官兵，纷纷举起义旗，拿起武器，组织“义勇军”“救国军”“自卫军”等各种名号的抗日队伍，杀向抗日疆场。参加这些抗日队伍的，不仅有为中国人民彻底解放和中华民族独立而英勇奋斗的共产党人，有工人、农民、学生和知识分子，也有东北军爱国官兵、地方官吏和士绅。遍布东北各地的绿林队伍和民间团体“红枪会”“大刀会”等，也纷纷举起抗日义旗，勇敢地同日本侵略者拼杀。当时的鸡东境内就有几股各种名号的反日武装：如以李杜为总司令的吉林自卫军驻有数千人；在大锅盔、哈达河有邢占清的二十一旅；在金场沟、兴隆沟有张雨廷、李春琦、胡善打、刘凤堂、武殿臣的吉林救国军；在鸡冠山一带有李玉丰利用宗教活动组织起来的“大刀会”等；还有绿林队伍如“长胜”“双胜”“小白龙”“海龙”“海蛟”等山林队也都纷纷打出了抗日的旗号。但这些反日武装背景不一，成分复杂，组织涣散，纪律松弛，抗日立场不坚定，左右摇摆，并且时常滋扰百姓。针对这些情况，中共密山县委决心组织自己的抗日武装。经请示中共满洲省委、吉东局同意，在宁安工农义务队的基础上，吸收哈达河反日会的青年骨干，于1934年3月20日，在密山县委机关所在地——哈达河张老畲菜营正式建立“民众抗日军”，后一直称为密山游击队。队旗是粉红色，旗上书写“民众抗日军”五个大字。共有队员34人，其中党员10名，团员4名，汉族占75%，朝鲜族占25%。队长张宝山，副队长金佰万（崔成浩），分队长金昌德、梁怀忠。多数武器是缴获敌伪的胜利品。共有枪支34支（其中盒枪2支、八音子1支、大枪31支）。游击队的武器大多是缴获日伪军的战利品。密山游击队成立后，在装备落后，条件艰苦的情况下，积极寻找战机，不断地袭击和骚扰日伪驻军和据点，破坏日伪的交通运输或通讯联络，使日本侵略军屡遭打击。同时游击队也在反日游击战争中得到发展壮大，提高了战斗力。使在日本侵略军铁蹄践踏下的广大人民从抗日游击队的斗争中得到鼓舞，看到了光明和希望之所在。

游击队深山建的密营

三、东北抗日联军第四军

东北抗日联军第四军，经历了抗日游击总队、东北抗日救国游击军、东北人民抗日革命军、东北抗日同盟军第四军、东北抗日联军第四军的发展历程。

东北抗日联军第四军的最早前身是李延禄领导的抗日游击总队。1931年“九一八”事变后，驻防延吉县翁声砬子的东北军第十三混成旅七团三营的官兵。在营长王德林的带领下，于1931年11月举旗抗日，在汪清县小城子兵营，成立了国民救国军。此后，中共延吉中心县委传达了党中央和满洲省委的指示：指派李延禄到王德林的部队中去建立党的革命武装。李延禄通过和王德林的旧交关系，当上了救国军的参谋长，并在补充团内秘密成立了党支部。1933年1月14日晚，李延禄召开全体军官会议，宣布带领十七团和补充一团、二团三营在五林河正式脱离王德林的救国军，成立由中共领导的“抗日游击总队”，由他任总队长。1933年1月下旬，李延禄联合救国军王毓峰、冯守臣等部，根据中共宁安县委指示，带队到宁安县南部孟寡妇屯召开会议，将部队改编为“东北抗日救国游击军”，李延禄为军长。4月3日，李延禄率领游击军从宁安南部的卧龙屯出发，1933年6月下旬，李延禄、张文偕、张奎率抗日救国游击军军部及王毓峰团、冯守臣骑兵营数百人开进密山县平阳镇附近的大石头河子（现鸡东县永和镇长安西北一带），与先期开赴这里的杨太和一团会师。当时的密山一带，有许多山林队，并且各立山头，各有自己的报号。这些山林队在中国共产党坚决抗日、一致对外的号召影响下，也纷纷打出了抗日的旗号，但他们的抗日决心不大，组织涣散，纪律松弛，成分复杂，良莠不齐，有的山林队甚至劫掠民众。面对这些情况，李延禄为了团结一切抗日力量，建立抗日统一战线，7月下旬，根据中共吉东局的提议，经研究，李延禄、张文偕决定在郝家屯（今向阳镇卫国村）召开“抗日救国游击军”与各山林队首领联席会议。在军部驻地郝家屯和二人班先后召开了两次山林队首领联席会议，讨论联合抗日，建立抗日游击区问题，以便争取、改造、整顿这些山林队，使其站到一致抗日的立场上来。参加这两次会议的山林队首领有“小白龙”队头苏衍仁、赵队长“赵挑水”、李营长、邱军长、“金山”队头赵金山、“小金山”、“友山”、“常山”、“清洋”等。会上，李延禄、张文偕分别向大家宣传了中国共产党抗日救国的方针政策和联合起来共同抗日的主张，号召各山林队以民族大义为重，团结起来，共同抗击日本侵略者和伪军，保护穷苦百姓的利益和生命财产安全，不准扰民、害民，以争取群众的支持和掩护。会上大家一致议定了三条共同守则：①坚持抗日到底，不投降、不叛变；②保护抗日游击区贫苦农民的利益；③打进城镇向敌人夺取武器和给养。中共的正确主张和李延禄的诚恳态度，革命军的英勇善战和对抗日救国事业的忠诚，感召了这些山林队，纷纷表示拥护和接受共产党的主张，和革命军联合起来，共同打击日本鬼子及汉奸走狗，并保证遵守游击区里的纪律，保护穷苦百姓的利益，不骚扰群众。在第一次会议上还处决了危害群众、民愤极大的反动山林队首领“清洋”，缴械遣散了他的队伍。对“清洋”的处决，对其他山林队也起到了震慑作用。会议之后，进步的山林队积极配合抗日革命军对日作战，有些山林队被直接编为抗日革命军，其首领（如苏衍仁、赵挑水）还成为革命军的优秀指挥员。

为便于联合共同抗日，会议之后将“抗日救国游击军”改称为“东北人民抗日革命军”，李延禄任军长。这两次会议宣传了党的“联合起来，共同抗日”的主张，整顿了个别山林队的风纪，会后很快收编了5个山林队共400多人，使李延禄领导的抗日队伍进一步壮大。为了有利于发展建立抗日民族统一战线，1934年9月，李延禄在郝家屯召开会议，将“东北人民抗日革命军”改称“东北抗日同盟军”，李延禄仍然担任军长。1934年10月，中共驻共产国际代表团派杨松以满洲省委巡视员的身份来到哈达河沟里，在密山县委所在地张老畲菜营主持召开中共密山县委扩大会议，在这次会议决定将1934年3月成立的密山游击队与“东北抗日同盟军”合并组成抗日同盟军司令部，李延禄为总司令。不久即更名为“东北抗日同盟军第四军”，李延禄任军长，何忠国任政治部主任，胡伦任参谋长。成立伊始，全军共231人，下设一个师，师下设三个团。单设一个独立营，一个卫队连。密山县游击队改编为第二团，时任游击队长的张奎任二团团长。县委扩大会议坚持党指挥枪的原则，决定“东北抗日同盟军”由县委领导，抽调朴凤南、李根树、李春根、黄玉清、金根、金镇浩等党员充实到四军加强党的工作。

1935年6月，抗日同盟军军长李延禄率军部及卫队连到方正县大罗勒密建立新的游击根据地。1936年3月，根据《东北抗日联军统一军队建制宣言》，“抗日同盟军第四军”改编为“东北抗日联军第四军”，军长李延禄，政治部主任黄玉清。1937年初抗联四军辖4个师，3个团，总兵力2 000余人。不久，李延禄奉调入关，由李延平代理军长一职。

1937年11月30日，在宝清县大叶子沟四军军部召开吉东省委常委、四军军部联席会议，帮助四军进行整编，整编后四军军长李延平，副军长王光宇，胡伦任参谋长，黄玉清任政治部主任。辖一、二（原四团改编）、三、四师。一师下辖一、二、三团。二师下辖四、五团。三师下辖六、七、八团。四师下辖九、十团。1938年12月，抗联四军军长李延平、副军长王光宇先后牺牲，四军的富锦、宝清留守处并入抗联第二路军总指挥部，抗联四军使命结束。

第三节　抗日斗争主要战事

1931年“九一八”事变以后，东北地区人民在中国共产党的领导下，抗日将士和广大人民群众就开展了艰苦卓绝的抗日斗争。鸡东地区是抗日队伍的重要活动基地，是抗日斗争的重要游击区，是东北抗联第四军诞生地和重要的抗日斗争活动地。大大小小的战斗、战役上百起。英勇顽强的抗日队伍给了日本侵略者以沉重打击，牵制了在东北的日本关东军七十多万人，为全民族抗战做出了不可磨灭的贡献。

一、哈达河暴动

1934年初，在中共密山县委领导下，于3月20日在县委机关所在地哈达河炮手沟张老畲菜营正式成立了密山赤色游击队。3月末，吉东局为了加强对密山游击队的领导，深入打击日本侵略军，调当时宁安县委书记朱守一（周子岐）到密山游击队任队长。以中共密山县委游击队为骨干，一支二百多人的暴动队伍很快形成。为了统一组织指挥这次暴动，中共密山县委决定成立暴动指挥部，大家公推游击队长朱守一担任总指挥。1934年5月27日，参加暴动的各支队伍先后集中到哈达河头段沟里隐蔽的地方待命，各屯儿反日会、妇女会已在总指挥部统一安排下，提前将暴动地区的老弱妇孺转移到安全地区。他们还按照分工破坏了敌人的电话线，割断了通往各个据点电话线，破坏了重要的桥梁和公路路面，并进行了战斗准备。

5月28日清晨，暴动战役打响。在队长朱守一指挥下，游击队员枪声四起，霎时数名日军被撂倒。游击队士气旺盛，越战越强，激战一个上午，打退敌人连续三次进攻。

二、二段山伏击战

1934年6月初，中共绥宁中心县委书记朱守一（周子岐）任密山游击队队长。朱守一任队长后，对游击队进行了整训，提高了队员的政治和军事素质，增强了战斗力。同时也不断了解敌人的动向及兵力部署。还经常深入到附近村屯了解敌人压榨迫害群众的罪行。经过缜密的调查分析，决定联合部分山林队攻打哈达河街基，打掉日伪军的嚣张气焰。因为有许多对我有利的条件：一是这里群众基础好；二是敌人力量薄弱；三是地形有利，既利于隐蔽，又便于撤退。决心下定之后，经一夜的急行军，游击队来到距哈达河街基仅八里远的哈达河二段山脚下，朱守一等大队领导刚想登上山头观察一下情况，却忽然发现一伙二三十人的一伙日本兵正从山麓东侧向哈达河街基方向走来，这是日军“讨伐队”“讨伐”归来，而且为首的正是罪大恶极的黑田小队长。朱大队长想，这真是天赐良机，我正想趁敌人毫无知觉的情况下，出其不意，攻其不备，一举歼灭这股敌人。几位领导商量了一下，在朱守一的统一指挥下，兵分三路，迅速抢占有利地形，只等敌人进入伏击圈。日军小队成一字形向我伏击阵地走来。一个个黑洞洞的枪口正瞄准着他们的脑袋。五十米、四十米……二十米……“打！”朱守一大队长一声令下，仇恨的子弹雨点似的飞向了敌人，敌人被这突然的袭击打蒙了，已有几个日军应声倒下。黑田知道中了游击队的埋伏，立刻指挥队伍散开，卧倒，妄图组织火力反击，可哪里知道他们已被三面包围，成了瓮中之鳖。经一阵激战，三十来个日军只剩下十几个了。黑田一看不好，如再硬撑下去，就会被全歼。于是便带着几个残兵穿树林，钻草棵，狼奔豕突地向西窜去，二段山西麓的山脚下就是长兴屯，村东头有个大地主张老四大院，游击队员紧追不舍，眼看敌人弹尽援绝，陷入绝境，即将被游击队一举全歼之际，却被大地主张老四救进他的高墙大院里，并且指挥护院家丁和日本兵一起向游击队猛烈射击。在敌人火力的严密封锁下，游击队无法向大院靠近。朱守一找来金佰万和金根命令道：“我带领手枪队迂回冲上去，金队长负责掩护，金参谋长指挥部队适时发起攻击。”说完便带领十几名手枪队员冒着密集的火力，匍匐着冲到院墙根，勇猛地向炮台上的敌人射击。有一名队员搜寻到了院墙上的黑田，立即瞄准了黑田，狠狠地扣动了扳机，黑田的脑袋立刻开了花，哼都没哼一声就倒下了。朱守一看得清清楚楚，这时，敌人的一颗子弹飞来，击中朱守一的胸部，血染征袍。几个队员跑上来，将他扶住，一看伤势太重，背起来就往二段山上跑，跑到了二段山上，朱守一终因伤势太重，流血过多，牺牲在哈达河二段山上。

三、突袭地主张老四

哈达河长兴村的张老四，不仅是恶霸大地主，也是一个认贼作父、卖身投靠日本侵略军的铁杆汉奸。

1934年8月21日，中共密山县委主要领导人朴凤南、李春根、张奎、何初林等几位同志，在县委机关所在地哈达河张老畲菜营开会研究如何铲除恶霸大地主张老四，为自己崇敬的战友前密山县抗日游击队队长朱守一烈士报仇的问题。大家一致认为，当前着手铲除恶霸地主张老四有多方面积极影响：一是打击敌人的嚣张气焰。二是削弱日军的锐气。三是为战友报仇。四是有利于发动群众。因此。它是县委工作的当务之急。会议决定第一步在哈达河一带散发传单，揭露恶霸大地主张老四卖身投敌、认贼作父的丑恶罪行。第二步，组织军事力量，攻打张家大院儿，铲除张老四。张家大院是张老四的老巢，位于新华乡长兴村东南角儿，有正房十间，东西厢房各七间。前面门房也是七间，四周是用土袋子砌成的有一丈二尺多高的院墙，四周均设有高大坚固的炮台。昼夜有院丁站岗放哨看守。张老四有步枪三十多支，还有两门洋台子（土炮），弹药上百箱。张老四有土地五百多亩，雇佣30多名长工，农忙时下地出苦力，一旦有什么风吹草动，就是替他流血卖命的武装护院的家丁。日本侵略者占领密山后，张老四死心塌地投靠日寇，经常给日本军队送粮、送情报，日本驻军头目也经常在他家出入，打得十分火热，是个彻头彻尾的日本人的走狗、卖国贼、大汉奸。张家大院与日本侵略军狼狈为奸，欺压奴役百姓，已对抗日斗争构成严重威胁，密山游击队长朱守一就是牺牲在张家大院墙下。所以，中共密山县委研究决定，拔掉张家大院这颗毒瘤，铲除地主恶霸张老四。

张老四这个人十分机警狡猾，听到风声之后，处处小心，游击队一时没有得手。1934年8月24日，正值麦收时节。密山县委接到侦察员的报告：张家大院正在全力以赴抢收小麦。亲眼看到张老四带着手枪在麦地里监督长工们收割麦子。当天夜里，密山县委就指派游击队大队长张奎同志带领十二名战士，奔赴张家大院。

早晨，太阳出山了，露水也消了。张老四腰里别着匣子枪，手里拿着一条双折起来的皮带，耀武扬威地来到地里。一进地就看谁都不顺眼，不是骂这个就是打那个，专门找踏儿。一个刚刚挨过打的小伙计，见他这副德行，嘴里虽然不敢说，心里却狠狠地诅咒着。"这是没日子活了"，这时只听见一声大喊，"不许动！"突然，在这个小伙计面前站出十多个人来，枪口一起对准张老四。原来昨天夜里，张奎大队长和十二名游击战士来到张家大院后，就埋伏在这块麦地里。老奸巨猾的张老四一手抓住那个方才挨打的小伙计当挡箭牌，一手掏枪。手疾眼快的张奎大队长早看在眼里，飞起一脚，正踢中张老四掏枪的手腕子，说时迟，那时快，就将其当场活捉。

当天就把张老四押回哈达河张老畜菜营进行审讯看押。一天夜里，张老四趁着看守人员不备，畏罪逃跑。张奎、李春根、朴凤南、何初林等同志得到了张老四逃跑的消息，立即研究追捕方案，决定分兵两路，连夜出击。张奎大队长带领四名战士隐蔽在张老四的住宅附近侦察情况，待机行动。另一路由金昌德、李春根等同志骑马进行追逐搜捕。一天过去了，直到天黑也没有发现张老四的行踪，隐蔽了一天的张奎大队长及四名游击队员又饥又渴，天又黑得伸手不见五指，也不便于侦察了，张奎大队长和战士们简单地商量一下，决定收兵返回驻地。在返回驻地的途中，他们放轻了脚步，走着，听着，侦察着路旁的动静。忽听路边树丛中有窸窸窣窣的声音，张奎大队长机警地拉了身旁的战士一把，四个战士会意地迅速卧倒，埋伏下来。屏住呼吸听道旁山丛中的声音。这声音越来越大，越来越近，像是一个人在钻树林子。他走几步停下来听一听，再走几步，显得十分小心、拘谨。这更引起张奎大队长的警觉。他悄声对几位战士说："注意，这肯定不是好人，要抓住他！"几位战士低声应允，紧握手中的枪，做好了抓敌的准备。这个人来到路旁，离张奎大队长仅有十几米远。他蹲下来定了定神，屏住呼吸听着，张望着。似乎发现了什么，突然，他像个受惊的兔子，哧溜一下子窜出去二三米远，顺大道拼命地向长兴村方向跑去。张奎大队长霍地一下站起身来，吓令："谁？站住。"那人头不回，脚不停，仍然拼命地向前跑。张奎大队长及四名战士追上去，二十米、十五米、十米……张奎大队长喊："站住！再不站住开枪了！"那人一听势头不好，哧溜一声又钻进路旁的树棵子里。随手向后扫了一梭子子弹，子弹在夜空中呼啸着，擦战士的头皮而过。张奎大队长心中激起一股怒火，果断地举起手枪，瞄准方向一扣扳机，"砰！"的一声，那人应声倒下，张奎大队长及几位战士扑过去，扭住胳膊，擦亮火柴一看，大家不禁大吃一惊："啊？原来是他！""正是万恶的地主张老四。真是踏破铁鞋无觅处，得来全不费功夫！哈哈！"大家高兴地笑了起来。然后把张老四就地掩埋了，并赶忙去向县委报告张老四被击毙的消息，最后张奎大队长又嘱咐大家一句："暂时要保密。"张老四被击毙的第二天，游击队为彻底消灭这一地主武装，便派了一名游击队员给张家送去一封信，信的大意说：张老四已被游击队生擒。限其家属于明日拂晓前将枪支弹药送到哈达河张老畚菜营，方可放张老四回去，否则立即将张老四枭首示众。到第二天拂晓前，我游击大队侦察员探听到张家大院儿根本没有按信中的要求按时间、地点交出枪支弹药的诚意。于是当即作出决定，派出张奎、李春根等同志带游击队在拂晓前对罪恶的张家大院进行突然袭击。

战斗打响后，张家大院进行了顽固地反抗。游击队员怀着对恶霸地主的刻骨仇恨，英勇作战，高喊着为战友报仇的口号，向张家大院猛冲猛打。游击队员翻过一丈多高的大墙，跳进张家大院，击毁了敌人的火力点，占领了炮台，仅二十几分钟的战斗，就彻底地摧毁了张家大院儿，还活捉了两个反动头目张老大和张老三，解除了盘踞在哈达河一带多年罪恶多端的反动地主武装，为民除了一大害，同时游击队也缴获了一大批枪支弹药、马匹和粮食，武装了游击队，壮大了游击队的军事实力，然后又把张家大院的粮食和土地分给了贫苦农民。从此游击队在这一带开展的抗日斗争更加顺利，更加有信心了。

四、处决汉奸特务李歪嘴

李歪嘴，原名李恩忠，中等个，背稍驼，塌鼻子，小眼睛，嘴向左有些偏斜。他吃、喝、嫖、赌、抽（大烟）“五毒”俱全。日军入侵后，他曾在密山游击队干了两个月，但旧习难改，见捞不到什么油水，就叛变投靠了哈达河日本守备队，成了铁杆汉奸和日本特务。他人熟、地也熟，经常到哈达河北沟里的游击队活动区域刺探情报，破坏抗日活动，对我抗日工作的开展构成极大威胁。因此，县委决定除掉这条日本人的恶狗。1934年9月23日，游击队故意放出口风，24日将下山割自己播种的稻子。李歪嘴子探听到这个消息后，如获至宝，赶紧跑回向他的日本主子小岛龟田作了报告。小岛龟田听后大喜过望，第二天（即24日），带领一百多日伪军及抓来的民工，赶着十几辆大车，耀武扬威地向北沟里进发，妄图一举消灭游击队，可是却一无所获，扑了个空。小岛龟田气得暴跳如雷，揪住李歪嘴的脖领子，一边骂“八格呀路”，一边左右开弓地抽他的嘴巴。小岛龟田觉着打骂也难消此窝囊之气，便拔出手枪要毙了他（这也是游击队设此计谋所想要的最好结果，就是借日本人之手除掉这一祸根），这下可把李歪嘴子吓瘫了，爹一声妈一声地跪地求饶。小岛龟田如果不是被别的事岔开了，李歪嘴子恐难保狗命。

日本人虽然未杀李歪嘴子，但游击队绝不能再放过他。大队长张奎、副大队长金佰万、参谋长金根三人研究认为，李歪嘴子今天不可能随队回哈达河，极有可能去青龙沟他的姘头那厮混，这是抓他的绝好时机，绝不能放过。于是由张墨林带三名队员执行抓捕李歪嘴子的任务。张墨林等来到哈达沟里一打听，果然得知在日本鬼子和伪军走后，李歪嘴子一人向青龙沟走去。这时天已近黄昏，张墨林四人快步向青龙沟追去，一定要尽快抓住这个作恶多端的狗特务。四人追了一程，没见李歪嘴子的踪影，这时天已越来越黑了，忽然听到有微弱的蹚水声，他们判断一定是李歪嘴子过那个浅水泡子，过了泡子往西不远就是哈达河，河西就是青龙沟。他们于是抄近道提前赶到河边，等候抓捕李歪嘴子。李歪嘴子蹚过泡子后，并未直奔河边，而是躺在草丛中观察动静。张墨林等四人蹲守一会儿不见动静，以为情况有变，刚想向附近一带搜索，在水泡子那边突然飞起一只野鸭子，这正是李歪嘴子动身惊起的。他见目标暴露，慌忙向河边跑，就在他刚想下水过河时，已被一只大手铁钳般地抓住了，没来得及反抗，就成了游击队的俘虏。被游击队员连夜押回驻地，第二天就被县委就地枪决，结束了他罪恶的一生。

五、哈达河之战

哈达河在日伪统治时期，是本地的一个重要据点，有日本驻军。1934年初春，伪军二十六团进驻哈达河。团长姓李，继任团长姓苏，是辽宁省辽阳人，还设有警察署和自伪团，可以说防卫森严。

伪军二十六团进驻哈达河后，抢劫民财，夜闯民宅，强奸妇女，无恶不作，哈达河人民受尽了凌辱和苦难，无不对之痛恨入骨，恨不能扒其皮，食其肉，方能解心头之恨。

转战在尚志一带的东北抗联三军四师在师长郝贵林率领下，于1935年12月进驻密山，开展抗日游击战。他们很快同抗日同盟军第四军的政治部主任黄玉清率领的部队取得了联系，于1936年2月悄悄地开到了哈达河北部山林中活动。为惩治伪二十六团，决定攻打哈达河。

他们虽然先后几次派侦察员到哈达河探听消息，但终因二十六军驻地四周挖有八尺宽、五尺深的城壕，堤岸上还拉了铁丝网，防守十分严密，没能得到什么准确的消息。指导员王生主动请缨打入敌人内部，得到师长郝贵林批准。

王指导员打入伪军二十六团后，在与伪军士兵交谈中发现一些士兵都是劳苦出身，对伪军苏团长卖国媚日、欺压百姓的行为深感厌恶，但他们敢怒不敢言。王指导员通过细致观察，最终认定了几个不愿甘当日本走狗和具有爱国情操的士兵作为争取目标。经过王生指导员三个多月的努力，不仅摸清了伪军、警察及自卫团的兵力部署，而且还策反了伪军二十六团内部的两个连队，可以作为内应。王指导员把这些情况及时和抗联三军四师师部取得联系，汇报了工作的进展情况和攻打哈达河伪军二十六团的里应外合作战计划。

1936年端午节前一天夜晚，郝师长正在院内踱步，反复思考着，突然通讯员从外面匆匆地跑进来递给他一封密信。

郝师长把信打开一看，是王指导员的来信。从信里得知，伪军二十六团近日要抽一部分兵力去平阳镇、半截河一带打仗，同时汇报伪军二十六团已有两个连准备反正，望速做准备，在适当时机攻打哈达河。

这些天来，敌苏团长到兵营的次数越来越频繁，守卫也越来越严密，巡逻马队昼夜不停地串来串去。敌苏团长突然下令全团加强警戒，顿时上下一派森严。一个漆黑的夜晚，郝师长又突然接到王指导员的一份情报："速战，情况有变！"

1936年6月21日，在三军四师师长郝贵林和四军政治部主任黄玉清的指挥下，抗日联军从哈达河北部的山林里悄悄地出发了，兵分三路，他们迅速地向哈达河摸去。这时，伪军二十六团正在苏团长家里开秘密会议，决定天一亮就把将要反正的两个连队全部肃军。夜深了，苏团长家的灯熄灭了，随即从大铁门里走出了几个军官模样的人。夜里11点多钟，抗日联军到达了哈达河，伪军卫兵发现有人，连打了几枪。郝师长一声令下，战斗打响。顿时枪声喊杀声响成一片，抗联战士从四面八方向哈达河攻来。这时，准备反正的两个连也在王指导员的指挥下在里面展开了战斗，很快地与抗日联军兵合一处，向苏公馆攻击。抗日联军攻到苏公馆门前，两个门卫还不知道怎么回事。"举起手来！缴枪不杀！"随着两声厉喊，两名卫兵如梦初醒，乖乖地举起双手做了俘虏。

"苏团长在哪里？"一个卫兵用手指着屋里，抗联战士厉声说："把大门打开！""长官，我们实在打不开呀！"说着慌忙跪倒求饶。这一切苏团长做梦也没想到，他正搂着小老婆睡觉呢。呯！呯！呯！一阵急促的枪声过后，苏团长的窗户被打开了。苏团长一轱辘从床上跳到地上穿上衣服，蹲在窗台下向外射击。他的小老婆吓得爬在床下直打哆嗦。

枪声越来越紧，投降不杀的口号声惊天动地。伪苏团长持枪负隅顽抗。街上的战斗还没有结束，四处都是一片喊杀声，趁混乱之际，苏团长逃跑了。埋伏在街外围的我军两翼部队也同时向武器库、被服厂发起攻击，附近农民群众也赶来参战助威。在抗日军民的猛烈的打击下，伪军纷纷溃退，仓皇败逃。次日凌晨3时，天渐渐地亮了。经过这一场激烈的战斗，抗日联军缴获了各种枪支二百余支，子弹数万发。两个被策反的连队士兵自愿参加了抗联队伍，并俘虏伪军官兵20多人，战斗结束，部队撤出。苏团长逃跑后藏在一家柴草堆里，天亮时被搜出俘获，押往平阳镇，后来死于牡丹江。

经过哈达河战役，伪二十六团彻底被抗联军民击垮，大大鼓舞了抗战军民的士气和信心。

六、平阳镇保卫战

1933年2月12日8时，张雨廷、李玉丰的先锋部队从东、南、北三个方面包围了平阳镇，经过一场恶战，下午7时占领了平阳镇。捣毁了警察署、税务局。13日正午，日军纠集了伪军2个连220人，以6辆坦克开路，十几门平射炮，向平阳镇发起攻击。抗日救国军在敌人密集的炮火下，主要依靠步枪还击，阵地失而又夺，夺而又失，战斗十分激烈。13日午后1时，邢占清的二十一旅独立营营长张巩奇率领的救国军230余名从两个方向发动攻击，日伪军陶冶的一个排全部被歼灭，日军死亡1人，负伤4人，被俘7人，其余180余人逃跑。午后6时，抗日部队以猛烈的火力向伪军增援部队再次发起冲锋，在抗日救国军的猛烈攻击下，伪军警察队仓皇败北。14日6时，抗日部队实行战略转移，撤离了平阳镇。

七、郝家屯两次反围剿

共产党领导的抗日救国游击军开到密山地区，大大增加了这一地区的抗日力量，也引起了日寇和伪军的极大恐慌和不安，把抗日部队视为眼中钉，肉中刺，必欲除之而后快。他们想趁抗日部队刚来乍到，立足未稳之机，一举歼灭之。就在抗日救国游击军到密山不久的1933年7月17日拂晓，日伪军骑兵旅采取偷袭的战术，突然包围了游击军军部驻地郝家屯儿，因为我军没有准备，且敌情不明，部队在政治保安连连长张永富、副连长戴启发率领下奋力阻击，掩护部队从沟里迅速撤往山头。王毓峰团杜副连长闻讯率队赶来接应，由于天没大亮，加之对周围地理环境不熟，部分战士误入敌阵，遭到伤亡。这次战斗虽打死敌人十余名，但我方张永富连长、戴启发副连长等15人壮烈牺牲。

就在敌伪的第一次“讨伐”之后不久，日伪骑兵在二人班反动地主武装大排队的配合下，又对我军驻地郝家屯儿以及二人班进行了第二次突袭、“讨伐”、“围剿”。我军奋勇迎击，一直鏖战到天黑，敌骑兵队感到无便宜可占，且伤亡很大，只好悻悻地撤走了。

这两次反讨伐战，我军虽然受了不小的损失，但也使我军得到了锻炼和考验，使我指战员提高了警惕，加强了警戒和防备，随时准备痛击来犯之敌。同时也使人们进一步认清了敌人狡猾凶残的本性，更加增强了人们对敌人的憎恨和不共戴天之仇，从而更加坚定了反击日寇侵略的决心和信心。

八、锅盔山抗日烽火

“九一八”事变后，日本帝国主义铁蹄踏在这里，这里的人民在共产党的领导下，锅盔山一带成为抗日战争时期在鸡东境内的一个重要的战场。大小战斗发生几十起，给予日军以沉重打击。

1934年9月，李延禄率部队过穆棱河与密山游击队会合，在永安的锅盔山打退了日军讨伐队的一次进攻，缴获了武器和一批弹药。

1934年秋天，日伪军向杨大楞所率领的抗日武装发动进攻，由于抗日队伍占据锅盔山的有利地形，居高临下，战斗一直打到黄昏，日伪军也没有攻下，只好收兵。第二天，当启明星升起的时候，枪声撕破了黎明前的寂静。山顶上烟雾弥漫，土石横飞，成群的敌人又围攻上来。战士们凭借有利地形，顽强地抵御了敌人一次又一次疯狂的进攻。子弹打光了，就用石头和敌人决一死战。“我们要战斗到最后一个人，流尽最后一滴血！”战斗一直持续到太阳落山，满山的石头劈天盖地般滚落下来，敌人的气焰被砸了下去，胜利的凯歌在锅盔山顶峰盘旋。

九、筒子沟“兵变”

伪满时期的1935年1月29日，发生在平阳镇境内的筒子沟兵变应为本地抗战时期的一次重要历史事件。而这次事件，经多次查阅《鸡西市志》和《鸡东县志》，均未作记载。只是在吴宝林任主编、由中共鸡东县委党史研究室于1991年12月出版的《鸡东抗日烽火》中有简略记载。这次兵变由当时的伪满国境监视队内部30多名中国籍士兵发起，打死本部内的日军步兵中尉1人和日本兵10余人，兵变士兵经过和日伪部队的“讨伐”激战，后携武器退入苏联。

平阳镇新发村四组的村民刘殿老人，亲自参加了这次起义兵变。据1996年3月出版的《鸡西市志》下卷记载，1934年伪满政府设立了国境监视队，在鸡宁和密山地区下设鸡宁国境警察大队，大队又下设鸡宁、滴道、平阳三个中队，兵力编制750人。

平阳中队在杨木林子、金场沟、筒子沟、关门沟设四个小队，中队部驻在平阳镇，每支小队有兵员60多人。主要任务是从事国境巡逻、监视守卫国境，防止苏联入侵。有人从刘殿老人口中得知：他所在的小队的60多人中有30多人是中国籍士兵，另外30多人是日本兵和从日本当时的殖民地朝鲜半岛征召来的朝鲜籍日军。这些由三个民族拼凑起来的队伍，在内部难免不有等级或贵贱之分，日本人欺负中国人，中国人是最为卑贱的奴隶。在日常生活中中国人受气，干脏活累活，执行有危险的任务，并经常挨长官体罚打骂，轻者扇耳光，重者用体刑让皮肉受苦。后来驻守筒子沟的30多名中国籍士兵实在受不了这样的窝囊气，就在私下里商议发动兵变并在事后向苏联撤退的方案。经过私下周密计划和长期等待，在1935年年初终于等来了机会。这天本队的一名中尉小队长要去平阳镇开会，当天不能回来，就把指挥权交给了另一名日军中尉。当天夜里凌晨左右，兵变的战斗正式打响。在一位已不知姓名中国士兵的指挥下，筒子沟的30多名中国籍士兵一起采取行动，首先开枪打死了日军那位留队中佐，随后又打死了10多名日本籍士兵，基本上把本小队的日本兵全杀光了，随后这30多人便迅速撤往苏联境内。但没被打死的日本兵从后面追击过来，双方开始了激战，起义士兵且战且往苏联境内撤退，后因起义士兵逐渐深入了苏联纵深地带，尾追的日本兵才不得不撤了回去。这次兵变起义因中国籍士兵准备充分，防守周密，没有造成任何伤亡，并携带走了自配武器和大量弹药。后来这些起义士兵大部分经由新疆乌鲁木齐回国。

十、“平阳镇惨案”始末

1932年初，密山县的共产党员田宝贵，在平阳镇以西小石河（现鸡东县永和乡境内）联系当地保董兼自卫团团长苏怀田、文书杨太和、木把头聂海山、猎户姜炮等六七人，以小石河自卫团十余支枪为基础拉起一支抗日队伍。他们经常活动在密山县城东部的杨木岗、平阳镇和梨树镇附近。先后收缴了荒岗缉私队和梨树镇白俄矿警队的武器，装备了自己的队伍，很快就发展到200余人，这支队伍是当时密山境内最大的一支抗日武装。

平阳镇八角楼

苏怀田同田宝贵很早就相识，共产党员田宝贵以老交情的身份经常用革命思想去启发和教育苏怀田，使苏怀田抗日爱国的思想更加坚定，高举抗日大旗同田宝贵率领着队伍投奔李延禄部队。李延禄征得王德林的同意将其改编为补充二团，由李延禄任团长，苏怀田、田宝贵任抗日救国军补充二团的副团长，李延禄派共产党员冷寿山到补充二团协助工作。

1932年5月下旬，抗日救国军补充二团奉抗日救国军司令部命令，去缴梨树镇白俄谢杰斯开设的煤矿资财充作军饷，先后返回小石河作准备，这时抗日自卫军丁超部下的王孝芝、车之久已在平阳镇驻守，王、车二团长认为抗日救国军补充二团侵犯了他的地盘，丁超原为滨江镇守使，护路军旅长。“九一八”事变后虽然打着抗日的旗帜，但一直蓄意投靠日寇。抗日救国军补充二团返回密山的一切活动干扰了他们一伙投敌的计划，为了铲除这个障碍，准备消灭补充二团来作为向日军投降请赏的见面礼。丁超怂恿王孝芝、车之久制造一起亲者痛、仇者快的“平阳镇惨案”。

7月的一天，王孝芝、车之久部队突然出兵来到小石河包围了抗日救国军补充二团团部，捆绑了出面解释的副团长苏怀田，补充二团战士闻讯赶来，迫使王孝芝部下将苏松绑，王部一个姓陆的营长和一个联络参谋出头露面，以花言巧语诡称王孝芝团长邀请苏团长去平阳镇会晤。陆营长说，谢杰斯煤矿属护路军管转区，矿主受护路军保护，救国军在护路军管辖区活动，必须和护路军司令丁超谈清楚，现在丁超已到平阳镇，特意来请补充二团头目去面谈。苏怀田过于相信来人的鬼话。苏说，谢杰斯和日本人勾结在一起，非法开兵工厂，我是奉抗日救国军总部命令来的。既然丁超来找，不妨去谈谈。来人假说，原来不知道救国军在这里，并说，咱们都是抗日队伍，不会有对不起你们补充二团的事，还要插草为香对天宣誓。因此，苏怀田信以为真，便决定前去平阳镇会谈。田宝贵、杨太和等人看出了其中有诈，劝苏怀田不要去，并做好武力反击的准备。但苏怀田认为双方都是抗日队伍，没有说不清的事，同时认为如果发生武装冲突会使当地的父老乡亲受损失，因此执意要去平阳镇，田宝贵、冷寿山二人见说服不了苏怀田，便决定由田宝贵陪同前去平阳镇，聂海山、姜炮等军官率一、二营随行，冷寿山、杨太和率三营在外围迎接。

苏怀田等人于7月17日到达平阳镇后，王孝芝、车之久假意亲自出来迎接，把抗联战士骗到八角楼“看戏”，而又以先赴宴后谈判的名义把六名干部骗到了设在义福生二楼的团部。苏怀田、田宝贵等六人进入二楼宴会厅时，当时丰盛的酒菜已提前摆好。在王孝芝、车之久假惺惺的盛情之下，苏田二人无奈只好入席就宴。宴会进入交杯高潮之际，王、车部队人员有人使了个眼色，于是呼啦一下上来一帮人，把六名干部缴械并抓了起来，之后立即押到镇北（现纪念碑处）用铡刀将六名干部残忍杀害。在杀害六名抗联干部过程中，这些干部大义凛然宁死不屈，他们怒斥丁超、王孝芝、车之久的变节卖国行为，向围观群众宣传抗日救国的道理，表现出了英勇无畏的民族气节。六名抗日救国军补充二团营以上干部英勇牺牲了。在戏院里待命的补充二团的其他30多名官兵也被缴械了。对这些抗联战士实施抓捕后，丁超部队人员先让镇内居民保释这些战士，有的战士被保出去释放了，他们多是和保人有亲戚朋友关系，或者是认识。其余没人保的30人，都是外地人。他们被拉到八角楼南侧的一块空地上的荒草甸子上，全部被杀害。这就是著名的“平阳镇惨案”。

冷寿山、杨太和得到消息后，忍着悲痛心情率三营战士冲出重围，返回兴源镇。

“平阳镇惨案”虽然使一支抗日武装力量遭到重大损失，使党和人民更加清楚地认识到必须坚决地拿起枪杆子，在党领导下同日军和汉奸走狗斗争到底。“平阳镇惨案”的怂恿者——丁超在新中国成立后被处决。

平阳镇人民时刻怀念革命烈士，中共平阳镇委员会于1982年10月，在烈士牺牲地立起了高大的纪念碑，2017年夏季进行了重新修缮。碑文上刻写着苏怀田等三十六名烈士的光辉业绩。

第三章　抗日英烈人物

在14年的伟大抗日斗争中，鸡东大地涌现出许许多多的抗日英雄和革命先烈。历史不会忘记，共和国不会忘记，人民不会忘记他们，鸡东老区人民不会忘记。英雄伟业与日月同辉，先烈英魂与山河永存！

一、李延禄

李延禄，1931年7月加入中国共产党。“九一八”事变后，即受党组织的派遣，进入东北军开展抗日救亡工作。他是我党优秀共产党员，共产主义战士。他是东北抗日联军创始人之一。曾任东北抗日救国游击军军长，东北人民革命军军长，东北抗日同盟军第四军军长，东北抗日联军第四军军长。是东北抗日联军第四军创始人。是卓越的军事家，军事指挥家。在东北人民十四年艰苦卓绝的斗争中，李延禄英勇善战，积极开展抗日统战工作，为东北的民族解放做出了重大贡献。东北解放后，李延禄历任合江省政府主席，松江省、黑龙江省政府副主席，为黑龙江省的开发、建设贡献出了毕生精力。

李延禄，号庆宾，曾用名张德福、杨明、徐阿六、李士林等。祖籍山东省平度县。1895年4月出生于吉林省延吉县。家有兄弟六人，他排行老二。他的父亲李述义早年拜师学中医，后来在乡间当游医郎中，兼给当地一家油坊管账，以此养家糊口，日子过得十分艰难。李延禄九岁时放猪。抽闲常到村学馆窗外听课。长而久之，学到不少知识。有时学馆的学生答不上来的问题，他在窗外“题词”。老师很喜欢李延禄勤奋好学，头脑聪敏，就去他家说服父母让他上学读书，并答应免收学费。就这样李延禄十岁进学馆读了两年私塾。十二岁时终因家境困难，不得不辍学到延吉城里“增源庆”银楼当学徒谋生。1909年经吴禄祯举荐去随营学校学习。1911年毕业后，被分配到督办公署当差。1914年考入吉林实习工厂当学徒。一年后，到延吉第九巡防营统领孟福德手下当了一名副官。凭着他在随营学校学习的军事知识，很快被提升为排长、营司务长。1920年，延吉巡防营编入吉林省防军第十三混成旅，李延禄先后任营司务长，骑兵连连长。1921年，李延禄不愿镇压东满朝鲜人的反日活动，有意泄露军事行动，虽然保护了一批朝鲜革命者，但自己却被判刑四年关入狱中，经同僚们的营救释放。1925年，李延禄经人介绍到和龙县警察大队任小队长。后又任公安局巡官。由于李延禄为人正直，好打抱不平，经常受到上司的刁难，不得不离职回家。1928年，李延禄回到延吉县第十三混成旅所辖的官盐催运局缉私连任连长。1928年10月爆发了反日修筑吉会铁路斗争。1930年5月延边农民举行“五卅”暴动，到1930年秋，延吉、汪清、和龙、珲春等四县先后建立了中共党的组织。在这一期间的斗争中，李延禄结识了一些共产党人，接受了许多革命道理。1931年春，因有爱国思想，李延禄被十三旅开除军籍。1931年7月，李延禄加入中国共产党。

1931年“九一八”事变后，中共延吉中心县委决定派李延禄利用旧关系到中国国民救国军十三旅王德林部开展兵运工作。1932年2月8日，王德林在小城子召开了抗日宣誓大会，自任总指挥，李延禄被任命为总部参谋长。1932年1月王德林同意李延禄接收省防军二十四旅旅长李杜一万元军饷，并编为王德林一个团的建议。按中共延吉中心县委的指示，要为党的组织建立一支新型的抗日武装队伍。为了完成这一任务，为建立党的抗日武装队伍做准备，他选拔了有爱国意识的青年四百余人，组成了三个连，定名为东北抗日自卫军补充团，李延禄兼任团长。不久中共东满特委宁安县委又先后通过李延禄的介绍，将共产党员孟泾青、金大伦派到救国军总部工作，并在补充团里秘密发展党员，组织秘密党支部。1932年2月15日至21日，救国军连续攻克敦化、额穆、蛟河3城，缴获了一批枪支弹药，改善了补充团的武器装备。

1932年3月初，日军天野旅团沿中东路东进。3月6日下午3时日军占领宁安。3月中旬传来日军北进的消息，王德林召集总部会议商讨对策。会前，补充团党支部分析认为，如果此战能获胜，不仅煞了日军侵略者的嚣张气焰，还可以坚定王德林的抗日意志，鼓舞义勇军队五的士气。因此党支部决定利用镜泊湖山区的有利地形，打好这一仗。1932年3月19日战斗打响。由于负责侧翼掩护的队伍擅自撤走，使日军得以插入补充团后方，对补充团极为不利，李延禄及时率补充团撤出战斗。以后又多次阻击、追击、打击日军，使日军损失三分之一，不敢在宁安久留。在抗日救国军的打击之下，日军狼狈逃回哈尔滨。后来王德林率总部迁往东宁。李延禄和补充团开到穆陵县兴源镇驻扎休整。1932年下半年，联合抗日的局面逐渐遭到破坏。

1932年5月密山县小石头河子的苏怀田，共产党员田宝贵、杨泰和等人拉起一支二百多人的抗日队伍，来兴源镇投奔李延禄。李延禄将这支队伍编为补充二团，自己兼任团长，苏怀田任副团长。同年8月补充二团奉命前往梨树镇征收白俄资本家资产后，住密山平阳镇的护路军王效芝团认为侵犯了他们的地盘和利益，又想投靠日本人。以谈判为名将补充二团骗到平阳镇，制造了一起杀害补充二团副长苏怀田、田宝贵等6名排以上干部在内36人的“平阳镇惨案”。

1932年日军一万多人东进。李延禄于12月29日带领补充团、救国军十七团千余人开赴牡丹江东四十里的磨刀石。1933年1月1日与日军遭遇，战斗打响。日军东西两面夹击，加之代马沟我守军逃跑，日军包围了指挥部，李延禄奋力冲杀突围，由山道转移至五河林。磨刀石战斗失利后，1月4日李延禄宣布部队改编为东北抗日游击总队，总队长李延禄，政委孟泾清，参谋长张建东。下属四个团一个游击支队。部队刚改编不久，五河林董保密告日军，李延禄下令部队连夜转移，转移途中新编第四团原十七团失散。为了尽快和上级党组织取得联系，李延禄命一团长杨太和带领所部经穆陵去密山，自己带二、三团返回宁安。

日军占领吉东，李杜、王德林先后退出国境去苏联。李延禄到达宁安后，联络原留守宁安的原救国军王毓峰、冯守臣两支队伍，经宁安县委批准，1933年1月下旬，将抗日游击总队扩大改编成立了东北抗日救国游击军，李延禄被任命为军长。根据《中央给满洲各级党部及全体党员》的信，1933年4月中共满洲省委吉东局同意李延禄到密山开辟新的抗日游击区的意见，并帮助充实调整了干部力量，将孟泾清、张建东调出，另派张文偕、张奎、李发三名党员到部队工作，自己带二团和骑兵营赴密山。1933年6月下旬，李延禄率救国游击军三百多人到达密山县黄泥河子、大石头河子一带，与先期来密山的杨太和所率第一团会合。

1933年7月，李延禄派人找到了正在中东铁路工人中工作的中共吉东局常委、工运部长吴赤峰。同时也与密山县委取得了联系，吴赤峰到达救国游击军后，和密山县委一起帮助加强和完善了部队党的组织建设。这时李延禄也被批准转为中共正式党员。不久，李延禄被选为支部书记。密山县委和吴赤峰肯定了李延禄等人关于联合各反日山林队共同抗日的主张，决定再召开一次联席会议。为更好地联合自卫军、护路军散布在密山一带共同抗日。吴赤峰、李延禄等商定，将抗日游击军改名为“东北人民抗日革命军”。7月下旬，第二次联席会议在密山县郝家屯（今向阳镇卫国村）召开，有十几支山队头头参加会议。吴赤峰作了东北抗日形势的报告。李延禄再次提出：各支抗日武装不分党派、民族抗日到底；保护基本群众利益；没收敌伪资产等三个条件下联合起来抗日的倡议。公推李延禄任军长，部队统一编制，独立活动。在作战时，统一指挥。东北人民抗日革命军成立后，部队发展到近千人。

1934年9月，中共共产国际代表派吴平（杨松）以中共满洲省委巡视员的身份到吉东地区巡视，先后召开了中共密山县委、穆陵县委、宁安县委扩大会议，纠正了“左”倾关门主义。在中共密山县委扩大会议上，决定将密山县委创建的游击队与李延禄所率的人民抗日革命军合并，联合其他反日武装组成东北抗日同盟军第四军。任命李延禄为军长。会议还决定将县委副书记以下六名主要干部充实到四军工作，在军队里成立党的委员会。到1935年9月，李延禄率领的东北抗日同盟军第四军已由初建时的3个团，231人发展为2个独立旅7个团，1个独立营，共两千余人，并在依兰、方正一带建立了四军后方根据地。1936年1月，李延禄和赵尚志所率各部冲破日军层层封锁到达汤原县太平川和夏云杰领导的汤原游击队会合。1936年1月26日，李延禄出席了由东北抗日联军第三军军长赵尚志发起的在汤原县吉兴沟召开的东北反日联合军政扩大会议。2月下旬，李延禄接到中共勃利县委书记李成林的通知，要他迅速返回勃利。李成林向李延禄传达了中共驻共产国际代表团调其去莫斯科的通知，并决定在他离职期间，由刚从莫斯科学习归来的李延平（李延禄胞弟）代理四军军长职务。同时根据上级指示，“东北抗日同盟军第四军”改称为“东北抗日联军第四军”，军长仍由李延禄担任。1936年4月1日，李延禄告别战友，一路跋涉，到达了密山二人班国际交通站。1936年4月下旬，李延禄到达莫斯科中共代表团驻地。1936年11月3日，李延禄回到上海。1937年1月22日，李杜从巴黎回到上海。李延禄向他介绍了东北抗日近况。1937年11月12日上海沦陷。1 937李延禄陪李杜去莫斯科。

1938年3月，东北战场一时回不去，李延禄向组织提出去延安的请求。不久接到通知，周恩来要他在香港待命。1938年10月，周恩来批准李延禄去延安。11月末，李延禄到达了革命圣地——延安。1938年12月，中共中央领导人毛泽东、朱德分别接见了李延禄，听取了他关于东北抗日联军和三年统战工作的汇报。中央决定成立一个东北工作委员会，专门研究和开展东北工作，培训干部，为收复东北做准备。1939年1月东北工作委员会正式成立，（简称东工委）王明任主任（未到职），李延禄任副主任。东北干部队成立后，李延禄立即写信给刚到贵阳考上大学的儿子李万杰来延安，这时大女儿李万英也千里迢迢来到延安，进入了东干队学习。

1941年末，李延禄被调去中央党校学习。参加了延安整风运动。1945年中共第七次代表大会召开，李延禄被选为正式代表出席了这次具有里程碑意义的党的七大。1945年8月15日，日本无条件投降。9月3日，李延禄和中央派驻东北的第一批干部380余人离开延安。1945年11月17日，李延禄一行到达佳木斯。4天后正式宣布成立合江省政府。李延禄任中共合江省工委委员、省政府主席。同年12月，担任省政府主席，兼民运工作团长，开展剿匪斗争和支前工作。1946年末，剿匪取得胜利。到1948年2月，合江的“土改”工作也顺利结束，转入开展大生产和支援全国解放战争。1948年8月东北行政委员会成立，李延禄被选为委员。

全国解放后，李延禄已是年近花甲，他先后担任了松江省政府副主席、中共松江省委委员。黑龙江省副省长，中共黑龙江省委委员，黑龙江省政协副主席等职务。

1963年，李延禄68岁时，主动辞去了副省长职务，下决心要把东北抗联四军的斗争实况写出来，以告慰那些牺牲了的战友。他在秘书的帮助下，整理了十几万字初稿，并在《北方文学》上陆续发表。粉碎江青反革命集团后，已八十岁高龄的李延禄在著名作家骆宾基帮助下，终于完成了十年前的心愿，1979年6月《过去的年代》出版发行，为抗联四军留下了珍贵的历史资料。

李延禄是全国人民代表大会一至五届代表，全国人大常委会三至五届委员。

1985年6月18日，李延禄这位著名抗日将领在北京逝世，终年90岁。

李延禄在密营（左二）

李延禄在密营图（后二中）

二、池喜谦

池喜谦，化名池活、李亨哲、池学哲，朝鲜咸境北道人，1903年11月生。1930年9月加入中国共产党。1930年10月，任中共密山特别党支部书记，在他的领导下，组建了5个党支部，发展党员20多人。1930年12月20日，因组织农民秋收暴动被敌人发觉被迫转移到苏联境内，后返回国内寻找党组织被捕。1945年9月，释放后重新参加革命工作。历任吉林省延边朝鲜族自治州政协副主席、延边大学历史系中国史研究室主任、副教授。1983年3月在吉林省延吉市逝世。终年80岁。

三、朴凤南

朴凤南，曾用名姜哲山、金满珠、吴万福，朝鲜族。1903年3月4日出生于朝鲜咸镜北道明川郡西北的贫农家里。1912年随全家到中国间岛开拓里普成村（今吉林省和龙县东城乡明丰村）落户。1915年入守信乡五道沟公立学校读书。1920年转学到二道沟明岩村私立学校读书，接受革命思想，加入儿童团，参加反日斗争。1923年10月考入东兴中学学习3年，因家贫而辍学务农，以办夜校为名组织“青年会”“妇女会”“农民协会”“少年团”等群众团体，引导群众进行反日斗争。1928年10月21日根据上级指示离开家乡到宁安县花脸沟落户，组织抗日活动。1930年参加中国共产党，积极参加抗日救国斗争。1932年6月任中共宁安县委宣传部长；10月任组织部长；“九一八”事变后，中共绥宁中心县委根据日军向吉东地区发动攻势的紧迫形势，11月派遣朴凤南带领李根淑、黄玉清、金佰万、金镇浩、金根、李春根等10余名党员干部组成假家庭到密山哈达河定居，边劳动，边工作。在密山发展党员，组建哈达河、白泡子、西大林子3个党支部，12月接收了饶河中心县委在密山组建的柞木台子、一撮毛、当壁镇3个党支部，建立中共密山区委，朴凤南任区委书记。1933年3月16日创建300余人的密山抗日总会，朴凤南和李成林（县委宣传部长，抗日会长）领导地方抗日会工作，宣传抗日救国道理，侦察敌情，贴标语，发传单，破坏交通，切断电话线。同年5月，密山县有的朝鲜村出现反动组织“民会”，朴凤南领导区委同志同亲日的反动势力开展了针锋相对的斗争，揭露“民会”的反动本质。1933年10月，朴凤南担任密山区委书记。同年12月，吉东局决定改中共密山区委为中共密山县委，朴凤南任县委书记。并同其他同志整顿发展党组织和“反日会”组织。在六七名党员的基础上，很快发展到30多名党员，建立7个党支部，到1934年党员发展到110多人。他通过缴获反动地主的武装枪械，策划有民族意识的伪军哗变等办法，不到一年时间，

就收集34支枪。1934年4月，在哈达河成立了以14名党、团员为骨干，共有38人参加的密山游击队。根据中共密山县委在张老畲菜营做出的决定，密山抗日游击队先后伏击了勃利附近的稻田公司自卫团、哈达河二段伪甲长于守财，智取了哈达岗大地主沈子君的枪支弹药。这支武装队伍逐渐强大，当他得知游击队长张宝山在杨树河子的战斗中有变节行为，立即采取果断措施，收缴叛队武装，整顿了游击队，使游击队得到巩固和发展。同年10月，中共满洲省委巡视员吴平（杨松）在哈达河沟里召开密山县委扩大会议，改组中共密山县委，调朴风南等10余人到东北抗日同盟军第四军工作，朴风南任四军党委书记，是东北抗日联军第四军的领导人和创建人。1936年秋，朴风南率6名游击队员去依兰县土龙山附近的邱家大院收缴地主武装时，遭偷袭，终因寡不敌众，不幸中弹牺牲，时年33岁。

四、李成林

李成林，原名金东轼，又名金东植，化名金大伦、孙靖海、李成林。朝鲜族1904年生于朝鲜咸镜南道咸州郡东一个贫农家庭。

1915年李成林十岁时随父母离开朝鲜，绕道苏联前来中国黑龙江省宁安县磨刀石，后又迁到宁安街、黄旗屯儿等地。1919年于磨刀石小学毕业，第二年考入吉林省立第四中学读书，1922年毕业。因受五四运动的影响，常和一些进步同学在一起从事进步思想的宣传活动。1926年考入了广州黄埔军校学习。1927年夏初，蒋介石叛变革命，反动派到处捕杀革命者和进步青年，李成林不能继续学习，于6月离开广州回到故乡宁安县，在宁安县小学师范班任教。这时李成林接近了当地地下革命组织，参加一些革命活动。1930年7月加入中国共产党，他按照党的要求经常在朝鲜族人民群众中传播革命思想。

1931年“九一八”事变后，党组织派李成林到王德林领导的抗日救国军总部工作，这时化名金大论。因为他在军校学习过，又熟知国内外政治形势，因而深得王德林的器重，任命他担任总部的宣传部长。1932年秋，李成林又被组织调到密山做党的地下工作。起初李成林参加中共密山区委的领导工作，成立县委时，他担任县委宣传部长。李成林和县委的其他同志一道，积极整顿和发展党团组织，以及反日会组织，当时仅有六七名党员，很快就发展到近40多名，共建立起7个支部，到1934年，全县党员发展到110多人，李成林同志辛勤地参与地下党的领导工作，刻印抗日标语、传单等宣传品，组织人民群众慰劳抗日队伍，鼓舞抗日士气。在密山一带的抗日救国军溃散以后，李成林和县委其他同志共同创立了党领导的密山游击队。这支游击队的创建，曾经历过了许多艰难，经费与枪支的来源主要靠种稻子、打山货变卖资金，或袭击敌伪军，夺取枪支辎重，以及采取在群众中收集枪支等办法。

1934年夏初，李成林被调到勃利县担任勃利区委书记，在城东、大四站，城区、二道河等地开展工作。经过几个月的工作，就发展了40多名党员，建立了3个党支部。在此期间，李成林领导下的勃利区委，发动了西北楞百余名伐木工人的罢工斗争，向伐木资本家、把头提出了改善待遇、增加细粮、提高工资等要求，经过6天的斗争，取得了胜利，改善了待遇，增加了工资。

当年10月，中共满洲省委巡视员吴平（杨松）来到密山一带巡视工作。召开密山县委扩大会议会后，改组勃利区委为勃利县委，任命李成林为县委书记。同时建立了大四站、小五站等区委组织，接着，党的领导范围扩展到桦南、依兰等地。在这一带除建立党团组织外，并指导党领导下的抗日武装，积极开展对敌武装斗争。在勃利县，为了便于革命活动，李成林结识了共青团员孙靖宇，并与他认作远方兄弟，化名孙靖海。

李成林在勃利县委工作期间，积极热情，成绩显著。他亲自说服与争取山林队的工作，使某些散在的抗日武装统一在党的领导下，共同抗击日本侵略者。在日伪政权收缴枪支地照时，李成林说服山林队“大金山”赵庆祥，带领30余人参加了保土、保枪斗争。孙靖宇率其父亲董保的自卫团20余人，联合“大金山”发动了大四站、连珠河有枪的农民百余人，组成一支武装队伍。当日伪军前往大四站缴枪、缴照的汽车行驶至朱连珠河大桥时，突然遭到这支农民武装的迎头痛击，日伪军猝不及防，丢下了3具尸体，弃车逃走。农民武装缴获步枪3支，子弹2箱，还烧毁了1辆汽车。从而暂时阻止了敌伪缴枪、缴照的活动。李成林领导地方工作，十分注意搞好军民关系。抗日联军三、四、五军，都在勃利、依兰等地活动，李成林积极配合，发动并组织反日救国会、妇女会等组织，支援抗联活动，为抗联提供情报，或解决给养和动员群众参加抗日武装；并在及时传达上级党委指示精神和协调各军之间的关系方面，都取得了很多成绩。

1936年3月，中共中央驻满洲代表决定撤销中共满洲省委，成立中共松江省委，并提名李成林为松江省委书记。

1936年6月，李成林与抗联四军二团副官齐喜从勃利大四站去依兰的黑背开会，行至马粪包（今勃利县福兴村北沟），不幸遭三名土匪暗害，时年32岁。

五、刘曙华

青年英杰刘曙华，在民族危亡之际，以青春之躯，为驱除日寇，血染沙场。

刘曙华（1912—1938），化名老曹，别名李明学，汉族，1912年生于山东省济南市普利门外的一个农民家庭。20世纪30年代初参加革命并加入中国共产党。1934年赴苏联海参崴列宁主义学校学习。

1935年4月，刘曙华（老曹）回国后，以山东逃荒者的身份来到密山任中共密山县委书记。刘曙华虽然年仅二十多岁，但是富有多年的斗争经验，密山党团组织、抗日群众组织和人心比较混乱的状况，深入到哈达河、兴隆沟、半截河、平阳镇一带，进行宣传抗日救国，重新整顿和发展了党领导的抗敌组织。

1935年8月的一天，刘曙华到哈达河二段，县委妇女干部田仲樵要反日会员登记表。当他拿到登记表正要离开时，遇上伪军大搜查。刘曙华怕被敌人搜去登记表，急忙钻进附近的草丛中，把登记表分几处藏了起来。后来被敌人发现，搜出部分登记表，于是将刘曙华逮捕。敌人认为他是重要的政治犯，先把他关押在哈达河伪军守备队，之后，被押送到梨树镇宪兵队。敌人根据反日会员名单，逮捕了李贵、孙洪山、王喜坤、阚先生、黄木匠、董老二等6人。敌人对刘曙华进行了多次审问，他假称自己是上海武卫会派来的，没有讲出自己的真实籍贯，更没有承认自己是共产党员及所从事的革命活动。狡猾的敌人把抓来的6名反日会员带到审问室与刘曙华对证口供，企图用这个办法将反日会员一网打尽。但刘曙华只承认反日会员登记表是他自己偷着搞出来的，没有告诉李贵等人，与他们毫无关系。敌人没有抓到可靠证据，恼羞成怒，对刘曙华施用各种酷刑，灌辣椒水、灌汽油、过电、手指夹子弹、脚趾用大针刺和皮鞭抽打等酷刑，遍体鳞伤的刘曙华几次被敌人折磨得昏死过去，但回答敌人的始终是那句话，“我是反日的，因为我有中国人的良心，登记表和别人无关”，表现了一名共产党员威武不屈的革命气节。由于他的掩护，保全了密山党组织和反日会，敌人什么也没有捞到，只好放了李贵等6名反日会员。敌人用审问、对质、酷刑等都没有获得一点儿证据，便又施一计，10月19日对刘曙华实行假释放，把他安排在旅店里治伤，暗中派特务监视，企图利用刘曙华的活动，破坏密山党的组织以及反日会组织。中共穆陵县委得知这一情况后，立即进行营救刘曙华的工作。五军副官冯丕让秘密将刘曙华营救出来，使敌人的阴谋彻底破产。被敌人关押了5个多月的刘曙华又回到了党的怀抱，回到革命的队伍里。

敌人的严刑拷打摧残了刘曙华的身体，组织上安排他到奎山区委组织委员杜继臣家养伤。他的身体还没有完全恢复，又向组织要求工作，党组织批准了他的请求，决定让他暂时随同五军北征先遣队活动。1936年1月，部队活动到麻山时，与三四十名伪军相遇，敌我双方展开了激战，刘曙华和二连连长指挥部队沉着应战，先遣队安全的撤了出来，在这次战斗中，刘曙华腿部负了重伤，再次回到杜继臣家养伤。杜继臣兄弟俩人白天把他藏到南山坡的一处地窝棚里，夜深人静时再偷着背回家，上药治疗，刘曙华的伤很快痊愈了。

1936年7月，经中共吉东党组织和抗联第五军军长周保中的同意，刘曙华担任了抗联第五军第二师政治部主任。他满怀信心地走上了领导抗日武装的道路。刘曙华和二十师师长王光宇一起，为建设这支部队做了大量的工作。他热情地向二师的干部、战士宣传马列主义和抗日救国的道理，教唱革命歌曲。在他的带领下，二师的政治工作开展得十分活跃。刘曙华不但是一名优秀的政治工作者，也是一名优秀的军事指挥员。同年8月，70余名日伪军押着四辆汽车，二十多辆大车的军用物资经过林口县二道沟子，我军得到这一消息后，刘曙华带领二师部分战士在敌人必经的公路上进行埋伏，傍晚敌人车队进入了埋伏圈。刘曙华一声令下，战士们集中火力，消灭了四辆车上的敌人，紧接着又截击了押运物资的二十辆大车。这次战斗击毙敌人20余名，缴获敌人押送的全部军需物资，获得了大批武器弹药，装备了二师。战斗的胜利，二师的指战员受到了极大的鼓舞。

由谢文东（1939年3月叛变投敌，1946年被处决）领导的东北民众自卫军在抗联三军五军帮助下，队伍迅速发展到一千多。1936年秋改编为东北抗日联军第八军。这支被改编的部队成员很复杂，特别是上层领导多系地主、官僚和旧军官出身，他们是在群众抗日浪潮的推动下被迫参加抗日的。下层战士中农民出身的占三分之二。尤其由山林队改编的占三分之一，因此思想上极为混乱，特别是流寇、军阀思想对这支部队影响很大，党的领导地位还没有建立起来，加上当时经济条件恶劣，日伪军不断围剿，整个八军极不稳定。为了加强对这支部队的领导，把其改造成为革命的抗日武装，为八军输送一批强有力的政治工作干部，决定刘曙华到八军政治部任主任。

刘曙华肩负着党交给的重任，满怀信心地来到八军。为了改造这支部队，他呕心沥血做了大量的工作，取得了很大的成绩。在部队里，党的威信提高了，党的力量加强了，使兄弟军队能密切配合共同行动，不断地打击和消灭日本侵略者。1937年3月，中共吉东省委成立时，刘曙华当选为省委委员，省委执行委员。1938年6月，刘曙华率领29名战士在桦川县七星砬子与八军三师师长王子孚率领的部队会合，刘曙华发现了王子孚策动叛变的阴谋，同王子孚进行了坚决的斗争。并向干部、战士讲解党的抗日主张和政策，他说："中国人不应做亡国奴，中华民族只有抗战到底才是出路。"叛徒王子孚认为刘曙华是他们投敌的障碍，就把他捆起来，抬着他去投降日军，企图胁迫他一起投降，好在敌人面前邀功。刘曙华在路上向战士们宣传抗日救国的道理，揭露叛徒的投敌罪行，有许多干部、战士被他的讲话所感动。叛徒王子孚眼看投敌不成，便在途中于勃利县通天沟将刘曙华绑在大树上，惨无人道地割下了他的舌头。殷红的鲜血顺着英雄的嘴角流了下来，染红了他的衣服。刘曙华威武不屈，挺立在大树下，怒视着王子孚这些无耻的叛徒，表示了他誓死不投降的决心。最后这些穷凶极恶的家伙，竟用刀子一点一点地割下刘曙华的皮肉，直到把他割死，形状之惨，目不忍睹。刘曙华牺牲时年仅27岁。

刘曙华被害的噩耗传到他生前曾经战斗过的五军二师时，抗联战士悲痛万分，都为失去自己敬爱的政治部主任而失声痛哭。他们在四道河子为刘曙华召开了追悼大会，战士们决心化悲痛为力量，为刘曙华同志报仇雪恨。

新中国成立后，党和人民抓住了当年杀害刘曙华策动叛变的叛徒王子孚，处以枪决，民族败类得到了应有的下场。刘曙华是吉东和松花江下游地区著名的抗日联军领导人之一，是优秀的政治工作干部。他为抗日联军五军八军的建设做出了不可磨灭的贡献。他那为民族解放英勇献身的英雄气概，对党对人民的无限忠诚的优秀品质，将为祖国人民世代铭记。

六、何忠国

何忠国，湖北人。1909年出生于贫农家庭。他在青年读书时即开始接受马列主义，逐步地树立起为革命而献身的理想，积极参加了各种革命活动。1927年光荣地加入了中国共产党。不久，他根据党的指示，深入到工矿启发工人觉悟，组织工人罢工斗争，长期热情地从事工人运动，同帝国主义和封建势力进行了不屈不挠的斗争。后来，由于革命形势发展和培养干部的需要，党派他到苏联学习军事和政治。他在学习过程中，勤奋苦练，刻苦钻研，成绩优秀。1934年秋回国后，党为了加强东北抗日斗争的领导，派他到东北抗日同盟军第四军担任军政治部主任兼一师政治部主任职务。

1935年初，何忠国率领部队转战在密山、勃利、穆陵、依兰等地，同日军进行艰苦的游击战。战斗中他以大无畏的革命精神和机动灵活的战术，指挥部队炸毁了滴道河子日军军火仓库和穆陵三道河子大桥，炸掉了敌人的军火库物资，破坏了日军的交通要道等，取得了一个又一个胜利。

1935年4月27日，何忠国率领一师二团向青龙沟一带转移途中，经过依兰县重镇阁凤楼。这里是日本侵略者盗伐木材的要道，镇内驻有伪警备连。当我二团到达阁凤楼时，为警备连进行阻击，何忠国率部进行英勇还击，激战3个小时，占领阁凤楼，击毙伪军20余人，缴获步枪30余支，没收了镇内日本洋行及其走狗商店的财产，将其一部分分给了群众，并召开了群众大会，何忠国同志在会上讲话，他铿锵有力地宣传了中国共产党的抗日政策和主张，讲明了我军一心抗日的宗旨，表明了我军同日本侵略者战斗到底的决心，当地群众受到很大教育和鼓舞，不少群众当场就参加了抗日军队伍，使抗日同盟军的名声大震。

6月17日，何忠国率领一师二团在勃利县刘家店宿营时，发现有日军迎面围攻而来。何忠国果断地命令二团一连埋伏在公路两侧，做好战斗准备。当日军"讨伐"队的尖兵班进入我军伏击圈时，何忠国一声令下，我军指战员一起开枪射击，8个日本尖兵班全被击毙，缴获轻机枪1挺、步枪5支、掷弹筒1个。战斗结束后，我军携带战利品急速转移到马鞍山屯。当部队正在休息时，又发现200多名日军对我三团进行围攻。在这紧急时刻，何忠国带领部队主动出击，经过激烈战斗，抢占了马鞍山高峰，这时日军又以数挺机枪向我军阵地疯狂扫射，何忠国身先士卒，临危不惧，沉着勇敢地站在山头上指挥战斗，在他忘我的革命精神鼓舞下，全团战士对日军进行猛烈还击。这时敌人的进攻更加疯狂，在战斗中何忠国身中一弹。他不顾伤口流血，忍着剧痛，以惊人的毅力，继续指挥战斗，不幸又连中3弹，伤势严重，生命垂危。此刻，何忠国想到的并不是个人安危，而是全体指战员的突围。他担心随身携带的机要文件被敌人获得，于是把文件交给了在其身边的战友，并嘱咐立即派人送到军部。何忠国同志在临终前的几分钟，还以顽强的毅力，打手势来激励干部、战士英勇杀敌，并向同志们说："敌人来了，我不行了，你们不要管我，努力为抗击日本侵略者英勇战斗吧。"在场的同志看到他临终前的行动和听到他激动人心的话，无不声泪俱下。临终前何忠国还高喊："打倒日本帝国主义！""中华民族解放万岁！"何忠国牺牲时年仅30岁。

七、张奎

张奎，别名老姜，汉族，1899年生于山东省掖县的一个贫苦家庭。童年时代曾在学校读过几年书，但因家庭生活困难，只好中断学习。为寻求生活出路，张奎同志在年青时代就进入工厂。由于党组织的教育和长期的工作实践的体会，使他认识到旧社会的黑暗，明确了工人阶级受压迫和受剥削的原因，树立了革命理想。因而，在"九一八"事变前就加入了中国共产党。不久，党为了培养干部，选派张奎到苏联学习军事和政治，在学习期间，他勤学苦练，努力钻研，在军事技术和革命理论上都有了很大的提高。1933年6月，党任命张奎为“抗日救国游击军”参谋长。从此，他就怀着满腔热忱同东北人民一起投入到艰苦卓绝的抗日斗争中。1933年末，张奎被调到密山县委工作。为了扩大抗日武装力量，密山县委决定，选派一些有斗争经验的干部打入敌人内部，开展瓦解伪军的工作。1934年初，根据党的指示，张奎打入到驻守在平阳镇的满军骑兵第四旅机关枪连，以当炊事员为掩护，积极进行争取伪军的工作，他利用各种有利机会，了解伪军内部情况，同士兵进行广泛的接触，开展宣传鼓动工作。经过张奎的思想教育，许多士兵都提高了政治思想觉悟。他们表示，大敌当前应团结一致进行抗日，决心弃暗投明。在伪军士兵思想觉悟提高的基础上，先后有13名士兵参加了“反日会”。有25名士兵携轻机枪4挺、手枪和步枪30余支参加了抗日队伍。在机关枪连部分士兵反正的影响下，伪骑兵第四旅的第一、第八、第九、第十一连都相继哗变。

1934年8月，密山抗日游击队长朱守一在与日本“讨伐队”作战牺牲后，为了加强密山游击队的领导力量，1934年8月满洲省委调军参谋长张奎兼任密山抗日游击队长。张奎就任队长后，深入了解密山地区的敌我斗争形势，决心摧毁日本“讨伐队”在哈达河地区的反动据点反动地主张家大院。经过周密部署，1934年8月张奎率队攻打张家大院，战斗打响后，很快捉住了反动地主张老四，因其坚持反动立场，在潜逃中被张奎同志击毙。在这次战斗中缴获步枪6支，没收牛马28匹，充实了抗日游击队的给养和枪支。

1934年10月，东北抗日同盟军第四军成立时，密山游击队改编为第一师第二团，张奎任团长，率领部队迂回转战密山、穆棱、林口、依兰、勃利、方正等县，曾率队攻打了阁凤楼、二道河子、刁翎、稗子沟等战斗。张奎在作战中积极勇敢、身先士卒、冲锋陷阵、弹无虚射、百发百中，战士们都称他为“百步穿杨”的神枪手。每次战斗中均给敌人以沉重打击。

1935年秋，四军二团奉命在林口稗子沟活动时，与日本守备队相遇，在此关键时刻，张奎坚定沉着，勇敢迎战，指挥全团战士狠狠打击敌人，在这次战斗中我军共击毙敌人50多名，缴获步枪16支，战斗结束后我军胜利转移。

张奎在艰苦的战斗环境中，善于做思想政治工作，努力贯彻官兵一致的原则，他经常找干部、战士谈心，关心干部、战士思想政治上的提高，帮助他们解决实际困难。在行军时，帮助有病和体弱的战士扛枪、背行装。在宿营时给战士们打水、做饭，自己睡在地上，而让战士睡在炕头上；在发放物品时，他经常把分得的东西给战士们用，而自己衣服是补了又补，缝了又缝。

1936年4月，正当张奎率队在牡丹江东岸活动时，得知日本“讨伐队”要围剿四军二团的消息，为了避免暴露我军活动的目标，保存革命有生力量，张奎决定，全团同志必须连夜从依兰的莲花泡（现林口境内）横渡牡丹江，以完成部队安全转移任务。但因当时仅有一支小船，为了有秩序的顺利渡江，张奎亲自在江的东岸指挥。当全团战士安全渡江后，天已拂晓，这时发现日本“讨伐队”已经追击上来，张奎等3名同志最后上船，因风浪大，加之划速太快，小船行至江心时翻了，张奎等3名同志不幸坠江牺牲。

八、金佰万

金佰万，原名金享国，化名崔成浩、崔万福，朝鲜族。1909年生于黑龙江省穆棱县百草沟高丽屯的一个贫苦农民家庭里。1927年参加革命。1931年加入中国共产党。参加革命后，曾任八面通区区委委员。1934年3月，任密山抗日游击队党支部书记、副队长。同年10月，任东北抗日同盟军第四军二团一连连长、三团政委等职。

1919年春，他进入八面通小学读书。毕业后，由于家境贫寒，无力继续升学，与家人一起种地，他经受了阶级压迫，阶级剥削的痛苦。21岁那年，参加了革命群众组织反日会。这年夏天，因他张贴反日标语，被八面通警察署关押了一个多月。获释后，他仍然继续从事反抗日本帝国主义侵略的斗争。同年秋，他又与黄玉清等同志组织了20多名群众，同当地一个以传教为名，反对抗日的反动基督教牧师进行面对面的斗争。他虽然因此事又被反动当局监禁月余，但出狱后他与敌人奋战到底的决心丝毫未减。

在对敌斗争的实践中，金佰万同志的阶级觉悟提高了，决心为民族解放，为国家独立而斗争到底。

“九一八”事变后，中共勃利特支派金佰万到林口、杨木背、新城村等地进行革命活动，开展党的工作。1932年底，根据绥宁中心县委的指示，他来到密山县，为筹建密山赤色游击队做了大量工作。1933年7月，为了搞到枪支，金佰万等四名同志经过研究决定，打入满军二十六旅。很快，他们就和那里的士兵混熟了，并机智巧妙地拖枪而出，这就是密山游击队的第一批快枪。他们利用这四支步枪，开展了从敌人手中夺取武器的活动。不久，在哈达河通往密山县城的二人班公路上，金佰万等5名同志成功地进行了一次伏击战。当场击毙哈达河大排队队长于仁江手下6人，缴获手枪1支、步枪5支、子弹数百发。同年9月，金佰万等同志被派到勃利大四站活动。一天中午，当他路过一所伪军营房时，发现伪军正在屋里围着一张长条桌子赌博。金佰万勇敢地闯进屋里，顺手抓起门旁的枪支，厉声喊道："不许动！今天我来，只要你们的枪，不要你们的命！谁敢乱动，我就打死谁！"这时屋外的几位同志也应声赶了进来。就这样，他们一下子缴获了步枪11支。1934年3月20日，于密山县委所在地——哈达河张老奋菜营成立了赤色游击队，队名"民众抗日军"，金佰万同志任副队长。不久，密山赤色游击队在杨树河子与伪满军150多人遭遇，发生激战，毙伤伪满官兵十余人。在这次战斗之后混入游击队内部的坏分子张宝山裹胁十余名队员叛离了革命队伍。金佰万在密山县委领导下，联合部分抗日山林队，收缴了叛徒武装，整顿了队伍，使游击队得到了巩固和发展。1934年9月，金佰万和张奎领导游击队，活动在哈达河一带。

1934年10月金佰万等率领密山反日游击队和李延禄领导的东北人民革命军第四军联合攻打了密山县城。游击队突破县城北门，缴获步枪数十支。在攻打密山县城的战斗之后，密山反日游击队被改编为东北人民革命军第四军第二团，金佰万任二团一连连长。不久，他调任三团政委。

1935年9月，金佰万在执行任务时，被叛徒杀害于勃利县通天沟，时年26岁。

九、郝贵林

郝贵林，1900年生于东北热河，1934年参加珠河抗日游击队，1935年参加东北人民革命军第三军，1936年任抗联三军四师师长。

1936年1月，郝贵林率抗联三军四师攻打哈达河的伪军二十六团，经派人侦察后，于6月23日夜里向伪军二十六团发起突袭，俘虏大部分伪军，缴获大批被服和武器，活捉了伪团长苏树堂。

1937年7月在勃利小五站与敌战斗中牺牲，时年37岁。

十、杨太和

杨太和，别名杨景荣，男，汉族，1904年8月17日出生于吉林省吉林市一个农民家庭。

1910年杨太和的全家搬到密山县杨木岗拉拉街居住。1915年杨太和十一岁入本村私塾读书，1921年杨太和同志的父亲病故，这使他不得不放弃学业，担负起支撑门户和管理家业的负担。

1931年，日本帝国主义发动了“九一八”事变。目睹侵略者的罪行，年仅20岁的杨太和仇恨满腔、怒火燃烧，怀着强烈的爱国热情，毅然投入抗日救国的怒潮中。1932年初，他同苏怀田、田宝贵等十余人一起，在密山县平阳镇一带组织了地方抗日武装，队伍建立后不久，便迅速地发展成为一支四五百人的抗日武装。同年他们投奔了抗日救国军，被编为补充第二团，杨太和任该团第三营营长，后来又担任了该团副团长。这支队伍在杨太和等人的率领下，转战于密山、穆棱、鸡西等地。先后攻打过梨树镇、平阳镇，给盘踞在密山县的敌伪势力以沉重打击。扩大了抗日影响。

由于党的培养教育和实际斗争的锻炼，杨太和很快地成长为无产阶级的优秀战士，于1932年加入中国共产党。

1933年1月，王德林救国军溃散时，保留下来的一个由地下党员李延禄所领导的抗日救国军第一补充团，改编为抗日游击总队，杨太和担任了第一团团长。不久，这支队伍在宁安孟寡妇屯召开扩军会议上，正式宣布部队改编为抗日救国游击军，杨太和仍担任第一团团长。部队改编后不久，根据中共吉东局三月指示，杨太和率队开赴密山小石头河子、黄泥河子等地开辟游击区。就在杨太和率领一团回到密山县不久，密山县伪县长刘相（系杨太和之内兄），便强迫杨太和的妻子抱着其唯一的小女儿，到一团驻地小石头河子去劝降，并以30垧地和“自卫团总”的官衔作为诱降条件。对于敌人的这个卑鄙的手段，杨太和感到无比愤怒，予以严词拒绝。他对妻子进行了多次耐心地教育，反复向她说明了“不打走日本鬼子，是绝不会有安稳日子过”的道理。从此以后，再没有什么亲属关系说了，杨太和同志就是这样地把国家的存亡和民族的解放，摆到个人安危和家庭幸福之上。在杨太和坚定的抗日决心感受和耐心教育下，他的妻子终于被说服了，并留在抗日部队的驻地。不久，杨太和同志又教育和动员了他的堂兄杨太贵、四弟杨太昌、妹夫陈兴一等同志，参加了抗日部队，奔赴了抗日战场。杨太贵于1933年参加了中国共产党，并担任了抗日游击军的营长，同年在率队攻打密山县城的战斗中英勇牺牲。杨太昌和陈兴一也都先后为中华民族的解放事业献出了宝贵的生命。

在开辟密山抗日游击区的斗争中，杨太和总是紧紧依靠当地人民群众的支持，避实就虚，机动灵活地打击敌人。1934年春，杨太和根据群众提供的情报和伪军中爱国士兵的内应，亲自率队，将密山县的小石河伪自卫团全部缴械，巩固了抗日游击区。

1934年7月，中共满洲省委为了加强和巩固党对反日游击队的领导，决定将东北各反日游击队统一改编为“东北人民革命军”。9月，在纪念“九一八”事变三周年时，正式宣布将抗日救国游击军改编为东北人民革命军第四军，下辖一个师，杨太和继续担任第一团团长。同年10月，为了团结更多的阶级和阶层共同抗日，又将东北人民革命军第四军改编为东北抗日同盟军第四军，杨太和担任第一师师长，兼第一团团长。在四军里，杨太和素以指挥有力，英勇顽强，机动灵活和战斗中身先士卒而闻名，特别是在密山一带，杨太和的队伍名传四方。1934年9月，为了从敌人手中夺取冬季军需物资和武器弹药，并牵制敌人，以支援兄弟部队，四军决定由杨太和师长指军，攻打密山县城。杨太和当即根据敌我力量对比情况，决定采取声东击西的战术。先派一支队伍进驻密山县附近的平阳镇郊，将四军印制的《告伪兵士书》在平阳镇郊广为张贴，似做攻击平阳镇之准备，诱使平阳镇守敌采取紧缩队伍，固守平阳镇的态势，从而避免当我攻击密山县城时，平阳镇守敌增援的可能。同时派主力部队攻打密山县城。1月6日午夜，杨太和下令攻城部队分四路，同时攻打四个城门，使城内守敌左右不能相顾。杨太和同志亲率一支队伍主攻西门。他命令部队边打边进行“中国人，不打中国人”“缴枪留命”的喊话，迫使守敌放弃了西门。杨太和立即率部队冲进城内，以迅雷不及掩耳之势，包围了伪警备队营部，将一连伪军全部缴械。这时，进攻另外三个城门的部队也冲进了城里，在杨太和的统一指挥下，包围了驻守在伪县公署的日本守备队，经过3个小时的激战，全部占领了密山县城。战斗结束后，杨太和指挥部队在城内广泛地开展了抗日宣教活动，贴标语，撒传单，街头讲演……使党所领导的抗日武装的政治影响，在密山县人民中得到了广泛的传播，产生了巨大的反响，二百多名群众和伪军，当即参加了抗日队伍。这次战斗共缴获敌人各种枪支138支，子弹万余发，及其他许多军用物资。

1935年初，根据反围剿和扩大抗日游击区的需要，四军决定组建骑兵队伍，但战马奇缺，为了解决战马，杨太和奉命率领一师，于1935年2月攻打了勃利县青山沟的伪森林警察队。战斗打响后，敌人负隅顽抗。这时，杨太和亲率部分战士，用刺刀和手榴弹，一阵猛打猛冲，迅速攻战团防所，打乱了敌人的指挥中心，使敌人陷入了一片混乱。经过3小时的激战，毙伤一批敌人，缴获了许多枪支弹药，并乘胜缴获了伪林业组合拉运木材的好马500多匹。四军从此建立了骑兵部队。同年5月24日，杨太和又率领一师一团，进攻林密线上的滴道河车站。夜2时许，杨太和率队从滴道河后山攀藤附蛇，葛行而下。行至车站，首先俘获了敌哨兵，然后包围了车站的自卫团防所，乘敌人还在熟睡突然发起了攻击。部队遵照杨太和的命令，对顽抗的日军坚决消灭之，而对伪军，则以政治攻势为主，以军事打击为辅。结果，绝大多数伪军放下了武器。在这次战斗中，毙敌12人，缴获步枪10支。

1935年9月中旬，四军决定召开一次全军高级干部会议，传达和贯彻中央《八一宣言》的精神，确定将东北抗日同盟军改编为东北抗日联军。此刻，党和人民多么需要杨太和去承担更多的革命工作啊！但是，就在杨太和奉命率队去依兰五道河子参加抗联四军召开的这次高级干部会议，路经勃利县缸窑沟时，突然遇敌。在战斗形势对我极为不利的情况下，杨太和双手使枪，率领几名战士，掩护部队转移，同敌人激战到最后一个人，终因敌众我寡，壮烈牺牲，时年32岁。

杨太和的牺牲，使当地群众无比悲愤和怀念，他们冒着生命的危险，将杨太和烈士的遗体安葬在他牺牲的地方，并以树木作为标记。

十一、黄玉清

黄玉清（1899—1940），原名黄亭镐，朝鲜族，1899年出生于朝鲜咸镜北道吉州郡一个贫苦农民家庭。因不堪忍受日本帝国主义的奴役与压迫，于1905年随同父母迁居到中国吉东省穆棱县向阳村。抗日战争时期，参加抗日联军，曾任东北抗日联军第二路军总政务处主任。

1906—1912年，黄玉清在穆棱县向阳村的一所私塾馆里读书。后来，因家境贫寒，无力供他升学，只得在家务农。

黄玉清早在年青年代，就受到进步思想的影响，具有反抗侵略与压迫的坚强性格。从1927年开始，他一面参加农业生产，一面秘密从事反抗日本帝国主义侵略者的斗争。当时，他和其他爱国者一起，经常利用张贴标语，散发传单等形式揭露敌人的罪行，号召人民团结起来，与日本侵略者进行针锋相对的斗争。1928年他曾经带领本村贫苦群众进行反抗反动地主的盘剥和压榨，实行减租减息的斗争。

1929年，他又组织金世弦、许范俊等二十多名群众，同当地一个以传教为名，反对抗日的反动基督教牧师进行面对面的斗争，不幸遭到伪警察局的逮捕，被押送到八面通监狱。后来，在群众的强烈要求下，黄玉清才被释放出狱。

黄玉清在参加对敌斗争的实践中，开始接触并逐渐加深了对中国共产党的认识，从那时起，他就主动接受党的领导，时时处处按党的要求指导自己的行动，因此，他的无产阶级觉悟得到迅速提高，并于1930年加入中国共产党。第二年，他被选为中共穆棱县下城子区委书记，不久，他又担任了中共穆棱县委宣传委员。

1932年下半年，日本帝国主义加紧对吉东地区的殖民统治。这时，黄玉清遵照党的指示，和其他几位同志一起，于11月份离开穆棱来到密山哈达河一带，从事筹建中共密山县委的工作。中共密山县委成立时，黄玉清被选为密山县委委员兼西林子、白泡子地区区委书记。与此同时，黄玉清还积极在西大林子、白泡子、马家岗、半拉城子等地组织和发动群众性的秘密抗日组织“反日会”，从而使这一地区反抗日本帝国主义侵略的斗争出现了一个崭新的局面。

1934年秋，根据斗争形势发展的需要，黄玉清被调到东北抗日同盟军第四军工作。1935年5月，他被任命为第四军政治部主任。

黄玉清在四军工作期间，他对党忠心耿耿，工作任劳任怨，对同志和蔼可亲，平易近人，因此，他深深得到领导和同志们的信任和拥戴。抗联四军在1935年时，只有700多人，到了1937年，迅速发展到4个师，10个团，共两千多人，这个成果的取得，是和黄玉清的辛勤工作分不开的。四军的同志都称赞黄玉清能文能武、智勇双全。他除了出色地担负着部队的思想政治工作之外，还经常领导和指挥许多大大小小的战斗。1936年6月21日，他会同三军四师分三路奇袭了哈达河满军二十六团，活捉了苏团长，击毙满军士兵4人，伤7人，俘虏3人，缴获步枪37支、子弹453发、手榴弹16个、马4匹，并运走了大批的服装、被子，解决了部队部分夏装问题。1937年1月10日，他又率领部队袭击了四人班、偏脸子等地的伪甲所，清除了几个顽固与人民为敌的汉奸走狗，并为部队募集了大量捐款。2月，在他的领导下，经过反复较量，胜利开辟了宝清附近一带抗日斗争的新局面。

1938年初，黄玉清兼任抗联四军一师政治部主任，4月，他随四军主力部队西征到五常，后因情况变化，同年冬，他又率领一部分抗日战士从五常返回富锦一带坚持抗日斗争。这时，日本侵略军又在宝清附近一带进行空前野蛮的大“讨伐”。在形势十分不利的情况下，黄玉清率领有限的抗联部队，经过一个时期艰苦的转战之后，又从宝清向富锦一带进发，一路上他们翻高山，越草原，穿森林，过湖泊，历尽千辛万苦，连续行走了几十天，再加上敌人的严密封锁，疲劳过度，营养缺乏，黄玉清患了浮肿病。而且病情越来越严重。有一天，同志们关切地要为他熬点儿稀粥，黄玉清望着剩下的那一点儿口粮，深情地说：“不要给我做了，还是把它留给别的伤员们吃吧。”几天过后，黄玉清连走路都十分困难了，同志们一致提出要抬着他走，可他为了不给同志们增添麻烦，坚持不肯让大家抬着走。每当夜晚宿营时，他为了让同志们休息好，还总和大家一样值班站岗，同志们深受感动，都说：“黄主任真是咱们的好榜样、好领导啊！”

1939年12月，黄玉清被选为中共吉东省委委员，同时被任命为东北抗联第二路军总政务处主任。

1939年冬1940年春，日本侵略者依仗其暂时的军事优势，接连不断地增派步兵和骑兵，轮番对我抗日游击区进行围剿。在这种极端困苦的环境中，黄玉清仍率领总部留守部队和五军三师九团紧密配合，坚毅沉着地指挥部队与敌寇进行着顽强不屈的斗争，给日伪军以沉重打击，打死敌人60余人，缴获了一些轻重武器和粮食、军需物资等。

1940年2月20日，黄玉清等20余名同志，在弹尽粮绝的情况下，被日伪军围困在宝清县太平沟南的石灰窑里，在激烈的战斗中，黄玉清不幸中弹牺牲。时年41岁。

黄玉清同志为中国人民的解放事业做出了牺牲。他的革命精神将永远激励我们在新的革命征程中勇往直前，永远去奋斗。

黄玉清把鲜血洒在了黑土地上，染红了冬天清白的雪，血化作春水，滋润迎春的映山红，摇曳在年年春天鲜艳的花蕊里，与生命永在。

十二、朱守一

朱守一，原名周子岐。1905年出生在奉天（辽宁）省一个农民家庭里。

朱守一是中国共产党的优秀党员。他在青年时代就积极参加并领导了沈阳（奉天）兵工厂工人抗日大罢工。1931年曾任中共宁安县委书记，绥宁中心县委书记等职。1932年当选为中共吉东局委员。1934年6月任密山县的游击队队长，同年8月于密山县哈达河二段山战斗中壮烈牺牲。

1912年，朱守一刚满7岁，母亲把他送到一家私塾读书。后来又转入小学攻读。小学毕业后，考入奉天省立第一中学。在学校中受到当时新思潮的影响，追求进步，经常阅读进步书刊，参加反帝爱国宣传活动，中学毕业后，于1926年考入哈尔滨工业大学工程机械系学习，大学期间朱守一更加勤奋读书，追求进步，积极学习马列主义和研究中国革命问题。1928年，因环境恶劣，反动当局到处捕杀爱国青年学生，朱守一被迫离开哈尔滨工业大学去奉天，在奉天兵工厂任机械师，朱守一就是那时启用的名字。

受党的培养教育和实际斗争的锻炼，朱守一于1931年光荣地加入中国共产党。1932年6月，绥宁中心县委成立，朱守一同志任书记。中共地下党绥宁中心县委，根据省委的指示，在东京城一带积极着手建立新的抗日武装，同年6月，在朱守一、金根同志的领导下建立了23人的北满工农义勇军（宁安工农义勇队前身），这支队伍活动于宁安、穆棱、汪清等地。1933年3月，中共宁安县委考虑到工农义勇队的武装力量小，已不适应形势发展的需求，为了扩大武装力量，决定宁安工农义勇队和李延禄所率领的抗日游击队合编为抗日救国游击队。1933年3月中旬，朱守一、金根率领宁安工农义勇队，参加了中共吉东局驻地马家大屯的保卫战。在通往汪清嘎呀间的山路腰岭子阻击敌人。经过这次战斗之后，朱守一、金根的队伍扩大了一倍，多达60多人。1933年4月3日，在中共吉东局召开的党、政联席会议上，根据满洲省委提出的建议，决定朱守一、金根所领导的宁安工农义勇队作为军部的先遣队开赴密山，开辟新游击区。

1934年8月，中共满洲省委为了开展游击战争，加强对吉东地区游击队的领导，打击日本侵略者，派朱守一同志去密山游击队任队长，活动于密山、哈达河一带。1934年6月，密山赤色游击队计划领导哈达河群众暴动，攻打哈达河街基，在行动时发现日军讨伐队20余人向哈达河方向移动，朱守一率领队伍沉着应战，在哈达河二段山脚下，摆开了阵势，与日军讨伐队展开了一场鏖战。朱守一亲自率领一个排抢占了有利地势。游击队凭借有利地势，士气旺盛，越战越强，激战一个上午，敌人也未能攻上制高点。我军侧翼部队在打退敌人连续三次冲锋之后，已有部分伤亡。朱守一同志听到这个消息，冒着炮火，顶着硝烟，赶到我军侧翼阵地，鼓舞大家狠狠打击敌人。这时，游击队左翼兵力又发起强攻，对敌人实行迂回包抄。正当日军讨伐队弹尽无援、束手待毙，处于被游击队全歼的绝境无法突围时，发生了意外的情况，反动地主张老四，敞开大门，将讨伐队放进院里，并用洋台子迎击，战士们急得直跺脚，朱守一指挥手枪队瞄准射击，一名战士举枪射击日军讨伐队黑田小队长，朱守一站起身来，鼓掌叫好，不料一颗飞弹打中了胸部，朱守一当场壮烈牺牲，时年29岁。

十三、苏怀田、田宝贵

苏怀田，汉族，生于密山县小石河（今鸡东县永和镇新和村）。1932年5月参加革命，抗日战争时期，曾任抗日救国军补充第二团副团长。

1932年初，中共地下党员杨太和、冷寿山、田宝贵等缴了杨木岗地主武装的保安队，建立了约有150支枪的革命队伍，活动在密山杨木岗、平阳镇一带。苏怀田当时是小石河屯保董，组织一支地方保安队。苏怀田同田宝贵很早就相识，他在田保贵的感召下，激发了爱国热情，表示坚决抗日。同年5月，苏怀田高举抗日大旗，率领他那有100多支枪的队伍反正了。反正后，他们通过地下党组织的关系，派人到兴源镇同抗日救国军李延禄取得联系，经抗日救国军研究决定，将苏怀田的队伍编入抗日救国军补充第二团。苏怀田、田宝贵任补充第二团副团长，杨太和、冷寿山等任营长。

1932年，抗日救国军第二补充团受命去穆棱解除谢杰斯的武装，并没收谢杰斯的兵工厂。谢杰斯是白俄人，他在穆棱办一煤矿，这个煤矿有矿警武装二三百名，还有兵工厂一处。谢杰斯同日本人相勾结，与抗日人民为敌，所以抗日救国军要解除其武装。因梨树镇有丁超的护路军驻扎，为了行动保密，抗日救国军第二补充团就离开铁道，迂回绕到谢杰斯煤矿背后，在距离矿区还有近百里的小石河一番宿营。

抗日救国军第二补充团的团部驻地在一个地主的大院子里。驻宝清的护路军总司令丁超已暗地通敌，破坏抗日。他得知抗日救国军第二补充团要去穆棱解除谢杰斯武装后，就命部下王孝之团和车之久团，从平阳镇赶到小石头河子，把补充二团的驻地包围了。为了消灭这支抗日队伍，王孝之派人到补充二团，诱骗苏怀田等部队领导到平阳镇与丁超相见面谈。（实际丁并没有到平阳镇）补充二团团政委李延平和副政委兼第三营营长杨太和当时在场，他们坚决反对。王孝之所派来的人说:“我们原本也是不知道你们是抗日救国军方面来的队伍，我们到这里才弄清楚。我们可以插草为香，对天盟誓，都是抗日的部队，绝不会有什么对不起你们的事。”补充二团副团长苏怀田决定率领团部所有的人员去访丁超，但共产党员杨太和同志当众坚决反对，并拒绝前去。共产党员冷寿山同志也反对前去应约。后来，作为副团长的共产党员田宝贵不得不随苏怀田前去赴约。结果，苏怀田及田宝贵等人一到平阳镇就被护路军方面的人员逮捕了。所有补充一团一、二两个营，在护路军所属二十六旅王孝之团和车之久团突然袭击之下，被解除了武装。以副团长苏怀田、共产党员田宝贵为首的6名营级以上的军官全被绑起来，被铡刀铡了，排级以上的30名军官全部被枪毙。这就是震惊吉东地区的抗日战争期间的“平阳镇惨案”。

十四、金根

金根原名金光珍，曾用名金弦，男，朝鲜族。1902年1月生于朝鲜咸镜北道庆兴郡雄基邑的一个农民家中。

1908年初，金根随全家迁居到中国吉林省和龙县上泉坪（现光照屯）。同年3月金根开始读书，先在光齐峪念私塾后进公学堂。他学习优秀，1916年考入延吉中学，1917年毕业。1918年考入吉林农工业学校，1922年5月又考入了南京大学。后因家庭经济困难，辍学回家。

1924年到1928年，金根曾先后担任北獐洞、杰满洞、大扇洞小学校长，这时他积极参加了学运斗争，办农民夜校，在农民中进行革命的启蒙教育和开展农民运动。1929年，在大成中学以当教员为掩护进行秘密活动，经常组织教员在夜间到农村张贴反日标语，散发传单，为搞武装集资。金根、张东元等四人去地主家捐款买枪失败，日本领事馆追捕他时逃出。由于他经常向其家庭进行革命宣传和教育，在他的影响下，其妻、侄子、侄妻、妹夫都参加了革命。1930年，金根、朱德海等40余人，先后从延吉、汪清、宁安花脸沟组织几个假家庭，以种地为掩护，秘密组织群众进行反日宣传活动，1930年6月，金根加入了中国共产党。

“九一八”事变后，金根在党的领导下，积极组织抗日武装，首先在汪清罗子沟组织了革命军事委员会和创建了汪清游击队。后来于1931年底到穆棱县梨树镇、下城子等地活动。1932年春，金根到宁安县东京城，经过几个月的宣传活动，成立了反日会、儿童团等组织。在东京城建立了23人的北满工农义勇队，金根任队长。这支队伍活动于宁安、穆棱、汪清等地。金根曾率队于穆棱县新城村消灭一个反动地主。1932年秋与李延禄所领导的抗日救国游击军一起活动。1933年春，曾率工农义勇队到汪清，并参加了马家屯战斗。

在党的领导下，金根和金佰万等同志缴获大排队、伏击满军和募捐款共搞到34支枪。在1934年3月20日，成立密山赤色游击队，金根任参谋长。游击队成立后，在杨树林子与150余名伪军进行6个多小时战斗，击毙满军营长、连副各一名、伪敌十余名。不久，游击队长张宝山叛变，金根积极领导游击队，会同抗日山林队缴了叛队的武装，使游击队得到进一步巩固。

1934年10月，东北抗日同盟军第四军成立时，金根任参谋处处长。1935年3月代理二团团长，率领一部分朝鲜族队员活动于勃利一带。勃利稻田公司附近集居百余户朝鲜人，有三四户大地主，几十个人的自卫团武装，他们从四处招来一些人，为他们种地，进行残酷压迫和剥削。此地又是通倭肯河北，东去七台河的抗日活动交通要道，凡是经过此地的人，都被抓起来进行审讯、殴打，有的活埋，有的打死，以此破坏抗日活动。因此，周围群众十分痛恨他们。中共密山县委为了给人民除害，消灭这个走狗，决定攻打稻田公司。公司经理和自卫团长得知四军要打的消息后，率领16名自卫团员乘汽车去勃利县支援，我军得此情报后，决定由金根率队在途中进行伏击，当敌人进入我军埋伏圈，公司经理和自卫团长等18人被我军全歼，得步枪18支，并烧毁了汽车。

1936年8月，金根任八军一师政治部主任，活动于依兰、勃利一带。这时日寇除用大排队围剿抗联外，还从延吉派来治安工作班，专门从事收降活动。同年10月，“治安工作班”金东汉率领16名人员，乘汽车到金根部队进行诱降时，被金根部队将其全部消灭，并烧毁了汽车。

1937年10月12日，日本特务和叛徒相互勾结，在桦川县七星子将金根同志杀害，时年36岁。

十五、胡伦

胡伦，曾用名胡志敏，胡明德。汉族，1900年3月生于四川省广安县。

1912年考入广安县高等小学，1915年考入顺庆（今南充）联合中学，1919年转回广安县立中学，在班中与邓希贤（邓小平）相识。1920年9月27日，胡伦和邓小平等人在重庆朝天门码头乘“吉庆”号江轮赴法勤工俭学。据胡家老一辈人回忆，临走时他和邓小平、邓绍圣三人，从重庆回过广安，邓小平的母亲特别委托胡伦照顾好邓小平，一是胡伦比邓小平大四岁，二是邓小平的伯父邓绍观的女儿就是胡伦未曾过门儿的第一任妻子，从小定的娃娃亲。1920年10月，胡伦他们到达法国的马赛，由于华法教育会没有经费，将他们送到工厂当工人，在那里他们结识了袁庆云、赵世炎，还结识了外省来的李立三、李维汉等，胡伦从此受到了共产主义思想的影响，逐渐提高了阶级觉悟。1921年10月，由赵世炎、袁庆云介绍加入中国共产主义青年团旅法小组，后改为中国共产党旅法支部。1922年6月，胡伦在巴黎参加了旅欧中国少年共产党的成立大会，因当时与会者都用化名：周恩来化名“五豪”、赵世炎化名“乐生”、李维汉化名“罗迈”、胡伦化名“扶轮”，后写成胡伦。10月，周恩来领导巴黎华工总会，胡伦所在的钢铁厂华人工会改为第一分会，胡伦任分会负责人。进入法国历乃德钢铁厂当工人，工作非常努力认真，很快成了一名熟练工人，工资所得也逐步提高。他个人生活十分俭朴，节衣缩食，把工资拿出来补助其他同学读书。胡伦同志在法国期间，除到工厂做工外，还努力学习马列主义理论，积极参加旅法支部的各种活动，致力于无产阶级革命事业，并且时刻关心着祖国的命运和革命前途。8月旅欧支部决定胡伦和24名党员同志到苏联莫斯科，进入东方大学学习。1925年国内五卅惨案爆发，党组织又选送胡伦去苏联伏龙芝军事学院去学习，经四个月的培训后，于1925年10月回国。1925

年11月，胡伦回来后被调到河南省，省委书记王若飞派他到荥阳县开展豫西农民运动兼军运工作，职务是省农委委员和省军委书记。1926年12月，因坏人告密在开封被捕。1927年2月奉系军阀张作霖进占开封，胡伦乘乱世之机，逃出监狱。1927年3月，胡伦被派往武汉北伐军总政组织部工作，这期间曾作为总政组织部工作组长带领农训班学员随军北伐。1927年4月12日，蒋介石在帝国主义策动下，发动反革命政变，对共产党人和革命群众进行血腥大屠杀，致使轰轰烈烈地北伐大革命处于低潮。同年12月，胡伦调往上海党中央，任中央特科特务部秘书长工作。1928年秋，经邓小平介绍与苏联留学回国的蒲秋潮（又名蒲振青）相识，后经周恩来批准正式结婚。

1930年1月，党中央派胡伦到东北满洲省委做职工运动工作，任工委委员。1930年4月中旬，满洲省委遭到敌人破坏，胡伦同志在哈尔滨被捕，押送到奉天军法处，他在狱中进行了坚贞不屈的斗争，敌人对他动用了惨无人道的酷刑。但他始终没有向敌人吐露真情，保全了党的组织力量。“九一八”事变后，经过党的营救，于同年11月获得释放。1933年5月，满洲省委派胡伦到吉东省乾安县民团郭宝山部队中去开展工作。因为胡伦和郭宝山曾在一个监狱中坐牢，彼此间关系密切，友情深厚，由于这种特殊关系，使胡伦得到了郭宝山尊重和信任，并担任了郭宝山部队的参谋长。

1933年7月，郭宝山部队移驻密山。日军委任郭为密山县伪警备骑兵旅旅长。胡伦（化名胡志敏）担任了该旅机关枪连连长。并聘请胡伦的爱人蒲秋潮（中共地下党员）任郭宝山的家庭教师。

1934年上半年，胡伦接到中共密山县委的指示，要他们将警备骑兵旅中的机关枪连策反出来，参加抗联四军。接到县委指示后，他和蒲秋潮做了一番紧张而急迫的安排，终于把机关枪连两个排策反出来了，胡伦和蒲秋潮同志各持手枪一支，率领62名起义士兵，携带轻机关枪6挺、步枪50支、弹药万余发、马64匹，离开虎穴，经地下党组织派往抗联四军。蒲秋潮任四军政治部办公室主任，胡伦任四军参谋长，从此，和抗日联军第四军辗转战场，与敌人斗争。

1935年秋，抗联四军党委派胡伦化装南下去找党中央，路经哈尔滨时不幸被捕。后被带到日本宪兵队，在敌人的严刑拷打威逼利诱面前，他经受了严峻考验。后被押送到吉林监狱，法院诬以“叛军”之罪名，判刑5年，1942年3月刑满释放。这时，胡伦同志进入了吉林市朝阳路振华钟表店做修理工，同年9月返回延安。1945年“八一五”光复后，胡伦第二次来东北，曾历任佳木斯军区参谋长、财政厅厅长等职。全国解放后，历任北京重工业部兵工局厂长、书记，重庆市工业部副书记，机械厅厅长；重庆市粮食局局长、党委书记等职；粉碎“四个帮”以后，任重庆市政协副主席、市委常委。

1979年在重庆因病逝世，终年79岁。

十六、蒲秋潮

蒲秋潮，字振声、逸民，女，汉族，1905年出生在四川省广安县。青年时代，蒲秋潮就接受了马列主义思想，1925年五卅惨案时，蒲秋潮正在北京女子师范大学读书，她积极参加并领导了北京女师大的学生运动，被选为全国学生女生代表。1926年蒲秋潮加入中国共产党。为了培养妇女干部，党将蒲秋潮同志派往莫斯科东方大学深造，毕业回国后，任中共河北省委秘书长。

1929年，中共中央往东北输送干部时，蒲秋潮及其爱人胡伦同志（留法勤工俭学学生，后去苏红军大学读书，回国后，在上海党中央做地下工作）一起被派往东北，从事党的工作。1930年，中共满洲省委遭到破坏后，在奉天（今沈阳市）他们夫妇相继被捕，入狱后任敌人百般折磨，威胁利诱，他们坚贞不屈，始终未暴露真情，终于保全了党的组织和力量，使敌人无法定罪，只好在囚禁两年后释放了他们。在狱中他们利用一切机会和敌人作斗争，抓紧时间向群众宣传，教育群众并唤起民族的觉悟和自励，增强同狱人员的爱国心和斗争的信心。

狱中有一位叫郭宝山的蒙古族人，因蒙汉民族矛盾的成见而打架被投入监狱。他见胡伦很能联系人，谈起话来有条有理，便请胡伦替他写状子申冤，郭宝山非常感激。

“九一八”事变后，日本帝国主义为分化中国各民族的团结，拉拢人心，收买鹰犬，假仁慈地把原被东北军逮捕的大部分犯人释放出狱。1931年11月，蒲秋潮、胡伦及郭宝山也同时释放出狱。胡伦出狱后，向党汇报了狱中情况。郭宝山出狱后，便被日军委任密山县伪警备骑兵旅旅长。由于胡、郭狱中的交情，党即派蒲秋潮与胡伦二人打入伪警备旅搞秘密工作。当时胡伦找到了郭宝山，郭宝山因同情蒲、胡生活的遭遇，又有狱中的交情，便委任胡伦（化名胡志敏）担任旅机枪连连长，并聘请蒲秋潮任郭家的家庭教师，教育其两个女儿。在教课时，郭宝山夫妇二人常来听课，蒲秋潮利用这一个合法的机会有意识地向孩子们讲爱国主义、民族团结、中国历史、世界知识等。蒲秋潮同志的知识渊博，为人正直，性情温雅，深得郭宝山夫妇的赞赏和全家的尊敬。天长日久，郭家谈话、办事都不回避她。蒲、胡二人也就利用了这一有利条件，机智勇敢地为党收集了不少有价值的情报。蒲秋潮除直接从郭宝山处弄到情报外，还可以从夫人及两个女儿口中获悉警备旅何时清剿抗联部队，敌人兵力配备等军事情报。蒲秋潮收集到情报后，就利用家庭教师上街方便的机会，将情报交给当时的地下党联系人，再送给抗联四军，使四军及时准确地掌握敌人的行动计划，制定作战方案。如抗联四军在密山黑金沟驻扎时，从蒲秋潮那里得到敌人要来围剿的情报后，四军就迅速地转移了，使敌人大队人马扑了空。蒲秋潮还常常借去看胡伦的机会，给连长士兵讲中外历史，说古论今，唤起他们的爱国之心。蒲秋潮还利用到连队的机会，把连队每次出去打仗回来剩下的子弹，暗暗地从士兵手买下来，积少成多，然后交给地下党。

1934年上半年，胡伦接到中共密山县委的指示，要他们将警备骑兵旅中的机关枪连策反出来，参加抗联四军。接到县委指示后，他们做了一番紧张而急迫的安排，终于把机关枪连两个排策反出来了。蒲秋潮和胡伦各持手枪一支，率领62名起义士兵携轻机关6挺、步枪62支、弹药万余发，马64匹，离开虎穴，经地下党组织派往抗联四军。蒲秋潮任四军敌伪工作部办公室主任，胡伦任四军参谋长。从此和抗日联军第四军辗转战场，与敌斗争。

蒲秋潮，呕心沥血，献身于东北的抗日运动，积劳成疾，患了严重的结核病，被送往哈尔滨治疗，不幸于1935年6月病故于哈尔滨，时年30岁。蒲秋潮同志为东北人民解放事业贡献了毕生的精力。

十七、李根淑

李根淑，女，朝鲜族。1913年生于朝鲜庆尚道礼川郡一个秀丽的山村。1914年，朝鲜已沦为日本侵略者的殖民地，她的爷爷李守元不甘心忍受亡国之辱，携带老伴、儿子和儿媳以及出生不久的李根淑离开朝鲜，搬迁到中国宁安县东京城南大庙附近落户，住在两间破漏不堪的稻草房里，靠租种土地谋生。

李根淑在小学读书的时候，已有朝鲜共产主义者在东京城一带活动。当时，朝鲜共产主义者以东京城为中心，号召朝鲜族起来革命。李根淑的母亲常常对她这样讲：“许多爱国志士，为了朝鲜独立，英勇斗争，死在日本帝国主义的屠刀之下……”亡国恨、民族仇深深地埋藏在李根淑的心里。1928年到宁安的朴凤南，在东京城南大庙附近的一人朝鲜族私塾当老师，又是反日会的领导人之一，他以办夜校为掩护，从事反日教育和宣传，引导青年参加革命。李根淑在朴凤南的教育和帮助下，进步很快，参加了反日会组织，并成为朴凤南的得力助手。

由于党的培养教育和实际斗争的锻炼，李根淑于1930年11月光荣地加入了中国共产主义青年团。此后，她更加积极地从事党的地下活动，在革命斗争的实践中，锻炼成为一名机智勇敢的战士。

1932年6月，根据中共满洲省委的指示，把中共宁安中心县委迁到穆棱县，改名为“中共绥宁中心县委”。这时，李根淑与朴凤南扮作夫妻来到穆棱县。李根淑在此期间，她经常深入到下城子附近村屯，开秘密会，宣传抗日救国的道理，建立反日会，利用夜间撒传单，贴标语，开展革命活动。由于李根淑工作积极，成绩突出，于1932年7月被党组织批准，光荣地加入了中国共产党。中共绥宁中心县委任李根淑为青运部长。

为了开辟密山县党的工作，1932年11月，绥宁中心县委派组织部长朴凤南到密山组建区委。朴凤南、李根淑、黄玉清、许贤淑、金佰万、金镇浩、金根、李春根等10余名党员干部，他们以组成假家庭的形式到密山哈达河头段落户。为了筹建密山区委，他们一边劳动，一边从事秘密活动，建立哈达河、西大林子、白泡子3个党支部；并接收了饶河中心县委在密山建立的柞木台子、一撮毛、当壁镇3个支部，组建了中共密山区委，李根淑任区委委员兼区妇运会主任。

1933年2月，区委为争取和团结自卫军一致抗日，派李根淑、李成林、李春根、金镇浩等人携带大米、猪肉等物品到自卫军二十六旅三营慰问。李根淑在向三营官兵宣传抗日救国的道理时说："我是朝鲜人，朝鲜被日本帝国主义侵占，我爷爷无生活出路，为了谋生来到中国，但侵略成性的日军，又把魔爪伸到东北。现在日本帝国主义企图使中国人甘心受他们的奴役。我们虽然都有家，但无落脚之处，这是为什么？我们现在面前只有两条路。一条是屈从于日寇，活着一条命，受帝国主义的歧视和侮辱，即民族灭亡的路；另一条路是团结一致，反对侵略者，在我们中国大地把日寇干净、彻底地消灭掉。"她的宣传在士兵中引起强烈的反响。李根淑还动员妇女，拆绸缎裙子做手帕，用彩线绣上"抗日到底，决心抗日"的字，送给自卫军二十六旅的官兵，以此鼓励抗日救国的信心。

1933年10月，吉东局决定撤销绥宁中心县委，密山区委改为密山县委。朴凤南任中共密山县委书记；李根淑任县委妇运部长。县委成立不久，李根淑与朴凤南高高兴兴地结婚了。他们在长期地下工作中，互相支持，互相配合；在生活上，互相关心，互相体贴；在活动中，谁也不甘心落后，比着干，把干好工作作为恋爱的标准，来推动工作。

他们结婚后，不仅发展党组织和反日会组织，而且还作组建武装工作，使密山抗日游击队日益发展壮大。

1934年10月，中共满洲巡视员吴平（杨松）在密山哈达河沟里召开了密山县委扩大会议，决定密山游击队与东北人民革命军合并，组成东北抗日同盟军第四军，调李根淑到四军任妇女主任。

李根淑由地方转到部队，便开始了部队的战斗生活。部队不管走到哪里，都能听到她的笑语声，部队经常跋山涉水，夜间行动，李根淑非常坚强，从来没看见她有过倦意，说过累字。部队停下宿营时，当她把一切安顿就绪后，又把她领导的女战士分成几个小组，分别到群众中开展抗日宣传工作。李根淑善于宣讲，她那条条入理的革命道理，就像一股股暖流，打动了群众的心。群众不仅积极为部队提供情报，而且还为部队送粮食、送蔬菜等物资，支援部队打击敌人。

1935年11月，东北抗日同盟军第四军改编的第五营（原系黄枪会救世军）营长王萌武和几个大法师，受不了艰苦的游击之苦，想下山投降当汉奸。四军得知这一情况后，军长李延禄等领导同志经过多次研究，认为李根淑机智灵敏，善于宣讲，能完成此项任务，决定派李根淑带领慰问队相机行事来完成这次任务。慰问队出发前，军长李延禄向李根淑介绍了五营大法师宣传封建迷信，部队成分复杂，和可能遇到的问题，最后问李根淑还有什么困难，李根淑充满信心的向李军长敬礼说："请军长放心，坚决完成任务。"李根淑带领慰问队携带慰问品出发了，当到五营驻地时，哨兵看到慰问队中有女人，这是该营的大忌，哨兵便喊："女人不得迈入营地。"李根淑多次派代表说服了哨兵。这时这个营的士兵看到了慰问品，便一拥而上迎接慰问队。慰问队进入营地后，士兵们忙着让座、点烟、倒茶。此营的头目和大法师，虽然不表示欢迎，但看到士兵和慰问队的同志非常和气亲近，想要制止也是无济于事。李根淑抓住了这个有利时机发表演说。她从日军侵略东北，讲到人民受苦受难；从黄枪会被收编，讲到协同作战，肯定了四军和五营是兄弟部队，我们以前协同作战，打击过共同的敌人，为了拯救垂危的中华民族，共同流过血，流过汗，并从游击抗日讲到了自己的身世。她说："我们都是有国有家的人，现在呢，都变成了有家难奔，有国难投的人了，现在摆在我们面前的只有两条路，一条是抗日救国；一条是投降当汉奸。”她那可歌可泣的爱国演说，使士兵们产生了共鸣，有的士兵呜呜地哭出声来，有的士兵高呼口号：“宁受千般苦，不当亡国奴，赶出日本人，救国救民族。”此营的一个头目说：“别听不吉利的女人瞎说，不信她那狗皮膏药。谁抗日就别想要脑袋，也别想见老婆孩子，投降是活路，抗日是死路。”他的话还没讲完，有的爱国士兵高喊：“拥护四军，拥护李根淑的讲演，投降没法见祖宗。”这时，此营的头目说：“自讨方便吧，愿意跟我走的站起来。”只见王萌武和几个大法师领着少数士兵退到了深山老林。大多数士兵参加了四军，扩大了四军的队伍，李根淑带领慰问队出色地完成了劝止五营投降日寇的任务。

1936年7月，东北抗日联军第四军党委决定，派李根淑去苏联莫斯科东方大学学习。她在苏联学习三年。

1939年7月，李根淑回国后，组织上认为她对东京城熟悉，有利于开展地下党的活动，决定李根淑在东京城开展地下活动。

李根淑长期从事党的地下工作，在极其困难的环境中，她性格活泼，不怕任何困难，具有坚强女性的特征，她摆脱了封建伦理的束缚，操一口流利的汉语，身着普通汉族服装，来往于汉族、朝鲜族两族之间，从事抗日救国的宣传工作。

1940年夏天的一个下午，李根淑在木其活动时被东京城宪兵队逮捕了。经过多次审问和酷刑，她始终坚贞不屈，宁死不招供。敌人看她不吃硬的，又用软招子引诱她说：“只要你交出地下组织名单，让你做大官、住洋房、坐汽车，尽管让你享受。”李根淑闭口不答。敌人看所有的计策都用完了，从李根淑嘴里什么也得不到。后来，敌人下了毒手，1941年4月的一个深夜把李根淑杀害了。一位优秀的朝鲜族女共产党员，为了抗日救国和民族的解放事业献出了自己壮丽的青春和宝贵的生命，年仅27岁。

李延禄于1961年“九一八”事变30周年之际，为她作诗一首《李根淑同志千古》：

雏凤凌云破樊篱，振臂高挥反帝旗；
万马军中声浪起，士气轩昂歼劲敌；
囚门难锁英雄志，倭奴妄图诱军机；
宁为玉碎非全瓦，血染黄河志未移。

十八、安顺福

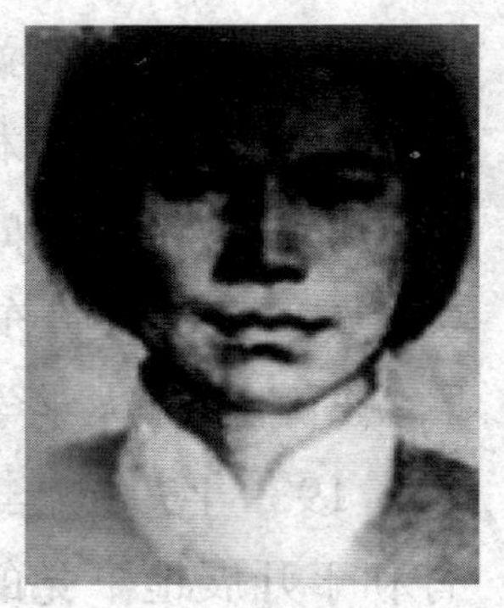

安顺福（1915—1938），女，原名张福顺，朝鲜族，黑龙江穆陵县人。1933年与爱人朴德山从穆陵县调入抗联四军，任四军被服厂厂长（朴德山任抗联四军四团政委，四师政治部主任，1938年牺牲于黑龙江省依兰县）。1937年10月，抗联四军准备从密山西征，为行军打仗方便，中共密山县西大林子党支部书记朱德海（新中国成立后任吉林省副省长兼延边自治区党委书记，八大中央候补委员，国家民委副主任）将安顺福与朴德山的长女等9个孩子安排到西大林子抗日会会员娄景明等家抚养，安顺福望着不满3周岁女儿撕心裂肺的哭喊声，心如刀割，但为了革命事业，她与另外三位母亲义无反顾地走上了抗日的征程。

1938年4月，抗联四军向宝清集中。5月出发西征时，安顺福、许贤淑等四军被服厂的女同志一同编入五军妇女团，随军西征。在征途中，安顺福和妇女团的同志与男同志一样跋山涉水，翻山越岭，穿行在人迹罕见的深山老林里，一路风餐露宿，野菜野果充饥，生活极端困苦。1938年8月末，妇女团只剩下冷云、安顺福等8人，同年10月下旬，她们行军到林口县境内牡丹江支流的乌斯浑河下游红石砬子时，在前有日寇堵截，后有追兵弹尽无援，渡河无船的情况下，宁死不屈，她同冷云等8位女战士挽臂投江捐躯。东北抗联第二路军总指挥周保中得知“八女投江”后，当即题写了“乌斯河畔，牡丹江岸将来应有烈女标芳”。2009年9月14日，安顺福等八位被评为100位为新中国成立做出贡献的英雄模范。安顺福和她的爱人朴德山、爱女三人为革命献出了宝贵的生命。

十九、田佐民

在抗日斗争的艰苦岁月里，有许许多多的女同志，虽然他们没有惊天动地的业绩，但在史册上却留下了光辉的一页。抗日女英雄田佐民就是其中的一位。

田佐民是抗日名将李延禄的爱妻。田佐民出生于吉林省延吉县延吉河村的一个贫苦农民家里。在家里排行老二，就叫田二丫。1912年。15岁的田佐民就嫁给了丈夫李延禄为妻，因李延禄在李家排行老二，公婆就叫他二媳妇。1931年9月28日，中共延边四县中心县委召开紧急会议，派李延禄到原东北军王德林将军所领导的东北抗日救国军去工作，要他把这支部队建设成为党的抗日武装，并发展党的武装力量。李延禄远离家乡后，田佐民想：应该跟丈夫一起去抗日，就是死也要死在一起。李延禄走了不久，她就毅然带着13岁的女儿李万英和11岁的儿子李万杰去找丈夫李延禄。经过许多周折，没有找到。田佐民只好回到平阳镇北八甲（今鸡东镇光荣村）娘家去住。

“平阳镇惨案”中被王孝芝、车子久杀害的中共党员、补充二团副团长田宝贵就是田佐民的弟弟。当时她听到这个不幸的消息后，非常悲痛。她想尽快找到部队，为牺牲的三十六名烈士报仇。经过多方联系，终于找到了抗日救国游击军的第一团团长杨太和，杨太和通过密山县委关系，找地方把她们母子三人隐藏起来。之后密山县委觉得这样隐蔽也不是长久之计，而田佐民又要求去宁安找丈夫李延禄的部队，两个孩子又愿去北平读书。密山县委最后就决定把李万英和李万杰姐弟俩随人进关去北京，然后又让副官李德胜护送田佐民到宁安与丈夫李延禄会合。

1932年12月，田佐民来到了抗日救国军的部队里。在部队里，丈夫李延禄同志经常开导她，讲一些革命道理，讲抗日斗争的伟大意义，并对她说："参加革命了，就要为三千万东北的父老兄弟的解放而斗争，打击日本侵略者，夺回祖国的好山河。让千千万万人民过上幸福的生活。今后，你也应该有个名字了，你就叫田佐民吧。"田佐民活到三十五岁，这才第一次有了自己的大号名字：田佐民。田佐民同志在穷困和压迫中挣扎了半辈子，跳出了家庭的小圈子，开始走上革命道路，为民族解放而奋斗。她在抗日的部队里，既不是干部，也不是战士，而只是随军家属。但她把部队当成家，把战士当成自己的亲人，成为这支部队中最忙碌的一位女同志。她除了向驻地妇女宣传抗日救国的道理外，还辛勤地照顾战士们的生活。她常常起五更爬半夜为战士缝缝补补，洗洗涮涮。她的辛勤劳动赢得了战士们的爱戴和尊敬。战士们都称他"田妈妈"。田佐民感到只是做了一点点微不足道的小事，觉得很有意义。因此，不管多苦多累，她觉得能帮助丈夫做些有利于抗日的工作而感到自豪。

1932年3月，日本帝国主义的傀儡政权伪满洲国成立后，日伪加紧对抗日队伍"讨伐"和"围剿"，致使抗日游击队的生活供应越来越困难。1933年1月，李延禄考虑到宁安县城里可以募捐到一些钱款和粮食。为了便于掩护，最好是女同志去执行这项任务。田佐民同志知道这个消息后，就主动要求去执行这次任务。李延禄同志考虑再三，决定由田佐民前去执行这项任务，并给宁安县城里同情抗日的商会头面人物写了封信，让田佐民随身带去，又派副官李德胜同她一起前去。临行前李延禄反复交代：这次去不单纯是募捐，而要着重宣传抗日救国的道理。抗击日寇，人人有责，有钱出钱，有粮出粮，有人出人。广泛动员人民群众及各界仁人志士支持抗日。田佐民第一次执行这项任务，十分高兴，不顾一百二十多里路程长途跋涉的疲劳辛苦，一到宁安县城就同李德胜一起积极开展宣传募捐和采购给养工作。由于不久前部队在团山子、八棵树等地打了胜仗，在当地产生了极大的影响。因而，县商会的头头范玉明等有爱国之心的人士对游击队寄予很大的希望。他们捐献比较踊跃，还有一些厚实的富户，怕游击队攻打县城打破了他们的饭碗，所以也不得不采取积极的态度。不几天，田佐民同志就筹集了一批大米、白面以及一批钱款。她雇了大车，拉着东西平安地返回了部队，圆满地完成了任务。当她看到大车上的大米和白面，脸上露出了欣慰的笑容。看着同志们吃上了纯粮食煮的饭，杀敌的意志倍增，心里别提有多么高兴了。她深深地体会到给养对部队来说有多么的重要，觉得自己做了一项对革命很有意义的工作。她向李延禄汇报了募捐的经过，城里还有一些爱国的工商户愿意为抗日捐款，要求再去一次。经商议，李延禄同意他和李德胜同志再去一次宁安县城，并交代为骑兵营采购二百套马掌。

1933年2月的一天。田佐民同副官李德胜同志又来到了宁安县城，因为有了上次的工作经验，加上人熟地方熟，募捐工作进行得非常顺利。没几天，就募捐到日本金票三四千元，备齐了二百套马掌、几十袋白面、几百斤猪肉及大米等各种物品，足足装了一大车。3月27日，田佐民他们赶着大车出了宁安县城。

走了大约七八里路，刚过黄旗屯儿时，突然跑出来一群人把大车截住，他们说着蹩脚的汉语，一看便知道是朝鲜人。他们声称是黄旗屯儿的自卫队，盘问他们："干什么活计的？从哪里来的？""到什么地方去？"田佐民镇定地回答说，车上的东西是她到侄女家办喜事儿用，并说李德胜是她的侄子。这时自卫队中有人怀疑说，"怎么屯儿里这么多乡下人，办喜事还要到城里买猪肉？哪个屯子没有几口猪？"于是这些家伙就咬定是抗日游击队的，并一定要上车进行检查，不管田佐民他们怎样反复辩解、说明，这些人还是一拥而上，很快从粮肉下面摸到了麻袋，并将麻袋里的马掌倒在地上。抓到了证据，这群伪自卫队员马上变得像饿狼一样，不由分说，恶狠狠地将田佐民和李德胜同志用绳子五花大绑地绑住，连车带人押回了黄旗屯儿。到了伪自卫队，他们对田佐民和李德胜进行了全身搜查，从田佐民身上搜出了几元现款，这时他们完全认定他俩是游击队的人。于是开始了各种刑讯，先是用棍子抽打，逼田佐民他们承认是游击队的人。田佐民和李德胜咬紧牙关，谁也不吭一声。接着敌人便把他们的两只手捆绑在一起，两脚捆住，然后把他们四脚朝天地吊在马棚的房梁上，由于绳索勒得太紧，绳子勒进皮肉里，鲜血从手腕、脚脖子上流了出来。两人很快昏了过去。敌人用凉水把他们泼醒，继续逼供。当时田佐民想到游击队里的亲人们和自己的丈夫，想到平时称自己为田妈妈的那些坚强勇敢的战士们，她想敌人掌握了所带来的这些东西，足以证明自己游击队的身份了，反正是活不成了，要是我一个人去死，能保住大家，就是死了也值得。当她看到身边的李德胜表现得那么坚强，决心把他救出来。当敌人再次逼问她时，便毫不犹豫地说："我确实是抗日游击队的人，可我的侄子是沟里种地的庄稼人，他不知道我的事，是我让他给我赶大车的，你们要枪毙就枪毙我吧，与他无关。""这些东西和钱是从哪里来的？”敌人进一步逼问，田佐民不顾身上的剧烈疼痛，向他们做宣传：“县城里有许多朝鲜人都是积极支持抗日的，游击队里也有许多朝鲜人战士，他们都是不愿当亡国奴！”“问你这些东西是从哪里来的？”自卫队的家伙们不耐烦地吼叫着。田佐民看到这些人死心塌地当走狗，便力声誓绝地说：“要想从我口中知道这些东西的来源那是妄想！”气急败坏的敌人开始给他们上“老虎凳”大刑，随着砖头的不断增加，田佐民觉得全身骨节像断裂似的疼痛。接着敌人在他们俩人的小腿上放上一根木棍，两头儿有人使劲地踩压。两人立即昏死过去了。当田佐民再次醒过来时候，敌人狡诈地对她说：“只要你说出游击队在什么地方，就立即放你走，你不说，还给你上大刑。”田佐民一声不吭地怒视着敌人。敌人便用钢钎扎她的指甲……田佐民又一次昏了过去。不知道有多少次。她咬紧牙关一字一句地说：“在森林里！”敌人无可奈何地号叫着，给她灌冷水，田佐民被呛得嘴和鼻子都流出了血，又一次不省人事了。不知过了多长时间，她朦朦胧胧地听到敌人得意忘形的声音：“刚过大正月，就给咱们送来了这么多的慰问品，哈哈哈哈。”这时田佐民又想起了深山老林里坚持战斗，缺食少穿的战士们，心里特别难受。过了一会儿，敌人又把她吊在房梁上，并厉声地问：“你认识李延禄吗？”“李延禄派我来的，怎么不认识！”没想到那些残暴凶狠的自卫队员听她这么回答，没有继续刑讯，却先后鬼鬼祟祟地离开了。被吊着的田佐民趁机小声叮嘱李德胜同志：“要咬定自己是沟里种地的庄稼人，不知‘婶母’是替抗日办事儿，只承认是‘婶母’求你临时帮忙的。”田佐民还说，“少牺牲一个人，对抗日有利，你如果能活着回去，可向领导汇报真实情况。部队的同志是多么盼望我们回去啊。”天黑了很久以后，他们突然看到电筒光闪动着，接着有一群人匆匆拥到他们跟前，把他们从空中放了下来。一边用不流利的汉话说："害怕的没有，我们也是没法子。"田佐民和李德胜由于长时间受刑，已经站立不住了。敌人生拉硬拖地把他们拖到了村外的荒地里，他们刚一撒手，还没等田佐民站稳脚跟，枪声连响了几下。田佐民就觉得被什么东西绊了一下，扑倒在地。田佐民意识到敌人是想枪毙他们，可是没有死。田佐民感到全身疼痛，又说不准是哪个地方疼痛。她听到脚步声由近而远，逐渐消失了。她试着睁开眼睛，看到了满天星斗，觉得自己又冷又渴又饿，浑身疲惫无力。"大婶儿！""大婶儿！"过了一会儿，她听到一个熟悉的声音在小声地呼唤着。那人走到了跟前，说自己是李德胜时，田佐民才知道他俩是枪口余生。他俩互相解开了绳子。田佐民摸了一下李德胜的头，觉得手上黏糊糊的，原来是李德胜的耳朵被子弹擦伤，还在流血。他俩忍着剧烈的疼痛，竭力地移动着冻僵了的身子，踉踉跄跄地朝着有灯光的人家走去。几位支持抗日的老百姓把他们接到家里，用雪给他们搓四肢和面颊，然后找来旧棉袄给他们换上，又是喂水，又是喂粥，把他俩救活了。后来乡亲们把他俩送回了部队。

从此以后，田佐民更是把自己的生命同革命事业联系在一起。她被党组织送到了北平养伤。在北平期间，她不仅支持大女儿李万英在大学里搞抗日救亡活动，而且还帮助地下党保管机密文件，默默地为革命做着平凡的工作。

全国解放以后，田佐民愿意继续为党工作，曾向组织提出到托儿所去工作。领导很关怀她，说建国了，托儿所的阿姨也要有文化，你已经五十多岁了，对革命有贡献，身体又不好，应该好好地休息、党和国家养活你。她听了十分感动。田佐民不向党和国家要待遇，努力学习文化，经过四个冬春的努力，自学摘掉了文盲的帽子，能够自己读书看报，写简单的信件。

二十、王明生

王明生，鸡东县哈达镇山河村（原名金家屯）人。曾在抗联三军四师担任连长。后惨遭侵华日军731部队杀害。

2000年11月5日，黑龙江省社会科学院研究员杨玉林一行来到鸡东县哈达镇山河村，调查抗联战士王明生参加抗联的事，从而揭开了从山河村走出去的抗联战士王明生失踪六十多年的迷。

鸡东县哈达镇山河村，伪满前叫金家屯儿。王明生就出生在这里。王明生自幼聪明，受到父亲偏爱，读的书也比兄弟姐妹多。

1931年，王明生读完高小，被分配到哈达村公所工作。那时侵华日军占领我国东北，哈达镇的人民也和东北人民一样生活在水深火热之中。王明生在村公所工作一段时间后就辞去了工作，回家务农。1932年初秋的一个夜晚，王明生到农友范长富家串门，结识了一位陌生人。这位陌生人对他很热情，说起话来很亲切。后来才知道这位陌生人叫张墨林，是刚刚在哈达河头段（今鸡东县东海镇）组建的密山县委的副书记兼组织部长，也是密山抗日总会的负责人。张墨林对常到范长富家去的几个人讲述抗日救国的道理，他说，大家要团结一致打日本人，只有把日本侵略者赶出中国，人民才能过上好日子。王明生思想进步，有一颗爱国之心。听了张墨林的讲述，王明生下定决心走抗日救国之路。于是他便秘密地加入了张墨林领导的密山抗日救国会，并担任秘密交通员，从此走上了抗日救国的道路。从那以后，王明生经常外出，有时一走就是几天、十几天，很少回金家屯儿。屯子里的人和家里的人都很纳闷儿。有一次他回到家被父亲王兆金狠狠地训了一顿。父亲对王明生说：“你整天东奔西跑，不着家，干什么呢？”王明生对父亲说：“我的事您老就别管了，反正我没干坏事。我保证对得起祖宗，对得起父母，对得起乡亲，以后您会知道的。”听了王明生的话以后，父亲也就不再干涉王明生的事了。

1934年3月，经张墨林、金佰万介绍，王明生加入了中国共产党。1935年组织安排王明生到抗联三军四师担任连长。在王明生的影响下，王明生的弟弟王明德也毅然决然地参加了抗联。

日本特务机关知道王明生和弟弟王明德兄弟俩都参加了抗联以后，就经常派人到金家屯儿王明生家里找王明生的父亲王兆金要人，并放狠话，不交出两个参加抗联儿子的话，就将王家人统统杀掉。此事被当时设在哈达河头段（现在的鸡东县东海镇）的密山县委得知后，立即派人到王明生家，安排王明生父亲带家人撤离。

1936年农历六月初的一天夜间，王明生的父亲王兆金套上牛车，装些粮食和简单衣物，由密山县委派来的人带路，经过三天多的艰苦行程，到达抗联驻地勃利县小茄子河。抗联三军四师一位叫陆希田的团长和一位叫陈文生的主任热情地接待了王明生父亲一家人，对他们一家人参加抗联表示赞许。随后陈主任安排王明生的父亲王兆金、弟弟王明德在抗联部队种菜兼送情报。王明生的母亲、弟妹和妹妹被安排到四军密营被服厂做军衣，就这样王明生一家都参加了抗联。

1941年5月，抗联战士王明生突然失踪，从此便杳无音信。村里的人都知道王明生参加了抗联，但解放后没有回来，也没了消息，就有人误认为不是投敌也是叛变了。从此王明生的家人一直在被猜疑、被歧视中蒙冤度日。直到省社科院研究员杨玉林一行的到来，镇、村的领导和王明生的家人才知道王明生被害情况。原来，在黑龙江省档案馆馆藏侵华日军七三一细菌部队捕获抗联战士做活体细菌试验的档案材料里发现了王明生。档案中写道：王明生没有悔改之意，该人的活动是积极的，对我方实为大害，必须实施“特殊输送”到七三一细菌部队做活体试验。就这样，一个坚强的抗联战士惨遭侵华日军七三一细菌部队杀害，为民族的解放事业献出了宝贵的生命。

2012年9月，鸡东县哈达镇革命老区建设促进会召开了纪念抗联战士王明生座谈会。王明生以其抗日救国高大形象在鸡东人民心中耸立一座不朽的丰碑。王明生及其家人为了国家独立，民族解放，英勇抗击日本侵略者，宁死不屈的英雄事迹在鸡东大地传诵。

二十一、王玉环

王玉环，女，汉族，1916年秋出生在哈达河畔的一个小山村——原鸡东县新华乡兴隆村。王玉环出生的年代，中国正处在全国性的反袁风暴时期，军阀混乱，民不聊生，人民处在水深火热之中。当时，王玉环的父亲王德清老人靠给地主抗活养活一家老小，家庭过着吃不饱、穿不暖的苦难生活。

在王玉环出生的第六年即1922年，母亲因积劳成疾，无钱医治，带着一身的苦难，在一个漆黑的夜晚离开了人世间。年仅六岁的王玉环哭着喊着，不让母亲的遗体离开自己的身边。因为这个混乱黑暗的社会和清苦的家庭给予王玉环唯一的幸福和欢乐，那便是母爱。母亲病逝不久，七岁的王玉环为生活所迫，便给本村张家做了童养媳，忍受着常人难以忍受的痛苦。特定的生活环境，使她从小就养成了倔强的脾气，婆婆无端地挖苦、训斥，她也并不掉一滴眼泪，只是默默地忍受着。当时的中国还是一个半殖民地半封建的社会，要想摆脱这股封建势力谈何容易。王玉环虽然一次次地逃了出来，但又带着未干的泪水被一次次地找了回去。年复一年，王玉环渐渐地长大了，在她这颗受到莫大创伤的心灵里，慢慢地滋长起一股要冲破封建势力，砸碎这个封建枷锁的反抗洪流。

1931年“九一八”事变后，日本帝国主义侵占了我东北三省，并积极策划在我国东北成立“满洲国”，进行殖民统治。日寇在伪军的配合下，经常到各地疯狂地进行烧、杀、抢、掠，实行惨无人道的“三光”政策，使成千上万个村庄被烧毁，成千上万无辜的中国人民被杀害。日本侵略者，除野蛮的军事统治外，还不择手段地进行敲骨吸髓的经济掠夺。尤其对农村的掠夺更为残酷，它采取暴力进行“武装移民”，霸占了大量土地，大量农产品被直接抢走。日本侵略者进行血腥军事镇压和残酷经济掠夺的同时，还无耻地推行奴化教育，他们强令东北不准挂中国地图，不得用“中华”二字，还实施“日语化”教育，把日语列为各级学校的必修课程。把中国语文改称“满语”课等来奴役东北人民。当时王玉环的家乡也同样遭到日本帝国主义的残暴军事镇压、政治控制、经济掠夺和奴化教育。国难深重，民不聊生。东北各阶层人民，同日本侵略者展开了各种形式不屈不挠的斗争，给予敌人打击最惨重的是中国共产党领导下的抗日军队。活跃在王玉环家乡一带（原新华乡兴隆村）并给予王玉环最大启迪的主要抗日力量，是由密山党的地下组织领导的密山游击队，也叫赤色游击队（后与李延禄领导的抗日救国军汇合，发展为东北人民革命第四军，也称东北抗日同盟军）。共产党为了巩固和发展壮大这支抗日军队，积极深入各阶层和农村宣传抗日救亡活动，为抗日队伍输送新生力量和抗日救援物资。

1933年深秋的一天，抗日会的一位姓赵的女同志急匆匆地来找王玉环，安排她认领被日本清缴队抓捕的人员，并向她描述了那人的样貌。第二天，全体村民就被日本清缴队带到一处空房子前里，日本兵压着十几个被捆绑的人，让村民们一个个地来到这些人的面前，认领保释各自的家属。王玉环怀抱着一岁的女婴

（此为王玉环在张家所生之女）辨认出赵同志说的那个男人，从容地指认："当家的你还不回家，孩子想你了。"并顺手把怀里的孩子塞进男人怀里。女婴也像懂事一样，紧紧地搂住男人的脖子，很亲昵的样子。男人看了一眼这个素不相识的瘦弱女子，心领神会。日军又几经盘问，周围的乡亲们也都作证，一口咬定那就是他男人，王玉环抱着孩子领走了那个男人。为进一步打消日本人的怀疑，抗日会又安排那男人到王玉环父亲家躲避了二十多天。待情势稍微好转之后，才让那人离开王家。那个被王玉环指认的男人便是抗联领导人崔庸健此事，为后来王玉环和崔庸健结下一生情缘奠定了基础。

自那次事件后，王玉环就经常抱着孩子去听抗日救国宣传，这引起了她婆家的不满，她婆婆夺走了孩子，把她关进了柴房，直到她又冷又饿地昏倒在地，才放她出来。但是她不能忘记眼中目睹的日军暴行，仍旧偷偷出去听抗日救国宣传，被婆婆抓到了，又是被关进柴房。从那时起，共同抵抗侵略的道理成为她心中的一盏明灯。

1934年夏季的一天，王玉环带着对封建势力和对日本侵略者的仇恨逃出了婆婆家，这年她已十八岁。也就在这年夏天，王玉环在其姑姑家又遇见了来开展抗日活动姓赵的女同志。赵同志经常对王玉环讲：国难当头，匹夫有责，要国富民强，只有赶走日本帝国主义。王玉环听了觉得很新鲜。在赵同志的影响下，王玉环逐渐认识到，只有在中国共产党的领导下，开展广泛深入持久的武装斗争，才能求得民族的解放和自身的解放。

那是一个值得王玉环回忆的夜晚，天是那样的晴，星是那样的明，夜是那样的静，可王玉环的心情像那大海波涛一样波涌翻腾，也就在这个夜晚里，她在那位可亲可敬的赵大姐（据王玉环1960年回忆，全国解放以后那位赵大姐曾在哈尔滨敬老院担任党委书记）的帮助下，毅然地走上革命的道路。参加了由中国共产党领导的东北抗日联军。1935年，东北抗联第五军成立，王玉环成为其中的一员。

1936年6月抗联各军先后成立了妇女班或妇女队，在女战士最多的抗联第五军成立了妇女团。抗联第五军妇女团组织健全时共分为三个大队，王玉环、朱新玉、片莲荷（花）分别担任队长。其中有少数是知识青年，但大部分都是有着和王玉环相似苦难遭遇和斗争经历的下层劳动妇女。妇女团有战斗时就跟随军队上前线，平时则是搞宣传，补袜子，拆洗被子，做衣服，照顾伤病员，有时还要化装执行侦察等任务。1937年，伴随着全面抗战的爆发，东北人民抗日热情更加高涨，抗联第五军发展到三千人，同时开辟了依兰、方正、勃利、宝清游击区，使日伪军受到了很大的打击。其间，王玉环所在的妇女团和男战士一起参加了无数次战斗。

那是1937年的5月4日凌晨，侦察队报告，日军三百余人乘坐十余辆汽车向黑瞎子窖方向驶来。军部当即命令二师五、六团在黑瞎子窖以东迎击敌人。军直属教导团、炮兵连、青年义勇军、妇女团控制黑瞎子窖东北面村边，同时在公路上埋设地雷炸药，将汽车过路挖断。中午12时，敌人汽车一辆接一辆地进入雷区。埋在道路两侧的炸药导火索被点燃，一阵轰响，前面的六辆汽车全部被炸翻，后面的汽车被卡住。这时，炮兵连的炮弹也在日军的汽车内爆炸，几辆汽车被点燃，其余的也翻到在沟里。王玉环带领妇女团参加这次战斗，临战前她穿上了那双珍藏在背包里跟随她多年的嫂子临行前亲手缝制的一双红色绣鞋，抱着必死的决心奔赴战场。跨上战马，手持双枪，一双红绣鞋格外醒目。将平时训练时牢记在心的动作熟练化的应用，王玉环带领着妇女团发起冲锋，子弹像雨点般射向四处逃窜的日本兵。这一场激战持续了四个多小时，消灭敌人二百五十多人，活捉日军中尉以下二十八人，还缴获了许多枪支弹药和两个掷弹筒。从那时起，她在抗日军队中就有了“双枪小红鞋”的美誉。这次战争，提高了妇女团的作战能力，积累了作战经验，也增强了王玉环日后的战斗信心。

1941年初，王玉环随抗联部队到苏联境内整训，期间曾到莫斯科东方大学接受侦察兵培训，后被秘密派遣回东北地区，从事抗日斗争。

由于王玉环离家后，数年未有音信，全家均以为她已牺牲，不在人世。抗战胜利后的1955年的一天，王玉环的父亲王德清老人忽然接到政府部门通知，要他前往吉林省吉林市。在吉林市的一个办公室里，数年未见的父女二人终于得以再度相见。当时，王德清已经认不出来自己的女儿了。王玉环忍着眼泪，轻声问父亲：“您还记得我吗？”王德清仔细端详眼前这位英姿飒爽的女战士，半晌方才呼唤出王玉环的乳名，又惊又喜。王玉环不禁与父亲相抱哭泣，二人相互诉说着离别之情，全家也算是放下了一桩心事儿。

此后人们才知道王玉环离别家乡后，便参加了由中国共产党领导的东北抗日联军，经历过莲花泡战役、石砬子阻击战等大小几十次战斗，并在硝烟弥漫的战斗中，同崔庸健结为夫妇（崔庸健后任朝鲜民主主义人民共和国委员长），1945年随丈夫崔庸健一同去了朝鲜，任朝鲜民主主义人民共和国女性同盟会副委员长。

王玉环，是从鸡东这块热土上奋起和走出去的东北抗联战士，在她的身上体现着勇赴国难、勇敢顽强、勇于现身的东北抗联精神。

王玉环与崔庸健在平壤

第五节　鸡东抗日斗争大事记

1930年

冬季，中共北满特委派朴克到一撮毛（今鸡东县明德朝鲜族乡立新村）建立党支部，姜正雨任支部书记。

1931年

11月，中共宁安中心县委派党员阚玉坤等人来哈达河深入群众，宣传抗日救国思想，用革命思想武装群众，发展了一批共产党员。党员有池若俊、金昌德、金昌敏，组建了中共哈达党支部，池若俊任书记。

12月，中共饶河中心县委领导人崔庸健派金刚天、蔡基范到夹信子（今鸡东县平阳镇）、柞木台子（今鸡东县明德乡）发动群众，开展抗日活动，发展了一批党员，组建了中共柞木台子支部委员会。

1932年

1月，中共饶河中心县委决定在密山建立中共密山区委，金刚天任书记。

是月，中共宁安县委派张墨林等8人到哈达河、平阳镇等地发展“反日会”会员，建立了“抗日救国会”群众组织，发展会员24人。

2月，共产党员田宝贵等人在平阳镇附近的小石河，联系当地保董自卫团长苏怀田，建立起一支抗日队伍，他们先后收缴了荒岗缉私队和梨树镇白俄谢杰斯煤矿矿警武器，装备了自己，仅一个多月时间部队就发展200余人，是当时密山县内最大的一支抗日队伍。

3月，李延禄派杨太和、冷寿山、田宝贵等秘密回到密山，在荒岗缴缉私队枪10支，又收编了一些小股林队，组成150多人抗日队伍，随后到达平阳镇，苏怀田在感召下率百余人参加抗日。

5月，田宝贵、苏怀田率部队到穆棱县兴源镇投奔李延禄（党派到王德林救国军中担任参谋长，在救国军中组建一个补充团，李延禄任团长），李延禄将其收编为抗日救国军补充二团。李延禄任团长，苏怀田、田宝贵任副团长，李延禄派共产党员冷寿山到补充二团协助工作。

抗日救国军补充二团奉抗日救国军司令部命令去缴梨树镇、白俄谢杰斯开设的煤矿资财充作军饷，先后返回小石河做准备。

7月，中共绥宁中心县委决定成立中共密山区委，机关设在哈达河，朴凤南任书记。

继朴凤南之后，又派中共党员朱德海（吴东元、吴基涉、吴永一、金道洲）、崔洪基（李春华、崔景基）、金国平（李寿元）、郑燮（金成德）等10余人到哈达河找区委。

根据朴凤南同志的指示，朱德海等人到锅盔山等地发动群众，扩大党的组织，进行抗日工作。

中共满洲省委决定将中共饶河中心县委在密山境内建立的党组织，交给中共绥宁中心县委。

8月，在投降日军的护路军司令丁超的操纵下，驻平阳镇护路军团长王孝之、车之久以谈判为名，将抗日救国军补充第二团副团长苏怀田、田宝贵及其所属一、二两个营诱骗到平阳镇，解除了苏怀田等人的全部武装，杀害了排以上干部、战士36人，制造了“平阳镇惨案”。

10月，中共绥宁中心县派党员金镇浩（李玉俊、姜铁范）、金佰万（崔成浩、崔万福、崔东山）到哈达河、一撮毛等地，了解党组织情况，然后向绥宁中心县委和满洲省委做了汇报。

11月，绥宁中心县委派中共党员朴凤南（金万兴、姜哲山、吴万福）、李春根（朴歧铉、姜哲范）、韩亨镐（黄玉清）、李根淑（李善和，朴凤南爱人）、金佰万、金镇浩等10余人组成假家庭到哈达河定居，一边劳动，一边工作。

中共绥宁中心县委为了加强密山地区党组织的领导，决定成立中共密山县委，将密山区委改建为县委。朴凤南（姜哲山、金佰万、吴万福）任县委书记，张墨林任副书记兼组织部长，李成林任宣传部长。县委委员：朴凤南、张墨林、李成林、李根淑（女）、黄玉清、金佰万、朱德海。县委机关设在哈达河头段（今新华乡长兴村）金炳奎家。

建立共青团密山县委员会，林永浩任书记，朱德海任组织部长，王兴亚（王汉）任宣传部长。

是月，绥宁中心县委派李成林、张墨林、阚玉坤等8人到哈达河（原鸡东县新华乡）进行革命活动，建立了中共哈达河支部委员会，池若俊任支部书记。

1933年

1月5日，日军侵占绥芬河，吉林自卫军总司令李杜率部撤至密山。

1月8日，日军占领密山，李杜率部向虎林转移。

1月9日，李杜余部在中苏边界，邢占清余部、杨跃锡余部由郝家屯至二人班边界退入苏境。

2月，哈达河党支部改造，李春根任书记，组织委员池若俊，宣传委员李根淑，支部共有党员8名。

2月12日，张雨廷、李玉峰的先锋部队，以东、南、北三个方面包围了平阳镇，下午占领了平阳镇，捣毁了伪警察署、税务局。日军木村部队遭到严重伤亡，退到黄泥河固守。

2月13日，日军纠集了伪军骑兵两个连200多人，以6辆坦克开路，十几门大炮，重新向平阳镇发动攻势。张雨廷抗日救国军在日军密集的炮火下以猛烈的火力向伪军增援部队再次发起冲锋，伪军仓皇逃跑，抗日部队实行战略转移，撤离平阳镇。

共产党员金刚天，蔡基范由东区（白泡子）向县委驻地哈达河送宣传品，途中被日军抓去杀害。

抗日救国游击军李延禄军长、团长杨太和率全团100余人到小石河（今鸡东县永和镇境内）一带开展抗日游击活动。

3月16日，张墨林、阚玉坤、李成林、林贵春等8名党员遵照县委指示精神，在哈达河二段梁玉坤家召开了抗日骨干会议，会上成立了在党的领导下密山抗日救国总会，下设组织部，梁玉坤任部长；宣传部，老赵任部长；妇女会，李雅艳任主任；儿童团由王丕年负责。抗日救国会组织分布在平阳镇、半截河、哈达河等地，共发展会员300多人。

3月，党员朱德海、崔洪基、安日山由哈达河到柞木台子安家落户，重新组建了党支部，朱德海任书记。

中共密山县委组织了哈达河一带有枪大户140多支枪，150多人准备举行一次暴动。但在预定的袭击哈达河街日军伪军驻地当天，参加暴动的个别地主怯阵逃跑泄露了秘密，使暴动流产。

5月，中共吉东局成立，书记孙广英、组织部长潘庆由。密山县委隶属吉东局。

6月，李延禄率抗日救国游击军王疏峰团，冯守臣骑兵营共400余人到平阳镇附近的大石河，与杨太和所率的一团会师。

7月，李延禄、张文偕在郝家屯（今鸡东县下亮子乡）召开抗日山林队联席会议，会上宣传东北抗日救国军改称为东北人民抗日革命军。军长李延禄、政治委员张文偕、参谋长张奎。会上宣传党领导抗日主张，整顿了个别山林队的风纪，以保护当地群众利益。

日军驻半截河（今鸡东县向阳镇）向阳镇大队长率领几十名日军及伪军第四骑兵旅驻向阳镇兵团，突然包围袭击抗日救国游击军军部所在地郝家屯，由于部队初到，地理环境生疏，敌情不明，除突围部队有些伤亡之外，担任掩护军部突围的张永富连长等15人壮烈牺牲。

中共吉东局工运部长吴赤峰到抗日救国军视察工作。吴玉峰与李延禄等人共同研究决定，以加强党组织建设入手整顿部队，发展朱鸿恩、王疏峰等10余名党员，在抗日救国游击军中重建了党支部，各团建立了党小组，李延禄任支部书记。

吴赤峰、李延禄又召开了一次反日山林队联席会议，为了更便于联合反日武装共同抗日，吴赤峰、李延禄等人决定改用“东北人民抗日革命军”名义，向各支队发邀请信。会上由吴赤峰作了目前反满抗日武装斗争形势报告，提出了各支队抗日武装，协同作战、发展抗日游击区、打进城镇去补充武装给养等意见，得到各支队赞同。大家一致同意起用“东北人民抗日革命军”的称号，建立起统一的指挥机关，并公推李延禄任人民革命军负责人，政治部主任张文偕，参谋长张奎，平时独立活动，战时统一调动力量，协同作战。“东北人民抗日革命军”成立后，取消了原抗日救国游击军称号，但部队建制不变。

东北人民抗日革命军决定攻打密山县城和平阳镇，但缺少弹药，李延禄派吴赤峰以人民抗日革命军名义去苏联求援，吴赤峰携带人民抗日革命军求援信经由郝家屯过境赴苏联。

7月，李延禄派李延庆、王发两名党员打入平阳镇伪军郭宝山骑兵旅机枪连里，给连长胡志敏（胡伦，中共党员、地下工作者）担任勤杂夫和炊事员工作，李、王二人经常通过蒲秋潮（胡志敏爱人，中共党员，给郭宝山女儿当家庭教师）了解伪军部队情况，随时传递给李延禄。

党员金佰万、金平国、金镇浩、洪春植打入伪军26旅后携带4支步枪反正。

8月3日，平阳镇朝鲜族自卫团对柞木台子进行搜捕，安日山被捕叛变投敌，朱德海、崔洪基、林凤春、郑燮等人撤到哈达河，柞木台子党支部遭到破坏。

8月，县委派党员崔洪基去青山组建党组织，郑燮去裤裆沟工作，林凤春到哈达河团委工作。

党员金佰万率4名反日会员在哈达河通往密山的公路上（二人班路段）伏击哈达河大排队，毙敌6人，缴获手枪1支，步枪5支，子弹数百发。

吴赤峰由苏联返回，求援未得到任何结果。李延禄决定通过驻平阳镇伪军骑兵四旅机枪连连长胡志敏的关系筹集弹药，吴赤峰与胡志敏有旧交情，主动承担了这项任务，随即去平阳镇找胡志敏夫妇很快安排了子弹供应办法，先后三批运出3 000发。吴赤峰留在胡志敏连协助工作。

9月初，人民抗日革命军决定联合各武装部队共同攻打平阳镇日伪驻军，吴赤峰与胡志敏研究了一个里应外合攻打平阳镇计划，并将城里日伪军兵力部署、旅部位置，一一搞清。决定在机枪连值勤那天夜间动手，由值勤巡逻人员将进入部队悄悄放入，但此计划在递往人民革命军部途中被联络员丢失，李延禄此时已将部队带到郝家屯、二人班一带，并召集人民抗日革命军所属各部在二人班开会，研究进攻平阳镇有关问题，联络员丢失计划后，李延禄怕情况有变化，决定暂缓行动。

9月16日，杨太和率人民革命军一团配合几支反日山林队攻克密山县城（今密山知一镇）解决了过冬物资给养。

9月，驻半截河（向阳镇）伪军在二人班及其反动地主武装大排队配合下，突然袭击郝家屯和二人班，这次战斗敌我双方各有伤亡，最大损失是已编入人民抗日革命军的李秀峰营500余人全部退入苏联，攻打平阳镇计划落空。

人民抗日革命军二团团长王毓峰，骑兵营长冯守臣率部队300余人返回宁安，王毓峰等走后，人民革命军只剩下军部和杨太和一团不足百余人。

10月，朱德海以西大林子抗日会长的名义，经过工作收编了冯佩华为首的30多人的山林队，使他们走上抗日道路。

是月，中共吉东局决定，撤销中共绥宁中心县委、将密山区委改为县委，县委机关设在哈达河头段，吉东局派人整顿党组织的同时，建立了中共平阳镇区委和中共哈达河区委。

11月，人民抗日革命军政委张文偕去穆棱县找吉东局汇报工作。

中共吉东局决定张文偕调饶河游击队工作。

12月，由于日伪实行“三光政策”，经常活动在哈达河一带扫荡、烧房子，使县委机关无法工作，县委机关搬到哈达河沟里张老畲菜营。

东北人民抗日革命军参谋长张奎调到中共密山县委工作。

1934年

年初，李延禄带军部参谋二人化妆，由郝家屯至二人班边境，经苏联进关求援助。在李延禄离队期间，部队交给了一团长杨太和、军部副官陈荣久共同指挥。

2月13日，县委派党员金佰万、金瑞铉二同志打入马路沟大排队，利用过春节之机缴获步枪14支，俘虏敌人14名。

3月20日，在中共密山县委所在地——哈达河炮手沟张老畲菜营正式组建了“密山游击队”，当时队名为“民众抗日军”，队长张宝山，副队长金佰万（崔成浩），参谋长金根，分队长金昌德、梁怀中。全队长短枪34支，党员10名，团员4名，建立一个党支部，书记金佰万。队员汉族占75%，朝鲜族占25%。

3月28日，密山游击队在杨树河子一带与伪军150余人激战，战斗中打死伪军官2人，游击队无伤亡。队长张宝山、副队长金佰万各率一队撤离战场。张宝山带14人撤到半路时打死团员小宋，威迫队员去当胡子，一名党员跑回县委报告，县委邀请几支山林队帮助将人和枪追回，张宝山一人携带3支枪逃跑去当胡子。

3月，人民抗日革命军一团团长杨太和率队将小石河（今鸡东县永和镇）的日伪自卫军全部缴械，巩固了抗日游击区。

4月，中共吉东局调宁安县委书记朱守一（周子岐）到密山游击队任队长。

5月，中共吉东局巡视员李光林来哈达河巡视工作时，命令中共密山县委立即组织平阳镇伪军四旅机枪连哗变。在连长胡志敏及在伪军部从事党的工作的张奎领导下举行起义，张奎、胡志敏冲破敌人严密防守率轻机枪排40余人，携带机枪6铤及大批弹药哗变。由于工作不成熟哗变后只有张奎、胡志敏领导骨干到县委驻地哈达河沟里，其余人员带枪、弹药拉出另立山头，报号“双龙”，受机枪连哗变影响，伪军四旅第八、九、十、十一连各连相继哗变出80余名士兵。

6月20日，中共密山县委以游击队为骨干组织第二次哈达河暴动，由于走漏了消息，日军50余人于暴动当天出动“讨伐”，在哈达河头段五间房附近与游击队遭遇进行了激战，战斗中打死日军小队长黑田和一名日军，游击队长朱守一中弹壮烈牺牲。

6月末，中共密山县委将张奎调到密山游击队任队长。

6月，满洲省委作出《关于撤销吉东局的决定》，中共密山县委由满洲省委直接领导。

8月，张奎率领12名游击队员利用麦收做掩护智取张家大院，打死反动地主张老四，并没收一部分财产充当军饷。

李延禄由上海经海参崴在二人班至郝家屯中苏边境段返回密山。

满洲省委巡视员李光林来密山县委驻地哈达河沟里检查工作。

8月，县委书记朴凤南因批评“亮山”“邱甲长”等山林队侵犯群众利益行为，引起他们不满，将游击队长张奎等30名队员缴械，缴步枪9支、匣枪4支、望远镜1架。县委立即派人去穆棱河南找李延禄，要求人民抗日革命军到河北帮助通缉“亮山”等山林队头头追回来。

9月，李延禄率队过穆棱河北与密山游击队会合，在锅盔山（鸡东县永安镇境内）打退日军讨伐队一次进攻。

是月，李延禄在郝家屯（今鸡东县下亮子乡境内）召开会议，为有利于发展抗日民族统一战线，将东北抗日人民革命军改称为东北抗日同盟军，军长仍由李延禄担任。

10月6日，东北抗日革命军（抗日同盟军）在军长李延禄和师长杨太和指挥下，配合密山游击队一举攻克密山县城（知一）。缴获枪188支，子弹万余发，以及一些布匹、棉花等越冬的物资。在战斗中给日伪军沉重打击，扩大了党领导下的抗日武装政治影响，县城有200余人参加了抗日队伍，壮大了抗日武装力量，这次战斗中营长杨太贵光荣牺牲。

10月15日，人民抗日革命军与密山游击队一起在黄泥河子老道庙一带活动，遭日伪军百余人包围，部队突围中打死日伪军七八人，我方损失战马一匹，军部一名副官负轻伤，战后李延禄率部返回军部驻地张老畲菜营。

10月17日，满洲省委巡视员在哈达河沟里召开中共密山县委扩大会议，会议改组了县委，选举张墨林为县委书记，决定密山游击队与人民抗日革命军合并组成抗日同盟军司令部，任命李延禄为总司令；将朴凤南、黄玉清、李根淑、胡伦、康山等人调入同盟军工作；李成林（金大伦）调勃利县任区委书记。

会后，人民抗日革命军与密山游击队正式合并为东北抗日同盟军四军，军长李延禄、政治部主任何忠国、参谋长胡伦（胡志敏），全军231人，设一个师，师部均由军部干部兼任，下设三个团和一个独立营、一个连队。一团团长杨太和，政委李守忠；二团团长张奎，政委何忠国兼任；三团团长苏衍仁（小白龙），政委邓化南；独立营营长文荣（打东洋），卫队队长崔成浩、金佰万。李延平、陈荣久等人去苏联学习。

军设党委会，成员：李延禄、朴凤南、何忠国、胡伦，朴凤南任党委书记，何忠国任组织委员。二团和卫队连均设党支部、团小组，四军设有反日会，会长罗英（1936年春叛变）。

10月24日，平阳镇伪军守备队特务李恩忠到哈达河一带搜集我党和游击队抗日情报，被张墨林、张继明等同志逮捕，押到张老畲菜营，经县委决定，在炮手沟就地枪决。

10月25日，平阳镇守备队特务李建浩带领日军去搜捕张墨林、张继明，但这两位同志早已转移，没有捕到人，日军将张老畲菜营全部烧掉。

12月，抗日同盟军撤出敌人重点扫荡的哈达河地区，转移到勃利县大通沟一带活动，部队游击于密山、穆棱、勃利三县沿山地带，一面发动群众，一面打击日军。

1935年

1月29日，密山国境监视队部分官兵发生兵变，打死日军步兵中尉，同日伪军“讨伐”激战后，携武器退入苏境。

2月，吉东特委成立，书记吴平，组织部长李范五，宣传部长李泾清，共青团吉东特委书记张林。密山县委隶属吉东特委。

3月，县委决定抗日同盟军二团攻打“稻田公司”，稻田公司的经理和自卫团60余人乘汽车到县城办事，二团代理团长金根率队在途中伏击，将其全部击毙，缴枪18支，将汽车烧毁。

4月，刘曙华（老曹，李明学）由苏联回国任中共密山县委书记，后在哈达河、兴隆沟、半截河、平阳镇等地，发展抗日救国会会员60余人，发展党员80余人。

6月16日，抗日同盟军一团团长杨太和及政委李守忠率一团袭击日军严密防守的林密线滴道火车站，打死日军1人，俘虏全部伪警察，缴获步枪10余支。

8月4日，县委书记刘曙华在哈达河二段工作时，因携带抗日救国会会员登记表被日军搜查出而被逮捕，押送到梨树镇伪军守备队，在日军严刑拷打面前，坚贞不屈，没有泄露党的秘密，后被党组织营救出狱，曾任抗联第八军政治部主任。

刘曙华被捕后，日军按抗日救国会登记表上名单，将李贵、孙洪山、王喜坤、阚先生、黄木匠、董老二等7人搜捕，押在梨树镇，后被释放。

8月，吉东特委从宁安派褚志远（赵庆云、赵贵元）到密山任团委书记。

9月，吉东特委决定将褚志远改任中共密山县委书记，县委成员倪景阳（老侯、侯副官、李玉廷）和褚志远到半截河佟双庆（中共党员、地下交通员）家接上组织关系。

吉东特委派小王、小任二位同志到半截河褚志远住处把密山县委印章、文件和油印的革命歌曲等交给褚志远。

10月，县委书记褚志远和县委成员倪景阳到半截河守备队的日军翻译王志成（中共党员）家，部署王志成搜集日本守备队、宪兵队情报。

褚志远在半截河、平阳镇以“跑老客”和“泰东日报”记者的身份作掩护进行党的活动，发展一批党员。

11月，褚志远将在日军占领地区半截河、平阳镇等地搜集到的日伪军的情报整理后，欲将情报送吉东特委，但联系不上，便决定派交通员康德亮（木匠）去苏联把情况交给交通员王克仁。

12月，褚志远的爱人韩富英回宁安，向中共吉东局特委代理书记李范五汇报密山工作情况。

1936年

2月17日，抗日联军第五军二师长傅显明率部攻打黄泥河子煤矿日伪军，在激烈战斗中，打死打伤日伪军多名，战斗中傅显明等19名同志壮烈牺牲。

2月，王志成通知褚志远抗日会员谷秉和被捕，情况紧急，褚志远将县委印章和文件烧掉，转移到佟双庆家，后又到平阳镇沙包子地窝棚。

3月15日，李延禄率军部警卫连及一团部由哈达河沟里前往勃利县大清沟参加会议，抗联三军四师长郝贵林、政治部主任金策也参加了会议。会议由勃利县委书记李成林传达中共吉东特委指示：抗日同盟军第四军改编为东北抗联第四军，中共中央调李延禄赴关内工作，抗联四军军长一职由苏联返回的李延平代理，政治部主任黄玉清。

会后，抗联三军四师、抗联四军联合攻打小石河金矿并为李延禄送行，战斗中缴获一批枪支和战马。战后李延平率抗联四军军部护送李延禄由二人班、郝家屯一带边境入苏经海参崴赴关内。

3月，中共吉东特委代理书记李范五到哈达河视察工作，会见县委书记褚志远后，李范五和交通员张哈、张发从哈达岗走到半截河，第二天晚上由郝家屯越境去海参崴。

吉东特委交通员魏绍武通知褚志远和韩富英去苏联学习。

4月上旬，褚志远和韩富英由佟双庆护送经二人班、郝家屯边界去苏联。

朱德海、李春根根据勃利县委书记李成林通知，经郝家屯、二人班边境一带去苏联学习。

5月2日，抗联三军、四军攻打驻哈达河伪军26团，活捉苏团长，缴获迫击炮机枪连和三个步兵连的全部武器和弹药。

1937年

7月，抗联四军政治部主任黄玉清率部队袭击四人班（东海镇永远村）偏脸子等地伪军所，清除了汉奸走狗，并为部队筹集了大量捐款。

1938年

由抗联四军主力部队组成西征部队，在二路军西征部队负责人宋一夫领导下，经密山、勃利、穆棱西征。

党的地下组织由于日军防锁严密，无法进行活动，只能潜伏在群众之中进行抗日活动。

1941年

4月，日本侵略军在（今鸡东县鸡东镇新峰村）修建飞机场。

9月，伪东安省成立鸡宁县，辖鸡宁、滴道、恒山3个街和鸡宁、滴道、平阳、哈达岗、哈达河、兴农、新平、曲河等9个村。

1943年

9月，鸡宁日军宪兵队多次到恒山、城子河、哈达河、平阳镇等地搜捕党的地下工作者，李东升、张玉环（女）等16人被捕，惨遭日军宪兵队杀害。

第四章　永不消逝的地下交通线

在抗日战争期间，为了抗日斗争的需要，特别是抗联四军在鸡东活动期间，鸡东境内建立起三条地下交通线：南线穆陵—梨树镇—夹信子（今平阳镇）—半截河—二人班直至苏联，即是鸡东境内的地下交通线，又是共产国际线；北线牡丹江—林口—滴道—城子河—哈达河—东海—永安（四人班）—二人班，也是国际交通线。根据抗日斗争形势的发展和需要，当年抗联四军在鸡东北山活动期间，又建立了北山地下第三条交通线：林口—滴道—城子河—哈达河—四海店—小九站—勃利。这些地下交通线主要任务是侦察日伪敌情，传递情报，筹集物资，护送人员，宣传抗日主张，动员民众参加抗日队伍。在艰苦卓绝的抗日斗争中发挥了重要作用，为抗战的胜利做出了重大贡献。当我们回顾14年抗战的时候，不可能忘记从事地下工作的同志们。

第一节　吉东特委半截河交通站

1934年半截河，即现在的鸡东县向阳镇。向阳镇的所在地向阳村、通街村当时归密山管辖。半截河位于鸡东县的最东部，南与苏联俄罗斯搭界。半截河地名距今已有百年历史，因村东2.5公里处有一条从双叶山发源的河流，当流到下游村北，没有了河床进入湿地，河水漫延流入穆陵河，故起名叫“半截河”。后建村时，以河名为半截河村。

1936年日本统治时期，半截河这里设有日本宪兵队、警察署特务机关、日本驻军五〇部队和村公所，下设几个甲。民国和伪满时期，这里是较大的集镇，镇内有20多家商号和店铺，还有著名的小麦加工厂“裕记火磨”。

根据中共中央驻共产国际代表团的指示，组建了中共满洲省委吉东特别委员会（简称中共吉东特委），杨松任中共满洲省委吉东特委书记。1935年9月下旬，杨松奉中共中央驻共产国际代表团之召去莫斯科汇报工作不久，杨松给李范五写信告知，因工作需要他留在中共中央驻共产国际代表团驻地工作，任命李范五代理中共满洲省委吉东特委书记。中共吉东特委既特殊又特别，并非一般性的满洲省委直属的地区级党组织领导机构。吉东特委独立开辟建立了国际共产国际—满洲省委—中共中央秘密交通线。

1934年在杨松的安排下，吉东特委建立了牡丹江德发客栈、新立屯邸家豆腐坊、磨刀石车站、林口石印局、密山平阳镇东窑地等五处交通联络站，还在密山半截河“裕成当铺”建立了国际交通站。

李范五（1912—1986），黑龙江穆陵县人。早在北平大学读书时就参加了革命。他担任吉东特委代理书记期间，在密山二人班领导吉东地区抗联工作。1934年10月初，长征开始，中共吉东特委与党中央失去了联系。东北抗联在找不到党组织的情况下，利用密山半截河国际交通站，与中共驻共产国际海参崴联络站接上关系，间接与党中央保持联系，接受党的领导。

王志成，大连人。从日本留学回国后在大连工厂加入中国共产党，有着丰富的对敌斗争经验，是一名机智勇敢的同志。由于他有留学日本的特殊经历，中共吉东特委主要负责人李范五选派他到密山半截何工作。临行前，李范五交代给他两项工作任务：一是利用合法身份收集半截河一带日伪的军事情报；二是在那里建立一个国际交通站。王志成接受任务到半截河后，经人介绍很快被日本人录用，打入半截和日本守备队当翻译。不久王志成与半截河的地下党合伙开了个当铺，字号叫“裕成当铺”，作为交通站的联络点。

1935年7月初的一个傍晚，吉东特委交通员从密山半截河回到了牡丹江，把一个旧暖瓶迅速转给了杨松，拆开暖瓶的夹层里面是一封中共驻共产国际代表团负责人以王明、康生的名义发出的《给东北负责同志的秘密信》，具体日期注明是1935年6月3日。信上附言责成吉东特委迅速、安全地转发给东北各党组织。这就是著名的《六三指示信》。当晚，杨松叫李范五把信复写了6份，第二天，派张发将一封信送往中共满洲省委；派张哈把其余5份，送到各县及四军、五军党委。时隔不久，海参崴工作站又把以中共中央和中华苏维埃名义发出的《八一宣言》传送到吉东特委，特委又及时转送到各地。

担任国际交通员的有密山县中共党员张发、李发、张哈、沈文忱、魏绍武、佟双庆、老戴头、林冲等十几人。王志成长期担任半截河国际交通站站长，一直没有暴露身份。这个交通站的工作，一直坚持到抗战胜利。

交通站安全接送了大批党的领导干部。一是接送中共驻共产国际代表团巡视员吴平（杨松）到吉东地区指导抗联工作。他为吉东地区党的建设，抗联部队的发展做出了重要贡献。后回延安，担任党中央宣传部副部长兼秘书长，创办了《解放日报》，任总编。二是护送中共满洲省委书记杨光华和宣传部长唐国浦去苏联莫斯科向中共驻共产国际代表团汇报工作。三是接送抗联高级干部李延禄、李延平、刘曙华（密山县委书记）、抗联八军政委刘汉兴（陈龙）、傅文忱、富振生、朱德海、李成林、张奎、李范五、田孟君等赴苏联学习或回国工作。四是护送密山县委和抗联四军年轻干部褚志远、王琏、李德山、方虎山、傅文忱、林冲、李发、张发、张哈、佟双庆等人赴苏联学习军事。

半截河国际交通站为党传送重要文件做出了重要贡献。在东北抗联斗争史上有着重要指导意义的"一·二六"指示、《六三指示信》《八一宣言》等信件都是经海参崴转到半截河国际交通站，再由吉东特委转送到各地党组织和抗联部队。除此之外，交通站还负责传递《巴黎救国时报》，各种抗日刊物，党内文件、汇报等。

半截河国际交通站在东北党的历史和抗日斗争史上发挥了重要作用，有着重要的影响。

第二节　平阳镇东窑地地下交通联络站

平阳镇东窑地（今平阳镇永长村）地下交通站是抗日时期吉东特委设立的五个地下交通站之一。据抗日史料记载，当时很多从宁安、牡丹江到密山、饶河的我党和抗日领导人、地下工作者都是经平阳镇东窑地地下交通站联络、转赴。平阳镇地下交通联络站交通员主要有赵麻子、小王、小任、老石、李化然等。平阳镇东窑地地下交通站抗日时期为我党和抗日组织掩护地下工作者，传递重要情报，组织和发动民众抗日，发挥了十分重要的作用。

1934年，根据中共中央驻共产国际代表团的指示，组建了中共满洲省委吉东特别委员会（简称吉东特委），杨松任中共满洲省委吉东特委书记。1935年9月下旬，杨松奉中共中央驻共产国际代表团之召去莫斯科汇报工作。因工作需要，杨松留在中共中央驻共产国际代表团驻地工作，任命李范五代理中共满洲省委吉东特委书记。吉东特委独立开辟了共产国际—满洲省委—中共中央秘密交通线。在杨松的安排下，吉东特委建立了牡丹江德发客栈、新立屯邸家豆腐坊、磨刀石车站、林口石印局、密山平阳镇东窑地五处交通联络站，还在密山半截河“裕成当铺”建立了国际交通站。平阳镇东窑地地下交通联络站鲜为人知。当年，抗日地下工作者褚志远、韩福英夫妇奉命赴密山工作，他们首先就到平阳镇东窑地地下交通站进行联络。

褚志远，宁安东京城人，曾担任共青团东京城区委书记和党的地下交通员。其间结识了进步女青年、抗日积极分子韩福英。褚志远介绍韩福英加入了共青团。后经李范五提议，为方便工作，二人结婚。1935年，褚志远由共青团员转为中共党员。这年，李范五调任吉东特委组织部长，张中华继任宁安县委书记，他直接领导褚志远夫妇。当年七月，张中华来到褚家说：“组织上决定调你们夫妇二人去外地工作，具体工作地点到牡丹江找李范五分配。”褚志远和韩福英到牡丹江德发客栈东邻的一个面包房（吉东特委机关）找到李范五，李范五分配褚志远到密山担任团县委书记，韩福英协助工作。褚志远、韩福英夫妇乘火车经牡丹江、下城子到梨树镇下车（当时林密铁路还未通车），打听到了褚志远的舅舅家，住了几天。褚志远领着韩福英逛街时，遇见了吉林四中（宁安四中）的同学陶崇厚，陶崇厚是密山平阳镇石印局的刻字匠，来梨树镇办事的。褚志远正好向他打听到了去平阳镇的道路，褚志远、韩福英夫妇与陶崇厚结伴坐一辆卡车到平阳镇。褚志远、韩福英先住在一家小客栈里，褚志远去接头。

褚志远找到平阳镇东庙地瓜窝棚，在地头，就看到瓜窝棚已倒塌了，没有人在。他连去了几天，也没有找到姓石的接头人。他们带的钱不多，为了省钱，就托陶崇厚同学在阳镇南街的赵家租了一铺小土炕住。褚志远就用化名写信给李范五说明情况，希望快点帮助接上关系，找到党组织。

在等回信期间，褚志远就到石印局去闲谈，了解情况。石印局的掌柜是个基督教徒，做买卖不太热心，经常外出传教，他雇的四名工人都是年轻人，有陶崇厚、于忠友、丁宝殿、潘某某。褚志远和韩福英玉与石印局的工友混熟了后，陶崇厚领着工友到褚家来做客，也常议论时局和街面上日军欺压老百姓的事情。褚志远和韩福英以石印局和附近邻居为活动点，宣传抗日道理，发展抗日会员，于忠友等人都成了抗日会员。

褚志远和韩福英在平阳镇住了两个多月，没有接上关系，吉东特委也没有回信，由于生活拮据，韩福英只好卖了出嫁时父母给的一副银手镯买点儿米。天冷了，一个姓张的抗日会员给他们送来了一床旧棉被和几斤小米，暂解了燃眉之急。褚志远重回牡丹江找李范五，李范五说密山县委遭到破坏，县委书记老曹被捕，让他先回平阳镇等候，过些日子有人去接头。不多天，李范五的妻姐田仲樵来到平阳镇褚志远住处。田仲樵是宁安县委的妇女工作干部，和褚、韩等十分熟悉。田仲樵告诉他们过两天有人来具体安排，李范五怕他们着急，让她先来通知。田仲樵见他们生活十分窘迫，把自己的一件棉袄和一双高跟鞋留给了韩福英。

过了几天，来了一名老侯同志，他是吉东特委的交通员，他传达吉东特委的指示：褚志远化名为赵贵元，由老侯带领到半截河去接关系。于是由老侯带路很顺利地找到了半截河东门外二里多地的居仁村（现在的向阳镇红星村），在佟双庆家接上了关系。佟双庆是农民身份，夏天种地，冬天就做几十盘夹子，到山里打野兔野鸡，以此来维持生活，掩护抗日革命活动。他的家就是吉东特委密山县的交通站，负责与苏联共产国际的情报任务。老侯向佟双庆了解中共党员、日军守备队翻译官王志成的情况佟双庆说，他没有暴露，工作很好，新开“裕成当铺”做联络点。老侯和褚志远去“裕成当铺”见到了以翻译的身份做掩护从事地下工作的王志成。

老侯给王志成交代任务，赵贵元夫妇要来半截河一起做抗日地下工作，王志成给他们租一处房子，租好房子后，由佟双庆去平阳镇接他们过来。

褚志远回到平阳镇后，一面工作，一面等待赴新的工作地点。老侯第二次来平阳镇，向褚志远传达吉东特委指示：一是平阳镇“石印局”的抗日组织由吉东特委直接领导；二是褚志远担任中共密山县委书记，兼做团县委书记工作；三是尽快恢复密山县委党、团组织活动；四是与王志成协同搞情报工作。褚志远和韩福英在密山半截河，除领导工作任务以外，还搞情报，做交通员，给部队募捐筹集物资装备等。在佟双庆和王志成的帮助下，褚志远和原密山县委一些没有暴露身份的党员建立了联系，又发展了一些党员、团员和反日会员。

1936年4月下旬，中共上级党组织通知褚志远、韩福英二人赴苏联学习。地下党交通员佟双庆把褚志远和韩福英夫妇从半截河领到东南二十多里的二人班老戴家，老戴头（戴云峰）当年四十岁左右，是佟双庆的叔丈人，他也是国际交通员。老戴头领着褚志远和韩福英夫妇从二人班出境去了苏联，到莫斯科东方大学学习。

当时的平阳镇石印局也是吉东地区党的地下交通线站，由吉东特委直接领导。

第三节　平阳站抗日地下情报站

据有关抗日斗争史料记载和询访抗日时期平阳站地下情报站亲属获悉，抗日时期，在平阳站（现在的鸡东火车站）附近设有抗日地下情报站。情报站领导人桑元庆利用自己给日本人开设的“共益稻米所”当先生（会计）的身份从事情报工作。他为了掩护身份、搜集情报，主动和日本人交朋友，常来往，从日本人口中获取了很多重要情报。桑元庆还通过严密考验，动员了孙福庭等抗日志士参加地下情报站工作。平阳站抗日地下情报站当时主要收集日本宪兵队在平阳站（也就是现在的鸡东县城）一带、鸡冠山一带的活动情况，查看平阳站火车来往情况，运来了什么武器弹药，然后由领导人桑元庆回到平阳镇的家里，用发报机把搜集到的情报发报给在苏联境内中共驻共产国际代表和苏联抗日远东军。1945年1月，因叛徒出卖，桑元庆在平阳站“共益稻米所”突然遭日本人抓捕，桑元庆的密友孙福庭在平阳镇家中遭日本人抓捕。根据叛徒出卖的情况，日本人在平阳站、平阳镇（夹信子）地区抓捕了多名抗日地下情报人员，平阳站抗日地下情报站由此被发现和遭到破坏。其中桑元庆等22人于1945年7月被送往哈尔滨七三一细菌部队惨遭杀害。1956年在沈阳组成的特别军事审判庭审判被追究战争责任的细菌战犯原四平宪兵队队长铁坪一中佐时，他交代了其担任鸡宁宪兵队长和东安宪兵队长时，根据在勃利抓捕的一名中国地下抗日情报组织成员李东生的口供，下令在平阳镇地区先后抓捕了以桑元庆为首的中国抗日地下情报人员约100余人，并于1945年7月间，将桑元庆、李东岱、张玉环等22人送往哈尔滨七三一细菌部队虐杀的罪行。2000年10月，黑龙江省社科院杨玉林、刁乃莉等人到密山市寻找“特别移送”的调查线索，桑元庆烈士身份才被证实和揭晓，平阳站抗日地下情报站才被揭秘。

第四节 抗日时期鸡东地区几处鲜为人知的交通站

抗日战争期间，鸡东地区是吉东特委、密山县委、抗联四军的重要活动地区，当时的秘密地下交通站线，为党领导的抗日斗争传递重要情报，接送、掩护党政军领导人、筹集运送军需物资和发动群众参加抗日等做出了特殊的、不可磨灭的重要贡献。在当时的鸡东地区，除了半截河国际交通站、平阳镇东窑地下交通站，还有一些小的秘密地下交通站，如永安火车站地下交通站、居仁村佟双庆家地下交通站、东海火车站馒头铺、炮手沟邱家菜营地下交通站、哈达河二段王权家地下交通站、兴农镇西大坡地下交通站等，这些地下交通站由于历史资料的缺失和年代久远都鲜为人知，但在一些有关抗日战争的回忆录里，我们还可以读到其中的一些动人故事。

据《杨松传》记载，抗日斗争时期，平阳镇东窑地任箧匠和妹妹任贵珍、弟弟任崇心以满腔的革命热情参加了抗日的工作。为加强党对抗日斗争的领导，密山县委设立了交通部，各区设立了交通站，任箧匠家成为平阳镇“一家子”交通站。这个交通站是杨松在巡视密山市时亲手培养建立起来的。杨松曾几次到这个交通站指导工作。这个“一家子”交通站的任箧匠与杨松结为异姓兄弟，深得杨松信任。杨松亲自安排他设法了解驻河南村日军据点情况和设法在驻平阳镇伪军中联系可靠分子举行武装起义或在抗日部队攻打河南时做内应。曾根据组织安排把秘密转移的一麻袋文件和几支手枪从穆棱镇运往密山大石河，交给李延禄部队。任贵珍同志是任篾匠的妹妹，她是杨松从宁安到穆棱兴源镇的结伴带路人，期间和杨松建立了深厚的革命感情。在杨松引导下她回平阳镇参加了反日会和发动妇女工作。她是曾机智勇敢地给抗日将领李延禄送过信件。任篾匠的弟弟任崇心是抗日军交通员。他受张奎指派护送杨松从梨树镇安全到达密山的平阳镇巡视工作，杨松在平阳镇秘密活动期间他为其站岗放哨。后来他当了杨松身边的交通员。

第五节　回首从事地下交通往事

一、吉东地区地下交通站创始人杨松（吴平）

杨松原名吴绍镒，字又衡。1907年11月14日出生于湖北大悟县四姑墩一个旧职员家庭。父亲吴德秀。

1913年至1926年在武昌湖北督军公署任职时，与董必武有深交。1921年9月，杨松进入董必武创办的武汉中学读书。1922年秋，转入武昌高师附中学习，学校有中国共产党的党团组织，在共产党员董必武、陈潭秋的影响下，他开始秘密传递、阅读《中国青年》等进步书刊，积极参加抗议资本家无理开除工人、反对军警破坏工人罢工的革命活动。1925年"五卅运动"前夜，杨松在武汉加入国民党左翼，并参加湖北省青年团体联合会的领导工作，组织了当代青年协会。这年6月，他和林彪等人代表湖北学生赴上海出席中国共产党召开的全国学生代表大会。从上海回来后，杨松在许多学校发起成立学生会，组织学生罢课和游行示威，声援上海工人、学生的反帝爱国斗争。他于1926年8月加入中国共产主义青年团。不久，任共青团武昌区委书记。

国民革命军北伐进军中，杨松随陈潭秋一起在武昌开展活动，策动敌军倒戈，布置群众迎接北伐军进城。北伐军攻克武汉后，杨松到国民党湖北省党部宣传部工作，以《血光通讯社》编辑和记者的身份采访北伐军将士和农民运动首领，为《汉口民国日报》写了大量文章，报道了叶挺独立团挺进武昌、汉口工人驱逐帝国主义分子、上海工人起义占领上海、全国农民运动迅猛开展的消息，鼓舞、推动北伐军的胜利进军。

1927年春，杨松经共青团中央介绍，赴苏联莫斯科中山大学读书，起俄文名为尼古拉·瓦西里耶夫。他刻苦学习，不仅很快精通了俄语、英语，还懂得法语，致力于马列主义的研究。两年后毕业，又入研究院深造，并阅读和翻译了许多马列著作。1927年在中山大学加入中国共产党，留校兼任中山大学政治经济学教员和俄文翻译，并任该校翻译班党小组组长。1928年6月至7月，参加了中共在莫斯科召开的第六次全国代表大会。1931年1月被选为共青团中央委员。1931年“九一八”事变后，东北沦落在日本帝国主义铁蹄之下，为了挽救危局，杨松被中共驻共产国际代表团派往苏联远东符拉迪沃斯托克（海参崴），任太平洋职工会中国部主任，并任《太平洋工人》杂志编辑，帮助国内满洲里党组织开展工作，负责处理满洲问题。1933年，他受中共驻共产国际代表团的指派，化名吴平，以中共满洲省委巡视员、吉东特委书记的名义，参与东北地区党的领导工作。

1933年3月至5月间，杨松参加筹备建立中共吉东局。7月，他第一次越过国界线回国，在穆棱、密山、汪清等县和中东铁路巡视。经过巡查后，杨松知晓了东北地区的实际情况。1934年7月，中共满洲省委特派员身份的杨松，化名吴平，装扮成给天花患者接种牛痘的医生，以“郎中”的身份行走在吉东各县，传达中共提出的抗日救国六大纲领。在此期间，杨松基本上都在吉东第一线领导抗日运动，他和李延禄、周保中一起组建了东北抗日同盟军第四军和东北反日联合军第五军。而后这两支队伍先后改编成东北抗日联军第四军、第五军，并编入东北抗日联军第二路军，开辟了吉东抗日游击根据地。

当时在东北地区的中东铁路工人备受压迫，在新修建的图宁铁路工人中尤为严重，日本监工随便打骂工人、工头尅扣工资、不发冬季御寒衣物等，杨松在铁路工人和伐木工人中广泛组织反日会，鼓动工人从经济斗争入手，逐渐转向反日的政治斗争。杨松还以穆棱为中心，在中东铁路各站都建立了以工人群众为主体的反日会，有一些站建立了党组织。

在《李范五回忆录》中记录道：“各站反日会在职工部统一领导下，利用工作上的方便条件和铁路电话，只要日军军用列车一开动，暗语电话及时传到职工部。自1935年以后，各站段屡有军用列车被堵截事件发生。我军每次袭击日军军需列车都是附近站反日会提供准确情报，选择有利地形，协助扒路基、拔道钉。”

亲赴“山林队”感召整编队伍一致抗日。在当年的东北地区有很多自发形成的抗日民众武装，这些武装由于缺乏统一的思想领导，在抗日的同时，有时也会袭扰当地百姓生活。

当时在吉东地区的勃利、密山一带就有这样一支山林队，他们以苏衍仁为首，对外报号“小白龙”。这支部队时有扰民行为，在中共吉东党组织内有人主张缴械，而杨松却不同意，并且向李延禄了解情况后，亲赴“小白龙”部营地。

杨松与苏衍仁相处半月之久，嘉勉他的抗日战绩，还耐心讲解军民关系是鱼水相依的道理。最后在杨松的感召之下苏衍仁细致清理部队人员，改善军民关系，不久就改编成第四军第三团，苏衍仁仍任团长。从1935年春开始，杨松又先后会见了“打东洋”“义军”“西边好”等山林队首领。后来吉东地区这些队伍逐渐改变了过去那些散兵游勇的不良习气，成为受党领导的武装。正是因为杨松接近基层群众，有几次都在群众的掩护之下化险为夷。一次杨松在吉林一个县城内的油坊中遇到了日伪敌人，而南方口音的杨松引起了敌人的怀疑。正当敌人要逮捕他时，油坊里一个老太太说杨松是她干儿子，不能逮捕。最后由于这个油坊在当地很有名气，敌人也就信以为真。就这样杨松一次次在群众的掩护之下逃离虎口。

建立吉东地下国际交通网，巧用女人辫子传递情报。杨松所在的吉东地区处于中苏边境，又位于南满和北满两个抗日游击区之间，建党初期就是国际交通线的重要枢纽。吉东特委成立后，在杨松的主持和安排下，先后恢复和重建了五个联络站，形成了一个上下、内外纵横交错的地下交通网。杨松构建起来的吉东地区地下国际交通网，主要是传递中共中央、中共驻共产国际代表团、满洲省委、吉东特委、各县委的指示、文件、书报等，还迎接护送各级党政军领导出入境和到各地巡视、开会、指导工作等。此外还能侦察、传递日伪军事活动情报，筹集运送作战物资和生活用品，有时还潜入日伪军中散发传单、标语，策动日伪军反正，动员开明人士参加抗战。构建交通线初期，由于敌人会设置路卡进行盘查，传递情报是最难的问题。杨松不断发明创新，将密信、文件放在敌人不易查到的地方。有时在通关前将情报缝在衣服里、放在耳朵中。最后敌人检查越来越严，还将情报和文件放在女人的辫子中，按事先约定好的暗号、地点进行单线联系，或者利用交通网进行接力联络来迷惑敌人。

抗战胜利后，许多抗联老干部都曾说道："杨松是位很有才能的地下工作者。他在吉东布下了一张神奇的交通网，使这一地区的抗日之路四通八达，党的干部、军队的干部和抗日群众不管走到什么地方，都有人公开或暗中掩护。"

参加共产国际七大组建改编东北抗日联军。杨松到东北后，从政治上和组织上加强了对吉东乃至整个东北抗日斗争的领导。他化装成乡村医生，到密山、穆棱、汪清、宁安、饶河、勃利等县抗日根据地活动，召开会议，找干部谈话，写文章，作报告，具体领导吉东地区的抗日救国工作。

1934年10月，杨松在密山县哈达河组织召开中共密山县委扩大会议，将密山游击队与人民革命军合并组建成东北抗日联军第四军，李延禄任军长，杨松兼任政治委员。12月，杨松又主持召开宁安县委扩大会议，将绥宁反日同盟军改编为东北抗日联军第五军，并组建了联合指挥部。会后，他配合军长周保中，认真整顿部队，清除内患，使部队团结一致，击败了敌人长达4个月的大"讨伐"。

1935年2月，吉东地区党团第一次联席会议在牡丹江市召开，杨松奉命宣布正式成立吉东特委，并任特委书记，李范五任组织部长，孟俊卿任宣传部长，各县委书记为委员。他们积极开展工作，使牡丹江市成为中共中央、满洲省委同莫斯科共产国际中共代表团联系的重要枢纽。共产国际给中国共产党的文件和指示，有相当一部分通过吉东特委送到满洲省委和党中央。

在东北抗日斗争中，当年曾经发生过一次造成很大损失的所谓肃反肃奸的反"民生团"事件。1934年末，杨松在周保中处听说了反"民生团"斗争的始末，一下子认识到这是一件"很荒唐的事""是'左倾'错误"。他立即给满洲省委写信，指出：

“东满党组织将该地区十分之六七的党团员视为‘民生团’是很荒唐的，是过分的估计。”“假如游击区内大多数群众是‘民生团’，那这些游击区老早就会被日本人消灭了。”因杨松来自莫斯科，负有指导全东北党的工作使命，故他的信马上引起中共满洲省委的重视，即派哈尔滨市委书记魏拯民作省委特派员到满东，负责调查处理他所说的问题。

1935年3月，魏拯民经过调查后，得出了同杨松一样的结论。于是在汪清召开东满党团特委联席会议，作出决议，纠正了反“民生团”的“左”倾错误，才使长达两年的东满党内军内不正常的肃反肃奸得以终结。

杨松在吉东地区积极贯彻党的抗日民族统一战线政策。对敌，他提出“专打日军和卖国贼，不打中国兵”；对友，他主张“一切反日的队伍都联合起来”；对党内思想斗争，他主张“对同志多采取说服教育的方法，少用处罚制度”。这些主张，有利于把各阶级、各阶层人民团结在一起战斗。东北抗日游击武装组织“红胡子”中，有少数惯匪、烟匪，损害群众利益，到处胡绑乱捐。为团结教育这支抗日武装，杨松亲自同他们生活在一起、战斗在一起。在杨松的帮助教育下，“红胡子”队伍终于改造成为一支英勇善战、受人民群众欢迎的抗日武装。

1935年七八月间，作为中共驻共产国际代表团代表，到莫斯科出席共产国际第七次代表大会。其间，他参加了《八一宣言》的起草工作，向中共驻共产国际代表团汇报党在东北的抗日工作，提出一些建议和主张，受到代表团的高度重视。特别是关于组建统一的东北抗日联军的主张，更是直接写入了《八一宣言》之中。会后，杨松被调回中共驻共产国际代表团，仍负责东北地区党的工作。

1935年10月初，他到符拉迪沃斯托克参加组建东北抗日联军第六军、第七军和哈东特委、东满特委、南满特委。10月11日，又在此地主持召开了东北抗日联军第一军至第七军和哈东特委、东满特委、南满特委领导干部会议，学习贯彻党中央发表的《八一宣言》。会议由杨松起草、发表了《东北抗日联军为华北事变告东北同胞宣言》和《东北抗日联军向关内军政领袖呼吁电》，代表东北同胞向国民党将领呼吁："马上停止内战，枪口一致对外，一致去武装抗日，一致去争取中华民族独立与统一，一致去保护中华祖国领土完整。"

这年11月26日，杨松在为吉东特委起草的一封指示信中，更明确提出了"在目前的东北反日统一战线，不仅包括工人阶级、农民阶级、小资产阶级，还要包括民族资产阶级及一部分地主"。这一思想，对于扩大东北抗日统一战线起了重要的指导作用。在抗日联军工作的李延禄说："东北抗日联军得以发展、统一，杨松同志有很大的功劳。"

此后，在1936年2月20日，起草了《东北抗日联军统一军队建制宣言》，指导东北抗日武装统一改编为东北抗日联军，至1937年10月共组建11个军，至1939年5月又整编为三路军，最盛时发展到3万余人。其间，代表团决定撤销满洲省委，组建东满、南满、吉东、松江（北满）四个省委和哈尔滨、奉天两个特委，杨松都参与部署各省委的筹建工作。

在协助陈云领导抗联期间，1936年杨松还撰写了《论东北人民反日统一战线》，发表在共产国际刊物《共产国际》杂志上。

1937年"九一八"纪念日当天，又在《救国时报》上发表《全国对日总抗战与东北抗日民族革命运动》一文，周保中、金策、李兆麟等要求部队要把它与党中央文件和毛泽东著作一起列为东北抗日斗争指导方针。

1938年2月，杨松回到延安工作，但仍然十分关注东北的抗日斗争。1942年1月底，杨松由于积劳成疾，引起肺病复发。1942年11月23日，年仅35岁的杨松病逝于延安。毛泽东主席为杨松的病逝亲笔写了挽词："杨松同志办事认真，有责任心，我们应当记住他，学习他。"

二、褚志远回忆地下斗争片段

1931年"九一八"事变后，东北沦陷。"九一八"事变时，我在吉林省城第一高中读书。10月初，日军全面占领了吉林省城。我是从外地来省城读书的，东北沦亡，国家危机，哪还有心思读书，我愤然返回了家乡宁安县东京城。日寇的疯狂进攻，蒋介石的拒不抵抗，国家处于危亡的境地。面对这种情况，具有光荣传统的中国人民并没有被吓倒，并没有被屈服。东北人民坚决响应中国共产党的号召，积极武装起来，组成了抗日联军。东北军里部分爱国官兵也拒不执行蒋介石不抵抗的卖国命令，扯旗抗日。在我的家乡宁安县三区的东京城这个古老而偏僻的小镇，抗日风暴也是风起云涌。

参加革命　从省城回到家乡，亲眼看到了救国军东京城保卫战的激烈战斗，更加激发了我的爱国热情和投身革命的决心。

在宁安读书时，我所在的吉林省立第四中学，已有了中共地下党组织进行秘密活动。一些进步的教师在课堂上也流露出忧国忧民的悲愤情绪，常讲我国地大物博，幅员广阔，可是，从清朝以来，却屡遭世界列强宰割，一条条丧权辱国的不平等条约，吸吮着中华民族的膏血；飞舞着各色国旗的一块块租借地，把可爱的祖国瓜分的四分五裂。每当讲起这些，有的老师竟拍案疾呼："人为刀俎，我为鱼肉，天地虽大，何处是华人之安乐乡也？"

师生常常潸然泪下，悲痛欲绝。在地下党的影响下，我们青年学生开始读一些革命的进步书刊，如《一周间》《第四十一》《海燕》等，在革命进步思想的熏陶下，我们闹过学潮，喊出了“打倒国民党”“打倒封建复古的学校统治”等口号。虽然被镇压了下去，但革命的思想却像扑不灭的火种深埋在青年学生的心里。从吉林省城归来，一路上我眼见山河破碎民生涂炭；回到家乡，我目睹民不聊生，朝夕难保，心中的反日火种燃成熊熊烈火，决心找到党的组织，为救国救亡献身。1933年11月，在亲友帮助下，我找到了中共绥宁中心县委书记李光林同志。在离东京城十五华里的马莲河（村名），经李光林介绍，我参加了CY组织（简称“少共”）。同时参加的还有韩福英、王永奎等几位同志。我们一起编为“东京城团支部”，我任支部书记，那年我17岁。

团支部成立后，立刻展开了紧张的工作。当时的首要任务是秘密宣传群众，发展抗日会员（党的外围组织）。在我们团支部的积极活动下，很快吸收了一批抗日会会员。我们撒传单，送情报，展开了对敌斗争。当时传单有两种：一种是用日文书写的固定传单，向日军宣传反战，讲明中日工农大众都是兄弟，不要互相残杀的道理，号召日本士兵不要抛家舍业为大军阀、大资本家卖命。另一种是用毛笔写在红、绿纸上的中文传单，痛斥日寇侵略行为，动员群众起来抗日。每逢春节、元宵节、“三一八”（巴黎公社纪念日）、“五一”、“九一八”、“苏联十月革命胜利日”等节日、纪念日，抗日会员们把传单揣在怀里，藏在篮子里，见机行事，雪片似的传单撒在人群里，四处飞扬，粘在墙壁上，豁然醒目。工农民众看了眉开眼笑，大快人心，日寇见了惊慌失措，警笛声声，气急败坏，却连个人影也抓不到。1933年农历正月十五是中华民族传统的元宵节，尽管处在日本人的威逼下，东京城人民还是像往年一样，用尽情的欢乐来表达对节日的纪念，对未来美好希望的寄托。这天，雪花飞舞，朔风打着呼哨。夜色降临的时候，整个东京城沸腾了，全镇人几乎一下子都涌上了街头，鼓声、锣声、鞭炮声响成一片，震耳欲聋。按照家乡的传统习惯，长长的队列前头，有四个小伙子抬着个披红挂绿的大凳子，缓缓往前走。凳子上坐着个古代装束的“灯官”。“灯官”后边是长长的秧歌队、高跷队……手持各式灯笼的人，里三层，外三层挤个水泄不通。日本人可慌了手脚，步枪都上了刺刀，全副武装地围住了人群。尽管他们叽里呱啦乱嚷，人们好像是示威似的仍然大声地笑着，痛快地闹着。

这时我们团支部几个同志和数十名抗日会员，腰里藏着传单，拥挤在人群里，随时应变撒传单。一会儿这里爆竹声中，传单伴着雪花飞舞起来，张牙舞爪的日本人声嘶力竭地叫着，用刺刀驱赶人群，刚刚跑过来，那边锣鼓声中人们又呼喊着抢传单。日本人东奔西跑，应接不暇，累得气喘吁吁，却只见传单飞，不见何人撒的传单。深夜十点多钟，人群散了，日本人还在慌慌张张地收拾遍地的传单，一个个简直气得发昏，一直折腾到天亮。

这年春天，日寇出于侵略东北的需要，到处抓劳工，开始修筑从宁安到图们的图宁铁路。这条铁路有一段经过东京城和上马莲河，电线杆子已经立完，刚刚铺轨。9月18日是“九一八”事变两周年，我们团支部决定，在东京城到上马莲河的铁路线上撒传单，贴标语，以示反抗日本侵略者。这次儿童团员立下了不小的功劳。头天夜里，我们组织了三四十名儿童团员，分好地段，查清电线杆子数目，午夜出动，第二天天亮，铁路线上五颜六色，电线杆子上贴着大幅标语，路基底下压着传单，煞是好看。日本兵恼羞成怒，出动了大批人马，四处搜查逮捕，却连个人影也没看见。机警的儿童团员们早已撤离铁路线半宿了。

在平阳镇　1935年夏，我搞地下工作已三年多了。在本乡本土时间久了，我的“摊贩”身份已保不住密了。这中间又发生了很大变化，有熟悉我的同学当上了伪官吏，有的地区类似这种处境，已发现被坏人告密，地下党组织遭到了破坏。这年，李范五调任吉东特委组织部长，张中华继任宁安县委书记，由他直接领导我。宁安县委决定，把我和韩福英同志调离家乡。我最难忘的是离开家乡前，宁安县委张中华和我的一次谈话。张中华激动、严肃而又关切地说：“志远同志，你就要辞别家乡，奔赴新的岗位，成了职业革命者了。”张中华那炯炯有神的目光里饱含着依依不舍的深情。他谈了很多、很久，最后说：“至于到哪里去，还要听候吉东特委的指示。”我表示坚决地服从党的安排。

不久，张中华传达了吉东特委的指示：派我和韩福英同志前往密山县，继续从事党的地下工作。1935年9月，我和韩福英简单地打点了行装，离开了东京城，到了牡丹江吉东特委，接待我们的是特委负责人李范五，这人身材高大魁伟，人称“李大个子”。见面后，他非常亲热，问寒问暖，又仔细问了宁安的情况。李范五指示褚志远到密山县团委工作，接头地点是密山县平阳镇东下洼子的一个瓜窝棚；接头人姓赵，通过他把我介绍给密山县委书记老曹。我的化名是“胡醒云”，韩福英同志协助我工作。

接受了任务，我换上长袍，戴个礼帽，化装成“老客”（即跑买卖的商人）。韩福英穿上了旗袍，扮成商人太太，我俩一起登上了火车直奔密山。中途在梨树镇换车，巧遇了一个姓陶的同学，他是平阳镇石印局的刻字工人，正好同路，便同车到了密山县平阳镇，找个小客栈住了下来。

第二天，我按照指定地点找到了那个瓜窝棚，不料瓜窝棚已被砸得支离破碎，狼狈不堪，人影皆无，显然这个交通站已被破坏了。一连几天也没接上关系。我带的钱又不多，为节省经费，托姓陶的同学在平阳镇本街租了一间小房，暂时住了下来。

我给吉东特委写了封信，一边等候上级复信指示，一边继续设法弄清当地情况，接上关系。一天我晚上走回来，韩福英问："没接上关系？"我摇摇头，反问："特委没来信？""没有。"我俩很担心，特委会出什么岔头吗？还是信件没收到？那时，党组织的经费很困难，给我们的费用尽管少得有限，也已经尽了最大的努力了。多日来，没有接上关系，尽管我们省吃俭用，钱也快花光了。除每天以小米饭、白菜汤度日外，分文不敢错花。没有炕席就糊上牛皮纸代替。时值深秋时节，哪里有钱购置冬装。这期间常常到陶同学工作的石印局去。这是一个小型的石版印刷厂，我的同学是刻图章的。石印局掌柜是个基督教徒，对买卖不热心，常出外传教。他雇了四个伙计，都是青年印刷工人：于仲友、丁宝殿，还有姓潘的，加上我的同学。我去的次数多，便同伙计们熟悉了，他们喜欢同我聊天，甚至无所不谈了。我躺在土炕上，认真回顾了一下自到密山县平阳镇以来的情况：接不上关系，情况不熟悉，特委没信来，经费要用尽……下一步怎么办？参加了革命就不能停止为党工作，即使在最艰难困苦的时候，也要千方百计坚持战斗！想来想去，石印局的几个伙计浮上了我的脑海，特别是年轻质朴、活泼爽快而又好于探索的于仲友，更清晰地出现了在我的眼前。有一次，虽然是简短的谈话，他却给我留下很深的印象，使我想了许久。那还是我和几个伙计熟悉了以后的时候，我从市面上一件件气破肚皮的怪事，谈到当地人民深受的苦难，担忧中华民族的前途，有意识地渗透了一些反满抗日的思想，一是试探几个伙计的心理，二是启发他们的觉悟。于仲友眨眨眼望着我，那目光里闪着兴奋和疑虑的光彩。他好奇地问我："胡大哥，你到平阳镇干啥来啦？"小于称呼我为胡大哥，还有的叫我老胡。自然姓陶的同学是知道我是姓什么的，不过，在梨树镇相遇时，我已告诉小于，为了在平阳镇跑买卖方便起见，我已化名“胡醒云”。小于是不肯过问政治的人，也没深问，答应为我保密，以后也叫我“老胡”。“跑买卖呀。”我回答说。于仲友突如其来的问话，使我一怔。小于失望地低下头去，喃喃地说：“你的话咋和我老师讲的一样呢？”“谁是你老师？”于仲友说：“我老师姓李，叫李福德。给我们讲了很多抗日的道理，可惜后来走喽。”他脸上呈现出一副惋惜和怀念的神情。“你是哪地方人？”“穆棱人。”于仲友手里干着活，不在意地回答。我心里一热，李福德就是现在的吉东特委负责人李范五，他是穆棱人，曾以教书先生做掩护。由于地下工作的需要，我没有表示什么，谈话也就终止了。此时，青年于仲友的形象在我眼前更加清晰明亮起来，蓦地，我从这件事中体会出不平常的意义来。是啊，一个革命者到处都要播撒革命的种子，使之遍地开花结果。于仲友这样富有强烈爱国热情、渴望革命的青年，不正是革命依靠的对象和力量嘛！于是，我决定在石印局向青年宣传革命思想，有计划地发展抗日组织，壮大革命力量。打那以后，我去石印局次数更多了，有意地接触于仲友等青年，逐步地宣传革命思想，渗透革命道理。他们渐渐地也猜出了我的身份，和我更靠近了，有什么话都肯和我讲。他们对日寇仇恨满腔而又无可奈何的情绪，化成了深刻的革命思想和坚定的救亡信心，他们胸中被压抑的强烈爱国热情熊熊地烧起来了。以后，他们经我发展成了抗日会员。可惜，我那个一向不过问政治的姓陶的同学，终因与掌柜不和，还没加入抗日会就出走他乡了。

密山的10月，已河水结冻、雪花飞舞了。一天，我日夜寻找的交通员老赵突然来找我。原来，密山县党的地下组织遭到破坏后，老赵重新和吉东特委取得联系，按特委指示来找我的。他沉痛地告诉我，县委遭破坏，县委书记老曹被捕，已押往穆棱。地下党的同志们都转移了。他把一部分保存下来的县委文件和一个图章交给了我，然后便匆匆离去了。进入11月，吉东特委派人来找我，让我化名赵贵元，迅速去与一个新关系接头。现在当地党组织已遭破坏，我的职务是接任密山县委书记（就是这时我随着转成为共产党员）兼管团的工作。我把石印局的工作和发展抗日会员的情况向特派员做了汇报，特派员说："你工作得很好，特委已了解这里的情况，另有新的安排。时间紧迫，你要速去新的岗位开展工作。"来人走了，我望着灰蒙蒙的天空，心情很不平静。新的岗位在等待着我，新的战斗在召唤着我。密山县委惨遭破坏，老地下党员不少被暴露，逮捕的逮捕，转移的转移，一切都要从头开始，我知道自己担子的重量，我要马上奔赴新的岗位，迅速恢复党的组织，积极开展活动，狠狠回击敌人。

新的岗位　我的新关系是半截河镇日本守备队翻译官王志成。基于密山县党组织遭到破坏的特殊情况，特委指示：先到半截河镇东门外与佟双庆（现名杨坤）接头，通过他了解一下王志成近况，然后再确定是否与王志成接上关系。

半截河镇在平阳镇东40里，是当地的重镇，日军有兵驻扎。就在特委指示的第二天，我很顺利地和佟双庆接了头。这个共产党的交通员是辽宁抚顺人，他备有十几盘夹子，兼打些野兔、野鸡等野味为生，我便在他家暂住下来。佟双庆对我很关心，为了补养我的身体，常常出外打猎，给我炖酸菜野鸡吃。经老佟的几天了解，得到的情报是：王志成尚未暴露，表现很好。我决定去与他接头。为了避免因发生意外而影响党的工作，临走时嘱咐老佟，一旦我回不来，立即转告吉东特委。

王志成同另两个人在半截河镇开了个当铺，字号是"裕成当铺”。与他接头的公开关系是老同学，声称是从奉天来这里跑买卖，求他帮忙。这是11月的一天，我穿着一身青大褂，走进了“裕成当铺”。王志成正在里屋，他听人转告，立刻一边往外走，一边大声说：“多年不见的老同学了，赶快请进来。”他戴个眼镜，一口大连口音，后来我才知道他是辽宁金县人。见了面又是握手又是让烟，热情得很。寒暄了一番，自然更少不了一番伪装的叙旧。他左右端详我，认真地说：“哟，这些年没见瘦多喽！老兄，怎么搞的？”我苦笑着摇摇头，装出一副无可奈何的样子：“唉，终日为生计奔波所致哟！”他一边招呼人预备饭，一边关切地问：“来几天啦？住在哪里？”我告诉他住在一个远房亲戚家。“这就见外喽！”他故意嗔怪地说：“怎不到这来住？方便得很嘛！赶快搬来。”他语气肯定地摆着手，那神气亲热而至诚。饭后，我起身告辞，王志成送我到大门口，挥手作别。

第二天，王志成把我领到家里。他家就住在当铺后边，一溜三间大瓦房，家中一个老婆，一个小男孩，三口人。这里谈话方便，他向我介绍了半截河镇的情况，半截河镇离苏联边境很近，是个军事重镇，这里驻有日本守备队、宪兵队、国防军。日寇野心勃勃，垂涎苏联，抓来大批中国劳工，用刺刀逼着在镇南的山上修筑国防工事，妄图伺机进犯。他又介绍了他所在的日本守备队的情况，接着掏出自己的“名片”递给我说：“随身带着这个，走路、住宿、办事都方便。”日本守备队翻译官的名字是很响亮的。“老赵，你仍以跑买卖的老客身份出现。”王志成最后站起身说：“为了工作方便起见，最近几天，我在当铺附近给你找间房子，把家接来。”

大约12月初，由佟双庆出头把韩福英接到了半截河镇，住进了一间新租的西厢房。不久，吉东特委派来巡视老侯分别与我和王志成接头，传达特委指示：（1）搜集半截河镇南山日军国防工事情报和日本守备队军事情报，经褚志远转报吉东特委；（2）迅速恢复惨遭破坏的党、团组织，发展抗日会会员，壮大抗日队伍。

佟双庆是老“交通”，情况熟。在他的协助下，我立即展开了恢复和扩大组织的工作。这一带是山区，山岭连绵，山路崎岖。我俩走遍了北山、团山子、城子河、砂包子一带，到了1936年初，党团组织已经恢复起来。与此同时，在抗日会恢复的基础上，又新发展了200多名会员，已壮大到800多人。

王志成利用日本守备队翻译官的身份，出入于日军南山的国防工事，巧妙地获取了大量情报，并绘制成了工事设施图，制成详细的统计表，交给了我。我把收到情报立即向吉东特委发信。可是，却迟迟不见特委回函，又没派人来取情报，联系又断了。这时特委转给苏联边防军的情报，发不出去怎么办？新发展的抗日会员谷炳和一直与苏联边防军保持联系，我提议把情报直接转给苏联边防军。密山县委研究结果，为了不致耽误情报传递，决定采纳谷炳和的建议。于是，分别以密山县委和谷炳和的名义给苏联边防军写了两封信，附上情报，由佟双庆找了个叫康德亮的交通员（公开身份是木匠），趁夜黑人静过了国境线，把情报转了出去。一个多月过去了，吉东特委仍杳无音信。2月初，我派韩福英同志专程回故乡宁安，通过宁安县委的老关系再找到牡丹江的吉东特委机关汇报。李范五给我写了一封密信，韩福英把信藏在小镜子后面。信中李范五批评了我不应向苏方送情报，因密山县委和苏方没有情报关系，苏方会怀疑送情报的人是日本特务而遭扣押。韩福英两天假期，让她回牡丹江听取指示。韩福英回了东京城，她一到家门口，见门上贴着蓝色对联，知道家中出了丧事。进屋后，母亲哭着对她说：“你走后也没来信，你爹十分惦念你们夫妇二人，成天着急上火，忧郁成病，去年去世了。”韩福英觉得自己从事地下工作，按纪律不能对任何人说，老父亲因此而去世，她十分悲痛。第二天，她和老母亲与兄嫂等人去为父亲上坟，她跪在坟前哭泣着说：“爹爹，不孝的女儿来看望你来了，我没能在家中尽孝，对不起您老啊！”然后她就回到了牡丹江，因为离家之后从没给家中寄过钱，她只好说买卖不景气，仅能勉强维持自己的生活。春节前后，韩福英赶回了半截河镇。果然，送情报的康木匠被苏方扣押，一年后，经杨松解释，才将康木匠放回。从此之后，我的工作更加谨慎，也更加积极，为李延禄领导的四军和密山游击队筹措了许多枪支弹药和衣物。我的书法好，我亲自写传单、标语，由韩福英四处散发，配合得十分默契。一次，韩福英赶着马爬犁送信件，回来时马爬犁翻到路下，她这时正是怀孕期，到家时小腹剧烈疼痛，结果流产了，接生婆在身旁守候了三天三夜，她才将死婴生下。韩福英这时身体极度虚弱，命在旦夕，家里把棺材都准备好了。经医生多方抢救，我日夜在身旁喂药喂饭，韩福英方才保住性命，她身体康复后仍照常工作。

1936年4月，吉东特委指示我和韩福英同志到苏联学习。走之前，我到王志成家辞行，依依惜别。告诉他：“来找你接替我开展工作的是赵贵元的同学，我也不知道。”王志成笑了：“又一个没见过面的老同学。”

佟双庆同志将我和韩福英送到二人班屯老戴家，这是一个国际交通站。一天深夜，我们越过边境，离开祖国，到了苏联。

从此，我们在莫斯科东方大学开始了学习生活。学习结束后，回到祖国，奔赴了革命圣地——延安。

1933年韩福英作地下交通员和密山县委妇女干部时

三、战斗在敌人心脏的王志成

王志成，大连金县人。曾在大连铁厂当过工人，做工期间加入中国共产党。“九一八”事变后，根据党的“发展东北抗日武装力量”的重要指示，投身于抗日救国的民族解放事业。王志成同志利用自己会讲日语的有利条件，来到吉东地区打入敌人心脏，做了半截河日军守备队翻译官。当年的半截河（今向阳镇）是日军的军事重地，不仅驻有日军的守备队和宪兵队，还有一个团的伪军。日军为了构筑所谓“东方马其诺防线”，抓来大批劳工，劳工在日军刺刀威逼下日夜修筑边境军事要塞。鉴于以上情况，党组织批准王志成到半截河，深入敌人心脏，开展反日斗争活动。从此，王志成同志以他坚贞不渝的追求，过人的智慧和胆识，开展了一系列卓有成效的地下工作。

安家落户，迷惑敌人。王志成人到半截河，为了掩护抗日工作，家也随着搬到半截河。他到半截河不久，便买了一座房子，将妻子、孩子接来一同居住。带家属本来是一件很平常的事，但对多疑的日军来说，可是很重要的，带家眷就有了一个安生的好印象。家安好后，为了更好地开展工作，王志成又与谷炳和（我党地下国际交通员）唐铸卿三人合伙开了一家商号为“裕成当铺”。名为当铺，实际是我地下党的交通站。许多重要情报通过这里转递。过往的同志都通过这里安置、接送。

收集情报，筹集军火　王志成打入敌人心脏不久，吉东特委，便指示王志成同志：抓紧收集半截河镇南的日军军事工程情报和日本守备队的情况。接受任务后，王志成利用在日本守备队当翻译官的身份和“敌人懂他懂，敌人不懂的他也懂”的有利条件，经常出入于日军南山军事工地，巧妙地获取了敌人的大量情报。他把日军要塞的主要阵地、辅助阵地、野战阵地等几处军事工程绘制成《工事设置图》；将日本守备队、宪兵队，以及伪军人员编制、火力配备等绘制成详细的《实力统计表》，转交给地下党组织。党组织接到情报后，通过地下交通站，转往苏联方面，为以后苏军对日作战提供了重要的参照依据。王志成还利用日本翻译官的职务以及在伪军中的影响，筹集武器弹药。曾筹集到长枪12支、子弹500多发，通过地下党的关系，转交给抗日游击队，为武器、弹药奇缺的抗日武装提供了重要保障。

保护组织，关爱同志　半截河的一般老百姓虽然都不知道王志成是地下党，但在人们的眼里，王翻译官是个好人，是个从不伤害老百姓的好翻译官。王志成不仅爱护老百姓，更爱护组织和同志们。他依靠丰富的对敌斗争经验，屡次接待、安置来半截河的“老同学”“老朋友”。不仅安排衣食住行，还要保护同志们的人身安全。为了便于同志们开展工作，王志成同志冒着随时都会暴露身份，随时都会受到牵连的风险，将自己的“名片”交给同志们使用。让同志们“随身带着这个‘名片’，走路、住宿、办事儿都方便”。他还不顾个人安危，将我党重要交通员推荐和安排在日本宪兵队里工作，以便于我党搜集到更深层面的敌人内部情报。20世纪30年代中叶，我吉东局和密山县委一度遭到严重破坏，在一片白色恐怖的严峻形势下，王志成靠着过人的胆识与智慧，始终坚守着自己担当，使半截河情报站一直信息畅通无阻，因此受到吉东特委领导的表扬。

坚定信念，临危不惧 1935年前后，丧心病狂的日本侵略者在加紧对我吉东地区抗日爱国武装进行军事打击的同时，还大肆搜捕杀害坚持地下工作的共产党员和抗日爱国志士。在十分严峻的斗争形势下，党内不少同志都劝王志成“提高革命警惕，不行先躲一阵儿”，都被王志成婉言谢绝了。他坚定地表示：“自己是一名共产党员，生为中华儿女，死为中华英灵。只为还山河，吾躯何足惜。”

四、健在抗联老战士张玉君忆红色交通

张玉君，1916年生于辽宁宽甸，1926年来到密山哈达岗，1932年在当地开始参加抗日活动，父母均为“抗日会”会员。1934年参加密山抗日游击队，1935年参加抗日同盟军四军，1936年加入中国共产党，1937年7月任抗联四军二团三连二排排长，1938年参加抗联四军西征，曾多次身负重伤。他是鸡西地区目前唯一健在的抗联老战士，现居住在鸡东县东海镇长山村。现年102岁。

参加抗日 我家原籍辽宁宽甸县。1926年，我10岁时，父亲张继明领我到密山县哈达岗。第二年搬到哈达河沟里住（原是鸡东县新华乡长山村，现在是东海镇），为了生活，父亲让我给刘仲河家放猪。每天风里来，雨里去，日子过得很艰苦。

1931年9月，日本帝国主义侵占了东北，使东北人民陷入苦难的深渊。不愿当亡国奴的中国人民在中国共产党的领导下，展开了顽强的驱逐日本侵略者的斗争。1932年冬天，在哈达河村里出现了一些标语和传单，内容都是号召人民群众起来向日本帝国主义侵略者斗争，把日本人赶出中国等。1932年冬至1934年春，我参加了儿童团。给抗联部队站岗、放哨。经常给山河送信儿，那儿有党组织。一般都是晚上送，一个人徒步走，一走就是十四五里地。那时我刚刚16岁。有一天晚上，天很黑，走到坟墓旁，"鬼火"一闪一闪的，心里真害怕。往前走，出现了一个马架子，这时大约是晚上十点左右。草房子里影影绰绰露出了灯亮。走近一看，只见罩子灯放在屋地下，地上停着个死人，门口挂着一串儿纸，风一吹哗哗直响，这时头皮怵怵的，直发炸，吓得我往前跑。山上狍子嗷嗷直叫，太瘆人了。收信的是张墨林，当时他大概是区委书记。

组织反日会　1933年的春天，中共绥宁中心县委派共产党员朴凤南等同志来到哈达河沟里，建立了反日会组织。该会的领导人还有李成林、阚玉坤、李春根（外号大老朴）、金长德、李太俊、李发、李根淑（女），会员有我父亲张继明、孙德林、戴云峰、戴云章、戴云亭、佟双庆、王山东（名字叫张哈）王维帮、李宝文、王清、梁玉坤等。妇女会的领导人是李根淑。我母亲参加了反日妇女会。我当时17岁，参加了儿童团的组织。儿童团员有何福全、戴庆云、陈忠堂。儿童团的主要任务是给反日会运送物资。每当反日会组织开会时，儿童团给他们站岗、放哨、送信和学歌。学的歌有《少年先锋队》。每当集会时，我们就唱起来。还有《儿童团歌》《红旗歌》《士兵歌》等十几首革命歌曲。

朴凤南等同志动员反日会的会员募捐款买枪。我家捐款五元。反日会用大家的捐款买了一支手枪，同时又缴获了“于秧子”的一支手枪。在去哈达河开会的路上给缴的，当时“于秧子”是伪满洲国的甲长。用这两支枪，在勃利缴了一个防所，获得了二十多支长短枪，用这些枪支建立了密山县抗日游击队，地点是“张家营”（即张老畜菜营）。队长是张宝山，参谋长金根，分队长梁怀忠，事务长徐光新。

藏马 1934年，反日会组织在中国共产党的领导下，发扬了南泥湾精神，自己播种水稻，是朴凤南领导种的。

秋天转眼就到了，水稻长得很好，比人的膝盖还高，眼看着丰收在望。可就在这个节骨眼上，游击队内部出了叛徒。一个叫李世忠的游击队员，外号儿叫李歪嘴子，他不好好抗日，为人民除敌，去哈达河日本守备队当了走狗。李歪嘴子当上了走狗之后，到游击队所在的长山村根据地来探听情况，好回去告诉日本守备队，来抢反日会种的稻子，抓反日会员。

10月24日，哈达岗五甲有个甲所要车抓马，当时游击队有两匹马，在我们家里养着。这两匹马是在密山杨木岗打伪军得的。听到敌人要抓马的消息，我弟弟张玉臣把马藏到朝鲜族一家破房子里，被李歪嘴子这条走狗看见。当时他就盘问我弟弟：“这马是谁的？”我弟弟说：“这是我家的马。”“这是游击队的马，我认识。”李歪嘴子紧盯不松口，说完他就走了，他不相信是我家的。我父亲就叫着我的小名说：“大生子，你把马牵到后边大河沿去，那有一个空房子，到戴云峰家躲一躲，他们不就看不着马了。”戴云峰就是叛徒李歪嘴子的表姐夫。戴云峰曾劝李歪嘴子说：“不管怎么地，你在游击队干过一回，没有功劳还有苦劳吗，你就下去当特务？你能对得起反日会那些人吗？再说，这些人是谁呢？都是家乡人，除了亲戚就是亲戚，亲戚连亲戚，怎么能当特务呢？”李歪嘴子说：“你不知道，四姐夫，我当特务是没办法，好抽大烟，没钱买你说怎么办？另外在游击队干，遭罪我也受不了。”我和我弟弟张玉臣把马藏到破房子里，我就走了，就剩下我弟弟一个人。没想到又被李歪嘴子这条走狗给看见了，当时他就再一次盘问我弟弟：“这马是谁的？”“这是我家的马。”“这是游击队的马，我认识。”他边走边说这是抗日联军的马。从那间破房子里出来后，直接到夏牌长家去了，对夏说：“这两匹马你给我看好，不准你弄走，如果弄走，我就拿你是问。”我弟弟在李歪嘴子走了之后就跑回家报告了，走狗李世忠看到了马，抓马来了。正好也赶上李世忠点背，当时的地下工作者住在我家，我家住的是老刘家的房子，地下工作者有陈玉高、蔡老三（不知道他叫什么名字），还有张墨林，这几个人都在俺家住。他们一听到我弟弟的报告，他们就问我弟弟，李歪嘴子上哪儿了。我弟弟说：“上南岗了。”张墨林是山东人，大个子，比我父亲年轻，腿快，他就奔后岗撵去了。到岗上一看，李歪嘴子下南坡了，就把歪嘴子给抓住。我父亲、王维邦、蔡老三带着绳子给他绑上了，领到我家。这时我没有在家，我和司务长许光新往军部送乌拉，我们就到张老畲菜营了，军长李延禄在那，我们就说送乌拉来了。大约在下午一点多钟，就看远处跑来两匹马，张老三骑着马就来了，外面练一个黄骟马，他自己骑一个，是日本的大洋马，我走出外面，看见一个骑马的，我就说：“这马好熟啊，好像游击队在我们家养的那匹马。”这时，相隔二三里地远，马越跑越近，才看清真是游击队在我家养的那两匹马。朴凤南因开会也在场，他可能是什么书记。蔡老三就跟他说：“李歪嘴子给抓住了，在后边，由张继明、王维邦他们带着。”张墨林没去。没多一会儿就把李歪嘴子带上来了。晚上，日本人进沟，烧房子，把张老畲菜营都烧了。当时我们都在那，由于隐蔽得好，敌人没有发现。军部接到乌拉，没让我们走，这样我就在军部住下了。

找四军军部 我们家有部队的二盘鞍子，让我放在房子后面的高粱垛子上，我对我爹说："你回家，把这二盘鞍子重新放到一个地方，搁在那，容易叫敌人发现。"游击队还有一支枪，什么枪呢？套筒枪。这支枪大栓的撞针坏了，就这样放到我们家了。队长说："这支枪就撂在你的家，上哈达岗让李玉炉给修一下。"我们家跟李玉炉是亲戚，他是我姨夫的哥哥，也是一块儿从辽宁省来的，他到这边开了个铁匠炉，他还会修枪。我跟我爹说："把这支枪也送到李玉炉修一修。"

一天，日本人可统可沟翻腾，翻谁呢？我爹他们当时都在名，参加反日会的都在名，日本人就按名找。我们和王维住在一个房子，敌人在我们家翻，我母亲站在一旁吓哆嗦了，翻译官是长兴的金占鳌，我妈吓得没办法了。我们是六口家，两个妹妹一个弟弟。那时我随部队走，不在家住，上级让上哪儿就上哪儿。这时我们送胡参谋长，还有他的爱人，在于家油坊住。金占鳌上我们家我妈不认识他，谁认识他呢？王维邦认识，他和我爹是磕头的，我跟他叫四大爷。他当时说："老金啊，张继明这房住的没有，你走吧！"其实我们住在一个屋。"没有，真正的没有，有了的我拿你的头。"金说。一直到晚上，日本人谁也没抓到，就很生气，把夏牌长抓走了。当时的牌长就类似一个生产队的头，是伪军的地方小头目。后来夏牌长的儿子老三把我父亲给抓住，他亲自看着，要用我父亲到日本守备队去换他爹夏牌长。深夜老三回家休息，由老二来替换。我父亲知道老二心眼实，为人老实，就用话来打动他，跟他说："他二哥，你放我回去，把你老姑送到岗西老高家（我家和夏家有点偏亲，我妈是他的老姑），回来明天我去换你父亲。"

他当时答应了，就回家睡觉了。我父亲趁此机会，在这天晚上，领着我两个妹妹和我弟弟就跑了。我父亲背着那支套筒枪，插在现在的哈达岗公社青山大队下边有个大马架子，四个空马架子，我爹就把枪插在那。然后，他就领着弟弟妹妹，还有王维邦就奔张老畲菜营四军军部去了。他知道四军军部在那沟里，找李延禄，他押李歪嘴子到过军部。他心思部队不能转移，所以就奔那去了。他们到那，张老畲菜营都烧了，成了一堆灰。他们在那儿没有办法，不知道军部转移到丁家菜营，也没敢再动，直接就在那儿做点儿饭。随身带一个跑腿子锅，吃完再在露天地歇了。

第二天一早，天一放亮，他们就奔丁家菜营去了。正好和张老畲菜营跨岗，跨北岗，离丁家菜营还有三里多地，离老远就看见了丁家菜营。走到半路上就看见了一条绳子，绑李歪嘴子的。我父亲是用打野鸡的夹子绑的。他当时心里咯噔一下子：李歪嘴子是跑了？还是让四军军部杀了呢？这不是留祸根吗？要是杀了好，要是跑了，反日会这些人一家也剩不下。这样就到了丁家菜营。问菜营的人，军部上哪里去了？他们问你们是谁，我父亲说："我叫张继明，他叫王维邦，军部上哪去了？你告诉我们，我们是逃难的。房子都被日本人烧了。找军部参加队伍。俺家过不了了，粮食也烧了，找部队。"菜营的人听他们说的真话，就说，军部往勃利转移了。就这样，我父亲和王维邦就奔八铺炕，就是现在的太平大队。拉山过去到王家烧锅。张、王两家就在那落了户，那时伪满洲国落户不限制。落户口这事我也不知道。后来知道李歪嘴子在密营中被处死了，我方反日会员没有遭到损失。

送子弹　1935年正月十五前后，我在山河屯做儿童团工作。我们游击队那时没有子弹，除了战斗中缴获敌人的，就是自己买。那时用的都是杂牌枪，买一颗子弹就是二三角钱（水连珠步枪子弹三角、三八枪子弹两角五、匣子枪子弹一元）。那几天，我住在三合屯河沿老刘家，区委书记张墨林对我说："小张啊，你明天送子弹去？"我说："让送就送呗，往哪儿送呀？"他说："让你送，就有地方，到时有人接你。"说完，他就开了封介绍信，让我带五百发子弹，用麻袋包着，里面用破麻袋头子纸卷了又卷，谁也看不出来，这子弹运往游击队，是准备抓沈子君，他是哈达岗的大地主。那天朴凤南（他既是地方党的领导，也领导游击队）到密山游击队开党支部会，部署说："我们准备抓老沈，目的不是要他的钱财，而是要他的枪和子弹。"本来，1934年密山游击队刚成立一段时间里和沈子均的关系一直是很好的，朴凤南的爱人李根淑还认沈子君为干姥，主要是为了搞抗日统一战线。每当日伪军出城，沈子君都提前给游击队送信儿。沈子君自己的护院武装被日伪军缴了械，他以为抗日游击队也被日伪军消灭了，所以就投靠了日伪军，为此抗日游击队准备教训他。

张墨林让我把子弹送往青山，由张奎队长接应。我扛着子弹，冒着风雪严寒，来到青山游击队驻地。在平房上站岗的哨兵看见了，说："小张来了。"我说："嗯！""你背的什么？"我说："不告诉你。到屋你就知道了。""快告诉我，是什么好东西？""子弹！"我们正唠嗑儿，张奎队长和金根参谋长听见了，从屋里出来，说："小张，背子弹来了？"我说："嗯呐！"张队长说："你今天就别回去了，跟着抓沈子君去。"我说："太好了，我正想参加战斗呢，不回去了。"张队长拍拍我的肩膀说："你跟着部队走，待会儿上青山南岗去打接应。"

我吃完午饭，跟着上了青山南岗，在落满积雪的树林里隐蔽着，等到下午两点多，还不见自己人从沈家大院出来。

张奎队长不由得焦急起来。沈子均当时开"烧锅"和"杂货铺"，我们游击队五个人中有四个人带着短枪，带着买油的老百姓，拎着装油的“纸憋子”，随大流混进沈家大院。进去后，游击队的班长孙大个子不小心，将腰后面别的匣子枪套露出棉袄外，被沈子均护院的炮手发现了，就偷偷地告诉了沈子君说：“东家，咱们院里进来带枪的胡子。”沈子均很狡猾，他摸不清来的是哪方面，他就对手下的炮手说：“把他们放出去。”

混迹进大院的几名游击队员，已经摸进了沈子君放枪的柜房里，把步枪都拢到一起，准备带出去（去的有刘福同、孙班长、小吴、老迟和小于子），这时，听到沈家大院的炮手在炮台上喊：“是朋友，你们出来！”孙班长他们知道行动已暴露。炮台上的炮手说：“你们走吧，从角门出去。”21岁的游击队战士小于信以为真，顺墙边往西北的角门走，结果被沈子君的炮手“通”的一枪撂倒，鲜血染红了皑皑白雪，牺牲了。另外四名队员一看中了敌人的诡计，急忙拔出手枪且战且退，向大院外冲去。在枪战中，孙班长和小吴也被子弹击中，牺牲了。只有老迟和刘福同冲出包围，朝杏花方向撤退。张奎队长率领游击队在后岗等候接应，一听见沈家大院枪声大作，知道这次智取沈家大院枪支的计划暴露了。等到天黑，还没见我们的人退出来，以为全牺牲了。和金根参谋长商量后，撤退回到丁家菜营。深夜，刘福同回到了丁家菜营，向县领导汇报了这次进沈家大院后的情况，战士们听了都痛苦地哭了。后来，游击队长张奎受到地方党委的严厉批评。

送密信的遭遇 沈家大院战斗失败之后，密山游击队从丁家菜营又退到深山里的牙木瞎密营。一天，朴凤南对我说：“小张，有件事！”我说：“啥事？”他说：“我准备把你带到勃利，执行新的任务，就是离家远了点儿。”我说：“行！”朴凤南的爱人李根淑是妇女会长，我母亲也在妇女会。她们结了干姊妹，所以我管朴凤南叫姨夫。当晚，我和朴凤南以及金根参谋长的爱人一起翻山道去了勃利。走了一夜，第二天中午到了大四站，奔青山里去找李延禄军长的关系。但到青山里一打听，说李军长带着队伍过了牡丹江，奔方正大罗密一带活动去了，已走了五六天了。在突变的情况下，朴凤南对我们俩人说："李军长的关系暂时找不到，我们先到七星河我家歇歇再想主意。"

当天晚上，我们到了七星河朴凤南家，看见了小姨李根淑。我问我九叔李成林在哪儿？因李成林和我父亲换过贴，所以叫九叔。第三天，李根淑给我写了封信。李成林住在大四站街东头。他那时是我党勃利县县委书记，住在孙海涛家。孙海涛是勃利青山里木业的山林警察大队队长。李成林和孙大队长的儿子孙文关系很好，所以住在他家里。我见到李成林，他立刻把我领到街上。

我把信送给他后，问："你敢住在警察队长家，不怕被敌人发现吗？"他笑着说："那怕啥？"我说："刚才进屋，看见孙大队长的匣枪就挂在墙上，真有点紧张。"他说："没关系，大生子（我的小名），你就放心吧，这里比哪都保险！"我仔细地琢磨琢磨他的话，不由会心地笑了。又隔了几天，朴凤南对我和张德武两人说："小生子，我写了两封信，你俩送到勃利县大四站。"我说："我一个人去吧，省得用人！"

朴凤南说："不，为了保证信件安全到达，你们每人送一封。"去勃利县的这条路我们经常走。过了七星河屯子，南面是个漫岗，下了漫岗，有几间老百姓的住房，过去路过，我们经常进住家喝水。这天我们去时挺顺利，把信送进孙海涛家。我们把信交给李成林。他对我说："小张啊，我写封信带回去吧。可千万保密，不准丢了。"当时，我和张德武各自藏好信，谁也不知道对方把信藏到哪了，为了保密。当我们上了大四站后岗，路过那几户人家时，看见路上有伪军旗帜，放着拉杆设了卡子，还有伪军站岗，大约是一个班。于是我放慢了脚步，等张德武上来，我说：“德武，看前面是什么？”德武一看有点儿慌了，“哎呀，那不是满洲国军队的旗吗。这可咋办？”我说：“咋办？你的信藏哪儿了？”“我的信检查不出来！”他说，“那你的呢？”我说：“我的信也检查不出来。”那时，正是种地时的四月，天很凉，我穿了个破皮裤，戴着狗皮帽子，我把信藏到狗皮帽子帽耳朵里了。张德武把信藏到破棉袄夹层里了。那时的信纸是毛边纸，很软和，卷成卷儿藏起来，摸不出来。我说：“既然你我的信都检查不出来，我们就闯闯试试！”我们一上岗，就上来三四个伪军，把大枪栓搬得“咔咔”响，大声吆喝：“站下！”我们离伪军七八步远，就站住了。“你们是哪的？”伪军大声问。“二道河子的！”我回答。我们住的大四站往北就是驼腰子，驼腰子再往北就是二道河子，街里有伪军驻防，他们对那很熟悉。“你是谁家的？”一个伪军又问。“高保凌家的。”“上哪去了？”“上孙海涛大队长家。”“你咋认识的孙大队长？”伪军怀疑地盘问。“孙大队长和我父亲是磕头的，他是我盟大爷，今天是去串门！”“真的吗？”“不行。你是李延禄队上的。”伪军头目凶狠地说。“你说是就是啊？你有什么证明？”我反问道。“你搜吧，你要能搜出来，我是抗日联军的证明才算。要搜不出来乱说可不行。我知道抗日联军是啥样的！”

伪军头目一听就火了，上来就是几个嘴巴子，打得我两眼直冒金花，又踢了我好几脚，把我踢倒在地上。这时，我们以前经常喝水的那家男人走过来，替我们说：“老总，放了他吧，他们真是二道河子那边的，以前他们上孙家来回都到我这儿喝水。”“确实吗？”伪军有点不相信。“确实。”“好，那就过去吧！”伪军头目一挥手，于是，我就过去了。接着，伪军又把张德武喊过来说：“你是‘老高丽’？”抗联四军李延禄手下有许多“老高丽”，就是李延禄的抗日联军！张德武是朝鲜族人，汉话说得不清楚。被伪军打了两个大嘴巴，嘴角直流血。伪军拽过他头发扯来扯去。我赶紧走到喝水那家男人说：“大叔，行行好，给讲个情吧，我们都是好人，根本不是抗日联军，要被打坏了可咋办？”那人心挺好，又走到伪军跟前家说：“老总，他也是大四站那边的，我认识，放了吧！”伪军一看问不出什么，只好把我俩都放了。我们上了岗，又下了岗，看伪军看不见了，一口气跑到朴凤南家。

加入抗日联军行列 1934年5月份，我被派到朴凤南家伺候在葛风楼战斗挂彩的济南队刘副队长。他的伤口还没好。但我还担负送信儿的，据点有大四站、二道河子的双法炉（依兰县管辖）等。到六七月时，战况紧了，罗英主任对我说：“送你去部队吧！”后来把我送到抗联四军二团，给他当通讯员。1935年秋，罗英调走（1937年秋被捕叛变，被五军处死），密山游击队长张奎任二团团长（后来牺牲），我就给张奎团长当警卫员。1937年7月任抗联四军二团三连二排排长，1938年参加了抗联四军西征。

五、红色国际通道上机智勇敢的地下交通员——张哈

鸡东县哈达河（原新华乡）一带上了年纪的人都晓得有个王山东，有时也称之王山东子。他人缘好，办事有主见，是穷苦人的贴心人。七十多年了，渐渐很少有人提及他。青少年更很少有人晓得其人其事。哈达河一带是抗日名将李延禄领导的抗联四军的诞生地和根据地。哈达河的青山绿水，养育了许许多多中华民族的优秀子孙，王山东就是其中的一个。

王山东，姓王，名凤林。1893年生于山东省诸城县杨家沟。

襁褓时随其父母逃荒到辽宁营口。年幼丧父母。他孤苦伶仃，四处流浪，被姓郭的地主收留放猪，干杂活得以度日，他寄人篱下，身着衣物冬不御寒，夏不遮体，饱经人间疾苦。成家后迁到密山县哈达河（今鸡东县东海镇新华村）。

1933年1月7日，日寇的铁蹄踏进了哈达河。8日，日寇占领密山县城（现密山知一镇）。密山人民在党的领导下，不畏强暴，特别是哈达河地区抗日活动非常活跃。这位出身贫寒的农民，在外夷入侵、民族危亡的关头，不甘心当亡国奴，在党的教育和培养下懂得了民族解放，人民翻身的道理，开始走上了革命的道路，他和李发等人组织了哈达河抗日会，在他熟悉的穷哥们中间，走家串户，秘密进行抗日救国宣传。王山东热情乐观，哈哈的笑声不断，大家又习惯地叫他张哈，参加革命，始终用这个名字。

张哈经党组织的严格考察，1933年3月在哈达河加入中国共产党。从此，他义无反顾地走上了革命的道路。在漫长的艰难岁月里，他履行了自己的入党誓言，经历了出生入死的考验。

中共密山县委安排王山东专门从事党的工作，担任密山县委机要交通员。他跋山涉水传递吉东局与密山县之间重要文件、指示、报告，接送视察的上级领导干部和县委干部到上级开会学习。他引起了日伪特务组织的注意，敌人跟踪堵截搜捕都没有抓到他。由于坏人告密，凶恶的敌人将他的妻子和两个儿子抓去，扬言如果王山东不去自首交出情报，就把他家斩草除根，妄图以此为诱饵，来捉拿王山东。这位坚贞的共产主义战士，为了中华民族的解放事业，他始终坚守党的秘密。敌人一看枉费心机，就残酷地杀害了他的妻子和两个儿子，一把火把他的家烧为灰烬。

王山东赶到家里，目睹敌人惨绝人寰的暴行，怒不可遏。他含着眼泪擦干了亲人身上的血迹，掩埋了亲人的尸体，忍受着巨大痛苦，又勇敢地投入了党的机要交通工作。

王山东机智勇敢，胆大心细。他时而喝点酒，装扮成一个醉鬼，晃晃悠悠的闯关过卡；时而穿起开花棉袄，挎起篮子，拄着打狗棍，装扮成要饭花子，避开警察特务、便衣侦探，巧送情报。地下党组织在半截河镇搞到一部分枪支，把运送枪支的任务交给了王山东。他把脸抹得蜡黄，装成一个快要死的传染病人。几个游击队员轮流抬着他，到半截河镇里看病。敌人哨兵掀开他身上的棉被，看到黄得令人可怕的脸，又听说这病传染人，吓得敌人哨兵连说："快去，快去！"就这样巧妙地混进了半截河镇。第二天，天刚亮，就把枪装在事先准备好的木板棺材内，王山东装成死人，躺在棺材里，向外抬去。抬的人边走连哭，就这样混出了半截河镇，把枪支交给了密山游击队。

王山东担任中共密山县委机要交通员期间，在日伪重兵把守的鼻子下历经艰险，出色地完成了护送领导、传送文件等各项任务。1934年5月，吉东局领导李范五提议，调王山东担任中共吉东局国际机要交通员。1934年10月，中共中央领导机关随同中国工农红军第一方面军撤离中央苏区进行长征。东北党的组织与党中央失去直接联系，党中央决定东北党的活动直接受中国共产党驻共产国际代表团的领导，王山东往来于苏联海参崴与牡丹江之间，护送党的骨干前往苏联学习，迎接中共驻共产国际代表前往吉东地区巡视工作，传递党的重要指示。在此，我方边境前沿驻有日伪军，哨卡重重，便衣特务出没无常，党的联络站屡遭破坏，抗日斗争到了最艰难的时期。冬季，朔风凛冽，冰冻地裂，白雪皑皑，王山东穿密林踏积雪，每迈出一步都要费很大的劲，还要注意不断变换自己留下的脚印方向，免得让敌人发现追踪。

夏季，烈日冲天，王山东白日睡在浓荫密布、荆棘丛生的恶草之中，有蛇爬鼠窜、蚊虫叮咬；夜晚，阴气森森，王山东兼程并进，常受野兽袭击。他寒来暑往，九死一生，独立完成了党交给的许多重大国际机要交通任务，多次受到吉东特委书记杨松（吴平）和组织部长李范五的赞扬。

1936年初，中共吉东特委决定派王山东去苏联系统学习文化。他告别了自己亲爱的祖国和战友，被分配到莫斯科东方殖民地半殖民地大学（简称东方大学）第十三研究院学习。他克服了初识文字、记忆力差、科目多等重重困难，以顽强的毅力，通过了各门学科的考试，掌握了多种机要交通技术，荣获了莫斯科东方大学第十三研究院颁发的一等奖励。

两年紧张的学习结束了。1938年10月，王山东途经通化回到了向往已久的革命圣地延安。他漫步在宝塔山下，延河岸边，他思念着被日军蹂躏的家乡——吉林、密山、哈达河。

中共中央分配王山东到中央社会部当保密员。后又担任了中共中央建设处枣园后沟大礼堂保卫员，负责保卫礼堂。在这期间，王山东经常为毛主席、朱德、周恩来、刘少奇等中央领导人服务。1945年2月，中共中央组织部把王山东调到延安杨家岭大礼堂，担任中国共产党第七次全国代表大会筹备处工作人员。在任弼时、杨尚昆同志的亲自领导下，王山东负责保管七大所有会议文件和守卫七大会场。他看到了来自各个战场上著名抗日将领的风采，目睹了中国共产党历史上这次团结胜利的大会。

王山东体魄强健，善劳动，在著名的延安大生产运动中成绩卓著，于1945年被陕甘宁边区政府授予三等劳动模范的光荣称号。

1946年，国共和谈破裂，内战爆发，王山东奉命保护党中央、中央军委重要文件档案向安塞转移。他与其他同志一道，历尽艰难困苦，胜利地完成了任务。

1948年9月，中共中央东北局组织部指示中共合江省委组织部，给予王山东在政治上、生活上享受县团级待遇。抗联战友中共合江省委书记李范五、合江省人民政府主席李延禄对他非常关怀，做了妥善的安排。

在佳木斯，王山东终于迎来了新中国的诞生。他担任佳木斯市沙面厂、食品厂厂长。王山东积劳成疾，患了癌症。患病期间中央和省委领导给予了多方面的关怀，但经多方医治无效，于1964年3月8日不幸逝世，终年74岁。佳木斯市委、市政府在工人文化宫举行了隆重的追悼大会，对他给予了很高的评价。

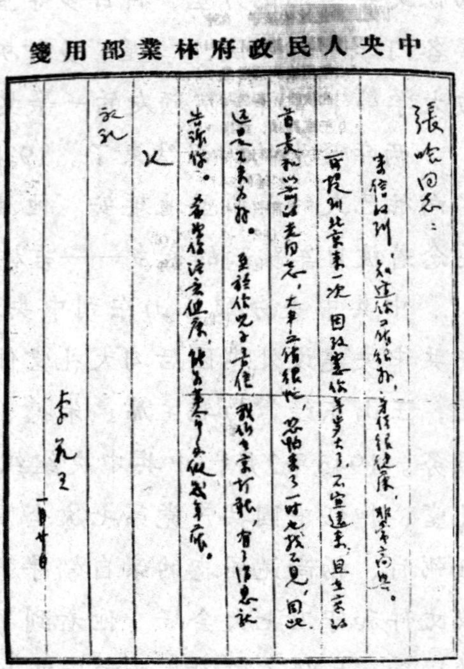
中央人民政府林業部用箋

張哈同志：

李范五给张哈的信件

王山东同志一生，正如中共中央组织部1948年给他的鉴定“党性好、忠实可靠、刻苦耐劳、互助精神好”。这是对他最恰当的评价。他长期做党的机要交通工作，出生入死；他长期做党的保密工作，极端负责；他担任领导，甘当人民公仆。在平凡的岗位上几十年始终如一地为党工作。我们今天的幸福生活，就是这些无数的革命前辈流血牺牲，默默无闻奋斗而换来的。哈达河是他的故乡，是他从事革命活动奋斗过的地方，家乡哈达河人民将永远地怀念这位中国共产党的忠诚战士。

六、李春：由抗日纪念章所想到的

1951年秋天，中央慰问团专程来鸡西慰问抗联的同志们。会上，曾赠给我一枚金光闪闪的抗日纪念章。35年过去了，好多东西都被我遗忘了，只有这枚纪念章始终珍藏着。每当看到它，就想起我经历过的抗日战争年代，从而激励我不断前进。

1935年，当我15岁的时候，中央地下党密山团县委的王沛民同志来我们村开展抗日活动，他就住在我家。我家住在南河套，比较僻静。8月下旬的一天，王沛民召集本村儿的儿童开会，讲抗日的道理，组织儿童团，参加抗日活动。我报名参加了儿童团，并当了儿童团团长。我们除了平日完成站岗放哨、监视敌人的行动外，还担当了帖撒传单、秘密送情报等任务。

收集情报　1935年6月的一天，张默林同志来到我家，交给了我一项特殊任务：侦察驻哈达河街基的日伪军二十六团的活动情况。过去我往哈达河街基送信时认识了抗日群众孙三娘，我想来想去，还得求她帮忙。

这天，我拎着一条大鱼出发了。名义上是给孙三娘送鱼，实际上是侦察哈达河敌人的情况。娘孙三娘一见我来，就高兴地说："小兔崽子，又来给我送鱼来了！"我一边答应，一边凑到她跟前，把我的来意告诉了她。孙三娘思忖了半晌，最后说："那好就在你这条鱼上打主意吧。"

伪军梁上士是哈达河街基的头头。孙三娘把鱼炖上，告诉我说："今天请梁上士吃饭。"开始我还被蒙在鼓里，直到吃饭时，我才听到孙三娘问梁上士："你这些天怎么不来了？"梁上士发牢骚说："嗨，别提了，南边儿国境线上监视队叛变了，想越境去苏联，兄弟们都上南山追击去了，还说不定几天才能回来呢。我哪有工夫出来呀。”听到这，我才恍然大悟，佩服孙三娘的机智。

回家后，我把二十六团的情况报告给张墨林同志。张墨林同志立即召开紧急会议，决定次日攻打哈达河街基。那一仗打得十分漂亮，全歼了敌人，大获全胜。

掩藏文件 1935年9月，王沛民和赵老四等四名同志在我家里秘密地印刷文件材料。有一天，由于情况紧急，他们把印刷的材料和文件匆匆藏在甸子里的草码子中，然后就到勃利县另行执行任务去了。我唯恐这些党的重要文件和材料受到损失，更怕落到敌人手里，给党带来严重损失，就趁夜深人静，拿着锹镐和麻袋，把这些东西埋在草甸子里的塔头墩下，连家里的一些可疑的东西也都掩藏了起来。

1936年2月的一天，伪满哈达河村公所的助理李奎一听说我家有枪，就带着四五个人来抓我。我说没有枪，他们就硬打我，把我打得死去活来。其实，抗联第三军四师副师长崔秉臣就住在我家里，枪也在我家里。但是打死我我也不说，最后崔秉臣为了救我，挺身而出，我才免遭一死。以后打伤的几处地方都化脓了，到现在还有伤疤。

注：李春，鸡东县东海镇农民。1935年参加抗日儿童团。

七、“佟双庆”忆风雪千里交通线

在辽宁省抚顺县东南百里之外的一个偏僻的穷山沟里，有个村落叫马谷山。1908年秋天，一个凄风苦雨的夜晚，我就出生在马谷山靠河边的一户穷苦的农民家里，取名叫“佟双庆”，也就是现在的我——杨坤。

千里迢迢来密山 1929年春。出走多年没有音讯的父亲，由密山那边儿捎了一个远方堂叔捎回了一个口信儿，要接我去密山谋条生路。说那边地多，土好，能打粮食，只要有把力气，肯吃苦，就能多收入。农闲时，还可以采点蘑菇，挖点儿黄芪，搞一些山货和药材，可以多弄几个钱。我一听非常高兴，好像看到了自己的希望，找到了出路，连蹦带跳地跑回了家，把这一喜讯告诉了奶奶。奶奶听后也是乐得合不拢嘴。我还是第一次看见她老人家这样高兴。

喜悦过后，我和奶奶商量，要带她一同去密山找我父亲时，她却说啥也不同意和我一起去。奶奶说："双庆啊，你去吧，去找你爹，奔条活路吧。这年头儿能逃出一个是一个。再说我都这么大岁数了，去了只会给你们添麻烦，拖累你们。"

经过千里迢迢的长途跋涉，我们来到了密山县半截河镇堂叔家。几天后，父亲来了，把我接到离这四十多里地的哈达河家里。

我们家住在哈达河东岸，离哈达河还有二十多里远的一个偏僻寂静的山沟里。这里，稀稀拉拉地住有十来户人家，再往后，没有人家都是一望无际的原始森林。头一年，除了种了点地外，还为半截河我堂叔家打些短工。转年春天，我和别人插秧种地，秋后收获挺好，打了有二三十袋粮食，使我第一次尝到了生活的甜味。没料到1931年9月，日本关东军制造了"九一八"事变。从此，中国东北人民又陷入了被日寇奴役的水深火热之中。

"九一八"事变后，在我居住的密山县哈达河地区，目睹山河受践踏，人民遭蹂躏，但却都不甘心当亡国奴。一些农民、手工业者自发成立各种不同形式的抗日游击队、同盟会、义勇军、山林队等抗日武装，在共产党的领导下，开展了轰轰烈烈的抗日运动，同日军进行了残酷的战斗，哈达河地区的抗日活动更是异常活跃。

由于日本人的封锁，离我们镇二十多里地偏远的山沟里，就成了抗日游击队和地下党组织活动联系的主要场所。当时我们村中也有几个朝鲜族人，经常出出进进，他们一进村儿，就往草丛里、树杈上、石头底下放一些用红绿纸写着什么的东西，开始我见了这些东西心里直犯嘀咕，不知是什么。有一次我见到路上没人，就偷偷地捡了几张，只见上面密密麻麻地净是油印字。我不识字，也不知道写的是啥，就好奇地捡了一把，揣在怀里，跑到岳父家，想问问这是些啥东西，是怎么回事？当我来到岳父家，抬头一看，原来屋里坐着一个年龄和我岳父相仿，另一个和我岁数差不多的朝鲜族人。他们正在谈论着什么。我看看岳父，瞅瞅这两个陌生人，再瞧瞧我手里攥着的红绿纸传单，真不知如何是好。我把这些纸传单慌忙地往怀揣，一揣一边说："我，我……"嘴干嘎巴着，啥也没说出来，转身就往外跑。岳父喊住我，说："回来。"岳父又接着说："双庆啊，来认识认识。"指着我向那两个人说："这是我女婿，叫佟双庆，就在岭后住。"

岳父又指着那个年岁大的朝鲜人对我说："这是你朴大叔。"

我向前行了个礼，叫了声"朴大叔"。岳父又指着那个年轻人说："这是你朴大哥。"这个人很有礼貌地拉着我坐下。

岳父又对我说："刚才你急急忙忙地干什么呀？"我还没有找着适当的话回答岳父。岳父又说："把你怀里揣的东西拿出来，让你朴大叔看看。"朴大叔看了看，笑着说："这是宣传抗日救国的传单。这张写的是'打倒日本帝国主义，不做亡国奴'，那张写的是'中国共产党万岁！'"我随手把怀里的传单都拿了出来。在回家的路上，我边走边想：原来传单是他们散发的，看来他们都是人们传说的地下党。我好像不知不觉地认识了什么，认识了什么呢，一个从没有认真思考过的问题。啊，这就是革命。

从此后，我就经常往岳父家里跑，三天两头儿要是不去，总觉得像少了点什么似的。一到岳父家就感到心里踏实，心中就像有了依靠，有了寄托似的。他们秘密组织穷苦农民，宣传抗日救国的道理。要大家不要当亡国奴，受人欺压奴役：要起来革命，推翻旧社会，赶走日本侵略者。

投身革命　在岳父和朴家叔侄的教育帮助下，经岳父介绍，1933年2月，我便正式参加了地下抗日活动，走上了革命道路。

我的主要任务是为县委和游击队之间传递信件，散发传单，收集情报，为游击队募捐，筹款，购买物品，转送枪、弹药、粮食、药品等。1933年，我党领导下的东北抗日战争风起云涌，密山、哈达河一带的抗日活动更加蓬蓬勃勃，群众的抗日热情非常高涨。年初，来了一名叫吴平的南方人，领导这里的抗日工作。他马列主义水平很高，看问题看得很远，革命道理讲得很透，很快就和屯里的老百姓打成一片，关系非常密切。他一到村里，就走村串户组织群众，讲革命救国的道理。他调查当地老百姓的政治、经济、生活状况，用浅显易懂的道理，启发广大群众的抗日觉悟，谈东论西讲收成拉家常，不论男女老少他都谈得来，老百姓喜欢他，他更爱这些抗日群众。在这一带，他到哪里，哪里的抗日烽火节燃起，抗日力量就发展，就壮大。他的活动引起了敌人的注意，成了敌人到处搜查、抓捕的对象。但由于他始终生活在人民群众之中，敌人每次抓他都没有得逞。

我记得就在这一年盛夏的一天晚傍晚，我从哈达河街里回来，离到家还有十几里地的光景，突然天空浓云密布，闪电交加，雷声大作，下起了瓢泼大雨，越下越大，没有办法，我只好到离屯子还有八九里地靠山边的老张家避一避雨，等雨停了再走。我进了老张家院刚要叫门就听见从屋里传出阵阵的说话声。

在谈论声中夹着一个不是本地人的声音，听后觉得特别耳生。我刚要敲门，手就像蝎子蜇了似的又缩了回来，我将身子贴墙悄悄地向窗底下挪了挪，从破了的窗户纸洞向屋子内望去，只见北炕靠墙盘腿坐着一个年龄四十岁左右，穿着一身整洁的朝鲜族服装，头上戴顶礼帽的人，我借着昏暗的灯光，仔细地辨认着，觉得这个人很面熟，好像在哪见过，特别是他那一口外漏的大龅牙，更使我确认这个人在哪儿见过。我思忖着，突然想起，他就是前几年在我们村里住了几个月，后来搬到哈达河街里去住的卢大牙。我自问自答："他来干什么呢？是来走亲戚串门，还是有别的企图？"正当我疑问未解，就听卢大牙说："老张大哥，听说你们这附近抗日活动还是蛮活跃。我还听说，有个姓吴的南方蛮子和弄挺欢的，是吗？"老张问："怎么你……"卢大牙狡猾地说："这谁不知道。"说罢又向前凑了凑，假装神秘地说，"不瞒你说，我和他还挺熟的呢！"老张故意笑了笑说："噢，是吗？"卢大牙叹了一口气说："唉！不过这几年没有来往了，听说他混得不错，几次找他都没有找着，他常来这儿吗？"老张说："他不来。"卢大牙又进一步追问着说："他们在哪个屯儿住，都经常上谁家？"老张摇头说："不知道。"卢大牙急切地说："唉，别瞒着了，乡里乡亲的谁还不知道吗？"他进一步威胁说："不但你们知道，连太君……"他发现说走了嘴，忙改口说:"连那些日本人都一清二楚。"我再也顾不得听下去了，悄悄地离开窗下，出了院口，急步如飞，冒雨摸黑向家里跑去。这时，我心中只有一个念头：快回家告诉老吴，赶紧想办法。进屯儿后，我找到岳父和老吴一起商量，他们都感到事情很严重，这说明鬼子对我们屯儿的活动情况很注意。看来吴平同志在这一带的活动已经引起敌人的怀疑和注意，说不定啥时候日本人就会来抓捕他。

岳父对吴平说："以我之计，你暂时先躲一下，等风声平息了，再回来。"吴平说："好，那工作暂时就由你（指我岳父戴云峰）和何贵林负责，有什么情况再联系。"岳父说："好，说走就走，事不宜迟，现在就动身，我送你到岭北去。"

我急忙对岳父说："爹，二三十里地，天又这么黑，还下着大雨，你这么大岁数，翻山越岭的，还是我去吧！"岳父沉思了一会儿，看着我坚定的神态，满意地点了点头说："好吧！"并再三叮嘱说："路上要小心，最好是送到后，你再连夜赶回来。"我说："好，一定赶回来。"岳父又对吴平说："你先到那里躲几天，有啥情况我叫双庆来回跑着，及时联系沟通情况。"吴平说："行，就这么的。你们的活动也要注意，做好对付日军来搜捕的思想准备。"说罢，他带上雨具，我披上蓑衣，上路了。二十多里地，我和吴平刚过半夜就到了岭北联络站。安顿下吴平同志后，我没停脚，就连夜折返，紧赶慢赶，等我赶到家，已经是鸡叫三遍快亮天了，雨也停了。我浑身上下溅的满是泥水，还没来得及换衣服呢，离屯子二十多里的日军守备队三十几个人，在卢大牙的带领下，闯进屯儿来，在挨家挨户地搜查，并把全屯儿和周围住的零散户六十多口人都集中在一个土坡上。一个个子矮胖，留着人丹胡的日军小队长，手握一把战刀，向人群巡视了一遍之后，叽里呱啦地不知说了些啥。说完后，一个身穿西服，一双金鱼泡似的眼睛上卡着一副高度近视眼镜的翻译，向前走了几步，扯着公鸭嗓对大家说："乡亲们，刚才太君说了，你们这些人都是大大的良民。皇军这次来，主要是搜捕那些煽动反日，通匪通共和游击队有来往的人。特别有一个南方人，不管谁说出他在哪里，或者说出他的去向，太君说了，金票、粮食大大的给。如果谁知道不讲，隐藏起来不说，就通通的死啦死啦的。"

人们你瞅瞅我，我看看你，没有一个吱声的。过了半个时辰，日军小队长沉不住气了，歇斯底里地喊叫说："如果没人说，全村人都通通地死啦死啦的。"尽管他拼命地号叫着，但人们就像根本没听见，仍然是鸦雀无声，没人言语。这时狡猾的卢大牙，在人群中扒啦着每个人，串来串去，看看这个瞧瞧那个，察言观色地搜寻着。人们都向这个无耻的汉奸投以鄙视的目光。这小子的一双贼眼直往我站的地方，使劲盯着。过了一会儿，他急急忙忙扒开众人，向我站着土坎下挤来，土坎下有一个三十米左右用来脱坯的臭水泡子，水并不深，但掉下去也得扑通一阵子。我岳父一看，知道我引起敌人的注意了。我也觉察到自己被雨淋湿的衣服和满身的泥水引起了这个家伙的注意了。岳父急中生智，对我往泡子里使了个眼色，示意我利用土坎雨后发滑的条件，将卢大牙挤进土坎下的泡子里。当卢大牙刚登上接近我的土坎，我的脚还没站稳，我岳父轻轻地向我一靠，我顺势往下一拥，并假意用手去拉他，借着向下滑动，卢大牙和我就先后滑下，掉进了臭水泡子里，浸湿了全身。我假装殷勤地急忙去拉卢大牙，并把他先拖上土坎。卢大牙还骂骂咧咧地说："该死的土坡真滑。"卢路大牙还没弄清楚是怎么回事，日军小队长望着这个满身泥水和像落汤鸡似的走狗骂了一声"叭嘎"。卢大牙这只癞皮狗还不知羞耻地连连说："哈依！哈依！"日伪汉奸们一无所获，气得连声骂着"八格牙鲁"，用枪托砸了几下乡亲们，无可奈何地离开了村子，向别的屯子走去了。

秋收的时候，又是卢大牙这个坏蛋，领着十多个伪军，再次以搜捕吴平同志为借口，在屯子里闹腾了好一阵子。临走时，把我们几家打下来的稻子拉走了不少。

吴平同志为了躲避敌人的搜捕，经常变换着装。他走屯串户，调查了解情况。有时身穿长衫大褂，手里拎着一个药包扮看病的乡医；有时到县镇去联系和汇报指导工作时，他身着西服，风度翩翩，成了一名官位显赫的人物；有时候到镇、街里去取送物资，他就头戴礼帽，身穿长袍，来往于县、镇之间，成了跑生意的客商大员。

敌人对他是又气又恨又怕，无可奈何。使尽了一切伎俩，通缉、诱捕、搜查他，都枉费心机。他的具体职务是干什么的，许多人都不清楚。直到1934年秋，抗日联军第四军成立时，大家才确切知道他是吉东特委负责人。我正是在吴平同志的帮助、教育、培养、引导下，逐渐觉悟，逐渐对党加深了认识，产生了强烈要求入党的迫切愿望，进而扑进了党的怀抱，投身于革命。就在这年的五月，经戴云峰、何福林两位同志的介绍，我光荣地参加了中国共产党。

密营送急件　1934年冬，气候特别寒冷。雪下得比往年都大。大雪封山，给抗日游击队的活动带来了很大困难，特别是日本帝国主义加紧“绥靖政策”，到处封山堵截，归屯并户，扬言要彻底消灭反满抗日分子。妄图把抗联游击队困死、饿死、冻死在深山老林。在这种情况下，如何更有力地打击敌人，唤起民众，壮大抗日革命声威。针对这些问题，吉东特委负责人吴平同志来到哈达河地区，在这里主持召开了会议。会上他认真地分析了当前斗争的形势，讲了各地抗日武装在东北开展游击战争的问题。他说：“这不仅牵制了日本侵略军向关内的进攻力量，而且直接破坏了日寇奴化东北，巩固其后方战略基地的部署。目前形势虽然对我们不利，但是要利用一切条件，采取一切手段，改变对我不利的状况。”

接着他又说：“根据可靠情报，最近日军从密山运来一批白面，存放在哈达河镇里。现在日军守备队集中进山去打游击队了，镇里只剩下警察署几十名伪军驻守。我们认为这是一个比较好的时机，经上级党组织同意，决定派人立刻进山与游击队取得联系，趁日军进山，哈达河镇的空虚之际，来个突然袭击，给日军一次打击。”吴平转身严肃地对我说：“双庆同志，经党组织研究，决定派你去北山密营抗联游击队驻地去送这封信。一是传达特委指示；二是向抗联指战员表示慰问；三是说明这次行动计划，带着游击队于三天后的拂晓赶回哈达河，晚了就错过机会了。任务比较艰巨，你看……”我坚定果断地说：“行，请组织相信我。”吴平用手掂量着这封信说：“这信的分量，你是知道的。信中寄托了特委和哈达河乡亲们的期望，也关系到密营游击队几百名战士生死存亡的问题。”我听着从内心感到肩负的任务重大。

他又说：“光看到任务重大，有完成任务的决心还不行，还要有克服困难的思想准备。这里离北山密营有一二百里路，过去同游击队联系要通过几个联络点才能取得联系，这次日军封山比过去严，任务又紧迫，所以派你直接送进去。你是第一次去，肯定是有困难的，第一你要爬高山穿密林，不能进村，不能找联络点。第二要注意敌人的封山巡逻队和一些冒充游击队的土匪胡子。如果到北山附近不好找，可以策略地打听一下‘菜营子’的人。游击队经常和他们有来往。”

他稍停了一会儿继续说：“好吧，只能给你这点线索，剩下的就要完全靠你自己了。遇事要胆大心细，多动脑筋，多观察，多分析情况。万一出了差错，遇到了敌人，就是牺牲了性命也不能叫这封信落入敌人之手。”“请党组织信任我。我人在，信在。”我坚定地回答。说罢，我接过信，小心谨慎地把它卷成一根很细的纸辊，用针线密密麻麻地逢在紧贴胸口的一块很不显眼的补丁里。带上干粮，趁天黑就悄悄地上路了。过了一座山岭，就进入了山林。按北斗星指示的方向，一直奔北去。风雪夜幕吞没了我的身影。走夜路是常事，可是一个人黑夜钻树林，还是头一回。一入夜，猫头鹰的声声怪叫，野狼的阵阵哀号，真叫人发瘆。但一想到党和人民对自己的信任，摸摸紧贴胸口的信，心中的颤抖不知不觉地就没有了，也就踏实多了。由于我对这一带山路比较熟悉，天刚一亮就走出了六七十里路。这时肚子觉得有点饿了，我找了个避风的地方，吃了几口干粮，啃了几口雪，又用雪擦了擦脸，就继续上路了。走着，走着，灰暗的天空寒风弥漫，接着鹅毛大雪铺天盖地而来。大雪覆盖着原野山冈，森林里的积雪有约一米深。北风凛冽，风雪让人睁不开眼睛，晕头转向，辨不清方向。我费了很大的气力，一步一步地顺着山梁顶着风艰难地行进着。一路不知摔了多少次，摔倒了就得马上爬起来，要是停一停，就有可能被刮起的风雪淹没。天快晌午了，又走出二十多里地，就累得不行了。我歪斜着身子，顺着山梁慢腾腾地走着，走着，一脚踩空，忽悠一下，身不由己跌进了一个有几丈深的沟底。我定了定神，急忙爬起来，挣扎着顺着沟底向外走，一心想快点儿逃出这个可怕的地方。慌不择路，一口气走出山谷。抬头一看，前面是一片无际的森林。这是到了哪儿了呢？一座比较高的山横在眼前。也不知是天快黑了，还是山高林密的原因，我只觉得眼前灰暗一片，往前看不出几米远。我顺着这条山绕着林子边儿艰难地走着，想寻找一条能进山的路，直到傍黑了才来到一条沟口。我沿着这条沟口，向山里走着。突然感到心里难受，可能是连累带饿的缘故。摸了摸身上的干粮，也不知道什么时候丢掉了。怎么办？只好饿着。我抓了把雪放在嘴里，一股凉气直透心肺，连连打了几个寒战。这时腿脚就像有千斤重似的一步一步向前慢慢地挪动着。走一步，眼前直冒金花。走不动了，我就在雪地上趴一会儿，爬一阵，一直爬到天完全黑下来。我实在是走不动了，多想在雪地躺着睡一觉啊。可是，当手刚一触动补丁内的这封信，心中一怔。啊！我怎么能在这儿躺着呢！这信没有送到，怎么行呢！想起吴平临走时候的嘱咐，想起党和人民对自己的期望，想起临走时向党的保证，觉得一股热流向外喷涌，于是我鼓起了勇气，又从雪地上爬起来，向前继续走着……

走了一段路，靠在一棵树上喘了口气，这时天也不知啥时候晴了，风雪也已停了。抬头透过树冠望望，夜空群星闪烁，明亮的北斗星仍指着我向北方。我定了定神，辨一辨方向，折了一棵松树枝，拄着，深一脚，浅一脚，晃晃悠悠地向北走呀走。不知不觉来到一个很低矮的小山岗上，站住向四周一望，我突然发现对面的山垛上隐约闪现出一个光点。这光亮立刻引起了我的警觉。我蹲在地上，顺着树林的空隙向光点望去，啊！真是灯光，我高兴极了。在这林海深处见到灯光，好像看到了救星似的。我心里一激动，劲头就来了，三步并作两步，连走带爬向灯光处扑去。渐渐接近灯光时，累得我大口大口地喘着粗气，实在是筋疲力尽了。一看这是一座临时搭成的简易的木房子，灯光是从一个很小的窗口透出。我急切地想上前敲门或呼喊一声，没等我到门口，一只狗从黑暗中窜出，向我扑来，我连忙举起棍子去挡，只觉得天昏地暗，两眼一黑，忽悠一下就晕过去了。等我醒来，已经躺在屋内热乎乎的土炕上了。一位头发苍白的老人坐在我的眼前，向我嘴里一勺一勺地喂着水。我坐了起来，环顾这里的一切，心里默默地说：“这是……”老人望着我惊疑不定的神情，笑了笑说：“这是菜营子。”我激动地说：“这就是菜营子！”老人点了点头，笑着递过水碗说：“把这碗姜汤喝下去，驱驱寒气。我再去给你熬点小米粥，看样子你是饿坏了。”老人到外屋熬粥去了，我仔细看了这屋内的陈设很简陋。我躺着的这屋里是两铺对着的火炕，靠一头堆一些木材、木板、席子等物品。我正在张望，老人进屋向我解释说：“这菜营子是用来培植木耳的地方。这里山前山后，有很多这样的木房子，春天雇人在这里烧炕烘干木耳用。一到入伏时，这里可就热闹了，那时多达几百人在这里采集木耳，然后雇人背出山，赚大钱去了。到冬天活儿闲了，就剩我这样一些上了年纪的人在这里看东西，守房子。”

啊！现在我才明白这“菜营子”到底是干什么的了。一会儿工夫，粥熬好了。我边吃边和老人唠叨起来。老人说：“年轻人，这大雪封山，你怎么闯到这儿来了？”我故意说：“别提了，昨天我进山打柴火，结果路上遇见一帮‘胡子’，让我给他们带路，被他们挟着走了一天的路，半路上又遇见了日本人的巡逻队，两下接了火。我趁乱跑了出来，慌不择路，迷失了方向，就闯到这儿来了。”老人笑了：“啊！是这么回事。”我激动地说：“老人家，多谢您救了我，不然……”

老人长叹一声：“唉，谢啥，山里人就是这样嘛，哪有见死不救的。这年头兵荒马乱的，别说外边，连我这深山老林的一个小小菜场，都不安宁。土匪有时就来折腾一气，只有游击队来时，最仁义。”我一听游击队，眼前一亮，忙说：“大爷，游击队常到这儿来吗？”老人说：“常来，一来就坐在这炕上和我唠哇，说呀，大爷长，大爷短的，干这干那，可近乎了。”“是吗？大爷！那您一定知道游击队在哪儿了？”“知道，知道。”我按捺不住心中的喜悦，急切地说：“他们在哪儿呢？”大爷指指胸口，诙谐地说：“在这儿，就在我这心坎儿里。”说罢便哈哈大笑起来。我也跟着笑了起来说：“大爷您可真会开玩笑。”老人严肃地说：“不是开玩笑，我看得出来，你可愿意打听游击队的消息，所以这样说了。你说吧，到底是来干什么的吧！”我急忙解释说：“不干什么，我是迷路到这儿来的。”老人说：“好了，你用不着瞒着。告诉你，我这双猎人的眼睛看得出来你来这里有事。”我争辩地说：“不，不是。”大爷说：“那好，既然不是就睡觉，等明天大爷指给你路，出山去吧。”我忙说：“不，大爷，我不困，咱俩再唠一会儿好吗？”大爷固执地说：“不，睡觉。”说完就去整理被子。我一计算，现在只剩下一天一宿了，时间这么紧，能睡得着吗？我笑嘻嘻地把大爷扶了起来，给他披上衣服说：“大爷，好大爷，咱爷俩再唠一会儿嘛。”大爷说：“唠啥，有话明天再唠。”说罢，就去炕上躺着，我忙凑到他跟前亲切地说：“大爷，您就多唠唠游击队，都在哪儿打仗？都从哪儿来？驻在哪儿？密营在哪儿？”大爷假装生气地说：“你打听这些干什么？你不是迷路了吗？怎么迷上了游击队了呢！”“不，我是想……”“想什么？你想从我嘴里套出游击队的实底，然后出外头给日本人送信。好啊！原来你是个狼心狗肺的汉奸哪！”大爷越说越生气，穿上衣服下地，指着门说：“你给我出去！快滚！”我急忙解释说：“大爷您别生气，我不是汉奸。”“不是汉奸，是暗探？”大爷追问。我急忙说：“不是，不是。”“不是啥？这不是，那不是，是啥？”我一着急便脱口说：“我是来送……不，不……”我想改口已经晚了.大爷听说是送什么的，便哈哈大笑起来。我自知失言了，望着大爷不知所措地说：“大爷，你……”大爷擦了擦眼泪说:“傻小子，从我把你救起来那阵子就看出你不是迷路的，我这一激你就露了馅儿了。”我忙说：“是呀，大爷，我是想急于找到游击队，有要紧事。我出来已经两宿一天了，到现在连游击队影子还没看见呢。”大爷边穿鞋边说：“行了，我看出来了，送你一段吧！”

我说：“大爷您这么大岁数了，能……”“怎么信不过我!”“不是，不是!”“告诉你吧，我这也不是头一回了，这种事不知做过多少次了。”说罢，大爷吹了灯，顶上门，领我上了路。过了岭，走了好一阵子，快到北山密营驻地时，望见了堆堆篝火，老人说这就到了，他便返回了。告别了老人，我向营地走去，当快走进篝火时，听到传来深沉悲壮的歌声。这歌声，在茫茫雪原和森林的呼啸中，伴着篝火哗剥闪耀的节奏，汇成了人间最壮美的音响。这音响，驱走了黑暗，驱走了寒冷，迎来了东方的黎明。看东方已经鱼肚白，天快亮了。

半截河家庭交通站　1934年年底，哈达河的联络点被敌人一把火烧掉后，根据党的指示，我和爱人搬到半截河。

按照党组织的安排，我们搬迁到半截河后，我和爱人住进了一户姓佟的家里，他大哥和一个堂叔早就是我党的地下工作人员，负责这一带的交通联络工作。半截河在这周围百八十里地是个很有名的重镇。所以说它是重镇，不仅这里商号林立，逢节赶集，买卖兴隆。更主要的是因为半截河所处地理位置很重要。半截河北面是一望无际的一片林海，南面是险要的山岭，东西走向的半截河从镇前流过。镇中住有几百户人家。这里是通往山里的一条必经的交通要道，所以日伪军把这里作为一个重要据点，正镇中驻有日本守备大队和伪满洲国第三警察署。这里的形势和气氛十分紧张，在敌人鼻子底下开展工作是有很大风险和十分艰苦的。

转过年正月，我和一个姓康的（也是党的地下工作人员）在我叔叔家的前院租了一间土房，我们两家分别住在南北炕。

一天吉东特委交通员老侯、倪井阳同志找我说："佟双庆同志，根据特委的指示，为了更好地开展工作，认为你在哈达河一带工作很积极，因此引起了敌人的怀疑，联络点儿被破坏，房子也被烧毁。根据上述原因，党组织考虑到你再继续做抗联交通工作，有很多不便，所以决定从现在起，另外分配你的工作。"他谈了分配我新的工作后，问我怎么样？我坚定地对老侯同志说："行，干什么都行。只要党分配的工作，我都认真去做好。"老侯赞许地说："佟双庆同志，作为一个党员，就得有这种一切听从党安排的思想。"老侯接着又严肃地说："这项工作可不同跑抗联交通。情况很复杂，条件很艰苦，政策性很强，要求特别严。尤其在半截河这日伪重兵扼守的鼻子底下做工作，稍有疏忽，就会出现纰漏，还会有危险性。"我连忙接过话茬说："只要是党的工作，我豁出命也干。"老侯点点头说："对，就是要有这种为党的事业不怕抛头颅洒热血的精神，但光有这种精神还不够，更主要是我们讲策略，既要敢于斗争，又要善于斗争，既要完成好党交给的任务，又要更好地保护自己。"我默默地点了点头。老侯接着说："党组织考虑你刚接触这项工作，比较生疏，决定把你家作为一个联络站，负责取送报刊、传送信件、分发印刷品；负责发往游击队和牡丹江等地的宣传品、书籍等。你的主要任务就是做好收藏、转递、掩护工作。你看怎么样？有什么困难？"我激动地说："有党的领导，群众的支持，我一定能完成好任务。"老侯高兴地说："对，对，只要依靠党，依靠群众，什么难关都能闯过。"说罢，老侯站起来向北望了望，回头对我说："双庆同志，负责你们站的交通联络员同你岳父一起做过联络站的交通工作，是你早就熟悉的人。"我忙凑上前去问："谁啊？""张哈。""张哈是谁呀？"

他笑了笑说："张哈，就是王山东呗。"我醒悟似的说："噢，就是那个在北满一带大名鼎鼎的老交通员王山东子啊！"

老侯握了握我的手说："双庆同志，预祝你工作胜利。有什么问题，我会临时再通知你。"然后说了声"再见"就走了。

我送走他以后，自己从内心感到非常激动，组织上又把我放到了这样一个重要岗位上，自己深知担子的分量，我暗暗地下了决心："党啊，党，请您放心，我一定要向张哈同志那样，做一个让党放心的好交通员。"

掩护新县委书记　1935年9月的一天，吉东特委交通员老侯领来两个人：一个是戴着礼帽，穿着长衫的年轻客商；一个是身穿旗袍的阔太太。老侯向我介绍说："这是来山里做买卖的赵老板。"赵老板很客气的摘下礼貌说："鄙人叫赵贵元。"并指着那个女人说："这是我的太太，请多关照。"

我赶忙热情地向他们打招呼，老侯同志传达吉东特委的指示说："这是新来的密山县委书记赵贵元同志。原来的县委遭到破坏，县委书记老曹同志被捕，押往穆棱，其他同志都转移了。为了更好地开展工作，吉东特委派赵贵元同志任新的密山县委书记，负责组织领导这一代党的工作。现在在这一带党的外围关系，也只有你这儿了。你的任务就是掩护好他们两个人。"

从此，赵贵元夫妇就和我们住在一起。赵贵元同志是一位二十刚出头的小伙子，中等身材，面庞清瘦，从他那两只炯炯有神的眼神里，可以看出他是一个刚毅、果敢的人。他们夫妇工作很辛苦，每天都工作到很晚。我就想方设法为他们改善生活。我家有十几套打野味的夹子和绳索，我常到山里丛林中去打些野兔、野鸡，为他们来个野鸡炖酸菜，清炖野兔等来改善生活，补养身体。几天后，为了开展工作，赵贵元同志让我到半截河镇里去打听一下日本守备队翻译官王志成的近况。老赵向我介绍说："王志成是大连人，在大连铁工厂入的党，有着丰富的对敌斗争经验，是一个机智勇敢的同志，是吉东特委打入敌人心脏的地下工作人员。如果他没有暴露，要与他取得联系。"

我到了半截河镇，通过调查了解到王志成为了掩护自己的工作，同一个叫作谷炳和，另一个叫唐铸卿的人在街东头合伙开了一个当铺，字号是"裕成当铺"。王志成没有暴露。群众对他的印象也不坏，没有伤害过老百姓。赵贵元同志听了我的汇报后，他决定跟王翻译接头。临走时嘱咐我说："我一旦回不来，要立即转告吉东特委。”

赵贵元同志进镇后，先到“裕成当铺”去找王掌柜（王志成）。对店里的人说是从奉天来跑买卖的，是王志成的老同学，求他帮忙办事。接上头以后，王翻译介绍了半截河镇的情况，又介绍了日本守备队的情况，接着掏出自己的名片给赵说：“随身带着这个，走路、住宿、办事都方便。”因为日本守备队翻译官的名字是很厉害的，并要老赵仍以跑买卖的老客身份出现。

为了工作方便起见，他说准备尽快在当铺附近给老赵找间房子，要他把家属接到这里。不久，我把赵贵元的爱人韩福英（晓云）同志从我家送到了半截河镇街东，住进了王翻译给租的一间紧靠“裕成当铺”后院儿的一所东厢房里。时隔不久，吉东特委来了巡视员，老侯找到我，分别见到了赵贵元和王志成，并传达了特委的两条指示：一是收集半截河南山的日军工事情报和日本守备队军事情报。经赵贵元报告给吉东特委；二是迅速恢复惨遭破坏的党、团组织，发展抗日会会员，壮大抗日力量。由于我是跑交通的，这一带情况比较熟，我就协助配合赵贵元同志立即开展了恢复和扩大党的组织工作。到1936年初，这些地区的党团组织基本恢复和建立起来了。与此同时，在“抗日救国会”恢复的基础上，又新发展了二百多名会员，已壮大到八百多人。

为了更好地收集敌人的情报，赵贵元同志从王翻译那儿得知日本宪兵队要一名做杂役的，赵贵元和王翻译都认为这是收集日本宪兵队内部情报的好机会，决定派我去。赵贵元要我去找王翻译，由他领着去见日本宪兵队长。在日本宪兵队见到了一个日本小队长。这个小队长听说我是半截河街里，摇摇头说不行。我没有去成，只有靠王翻译利用日本守备队翻译官的身份，出入于日军南山的军事阵地，并巧妙地获取了大量的情报，交给了赵贵元，赵贵元立即向吉东特委发了信。

1936年的2月初的一天早晨，天刚蒙蒙亮，王志成隔着木板招呼赵贵元，小声说："老赵，谷炳和昨晚被日本宪兵队抓走了，你们得赶紧找个地方躲一躲，以防万一。几天之后，如果没发生什么异常情况，那时我们再说。"

赵贵元回屋后，把这突如其来的情况告诉了爱人韩福英，并迅速地将所有的地下秘密文件烧毁，把纸灰和灶里的柴火灰混在一起，以防漏了马脚。他什么东西都没带，搀扶着爱人韩福英（当时韩福英怀孕后到吉东特委送信，受汽车颠簸而流产，小产后发烧，走路很困难），也没和房东打招呼，就急匆匆地离开了家门，一直走出了半截河东门，来到离镇五里多远的我们家隐蔽起来。

就在赵贵元夫妇隐蔽在我家之后的第四天早上，一阵急促的敲门声把我从梦中惊醒。我急忙穿好衣服去开门，只见一个身材高高的青年人领着一个青年妇女风尘仆仆地来到门前。这个年轻人向四周张望一下，见没有什么动静，便和蔼地探问着："老乡，我向你打听一个人。"我忙说："谁呀？"

他小声地说："佟双庆。"我急忙追问一句："你从哪儿来？"他回答说："从牡丹江来的。"

此时，只见躲在门后的赵贵元同志一步抢出来，拉着这个青年人的手说："老李，快进屋。"我听老赵这么一说，急忙把他俩让进屋里，关上门。进屋后，赵贵元向我介绍说："这是李福德（李范五）同志，是吉东特委组织部长，代理特委书记（吉东特委书记吴平同志另有任务走了，特委工作由李范五同志主持）。"又介绍了那位女同志叫田孟君（宁安县妇联主任，化名为女老张），是吉东委负责妇女工作的干部（李范五同志的爱人）。

原来李范五夫妇是由牡丹江来到半截河的。他们到半截河赵贵元家一看，没有见到赵元贵夫妇，便冒险来到了我家，想通过我打听一下赵元贵夫妇的去向，没想到在此巧会。李范五问发生了什么事？赵贵元说："谷炳和被捕了，王志成告诉我转移隐蔽，以防万一。"李范五点头说："唉！是这样。"赵贵元又问他："你怎么也上这里来了？"他说："牡丹江发生了问题，有人被敌人抓走后叛变了。"赵贵元说："怪不得我们这么长时间没有和特委联系上。"这时，我们几个人商量一下怎么办？认为三人都住在这里不合适，会引起敌人怀疑的。李范五说："这样吧，贵元同志夫妇继续住在这个地方，我才来，到别的地方去。"并提醒我们说，"贵元同志，你们要提高警惕，小心一点。找王志成打听一下谷炳和在狱中的表现，是否暴露了我们组织情况。"最后研究决定老赵也不能住在这里，要转移到别的地方去。赵贵元问："到什么地方好呢？"李范五说："我想有两个办法：一是到密山一带活动的抗联第四军那里去，等这个地方稳定后再回来。福英同志跟去不便，可转移到别人家去住；二是日本侵略军正在修林（口）密（山）铁路，可到铁路沿线，发动筑路工人群众，建立和发展我党的组织。"说到这，老李问："贵元同志，铁路上你有熟悉人没有？"赵贵元说："有熟悉人，沙成库是我表兄，可以找他。"李范五说："那很好，可在那开展工作，发动群众。"赵贵元又问老李："我将来和谁联系呢？怎么联系，用什么办法？"李范五说："目前的任务是转移隐蔽，先不要和谁联系。我所说开展工作，也是在先隐蔽好后再进行工作。"赵贵元说："好。"李范五又说："你现在这隐蔽好，维持一下工作。王志成的关系先不要交给别人，等不了多久会有人通知你，告诉你应该怎么做。"李范五又对我说："你继续隐蔽好做交通员工作，不要同别人打交道。保护住这个交通站这是特委直接领导下为数不多的交通站了。"我点点头说："记住了。”傍晚时分，把李范五夫妇送走了。

时隔几天，我悄悄地到了半截河镇，通过关系了解了谷炳和被捕后的事。说是日本人怀疑他是共产党情报员，但未查出证据，经当地绅士保出来了。他回来后找到赵贵元同志，向他做了详细汇报告。这时老赵也安全地转移到了平阳镇北沙包子屯隐蔽。在一个绰号叫“陈红眼”的地下党员掩护下，开展了发动群众，进行反满抗日救国活动。

1936年4月初的一天，特委交通员魏绍武带吉东特委的信到平镇找到了赵贵元。特委信中写道：“由于特委被破坏，有些同志容易被暴露，牵扯到一些同志的安全，为此，特委决定赵贵元、韩福英去苏联学习。”并指示他把地方关系交给“陈红眼”，由“陈红眼”来接管密山县委地下党的组织关系。王志成的关系不要交，由特委直接安排。赵贵元和王志成商量好秘密接头联系暗号，报告给特委，以便今后工作需要时进行联系。

信中通知由我找交通员护送赵贵元夫妇通过敌占区。根据特委的决定，赵贵元当天把工作交给“陈红眼”后，就启程到半截河镇与王志成确定了联系暗号。赵贵元嘱咐王志成要提高警惕，注意斗争策略，要经得起考验。王志成表示自己是共产党员，生为中华儿女，死亦为中华英灵，只为还河山，吾躯何足惜。当天傍晚，我领着赵贵元夫妇到了二人班（属密山县管辖，是地名儿）老戴头家（老戴头即戴云峰，我的丈人家）。他家靠山边一头住。他是我党设置在二人班的地下交通员，受吉东特委领导负责接送干部和传递联络信息等事宜。

就在当天深夜，由我岳父护送赵贵元、韩福英和我的叔伯弟弟秦山（组织上同意将他带出国）离开祖国到苏联学习去了。

八、平阳站抗日地下情报站领导人桑元庆

1956年在沈阳特别军事审判庭，审判被追究战争责任的细菌战犯——原四平日本宪兵队长上坪铁一中佐时，其提供了自己于1944年11月至1945年7月期间，在担任鸡宁宪兵队队长，东安宪兵队队长时，根据在勃利县抓获的一名中国地下抗日情报组织成员李东升的口供，他下令在平阳镇地区先后逮捕了以桑元庆为首的抗日地下工作人员约100余人，于1945年将其中的李东岱、桑元庆、张玉环等22人送往哈尔滨七三一细菌部队虐杀的罪行。

桑元庆，1905年出生。老家是山西榆次。桑元庆20多岁时，孤身一人来到中苏边境附近的平阳镇。1934年时与一位叫赵福元的平阳镇女子结婚，其岳父在平阳镇街里开小买卖。桑元庆到平阳后，在一个叫孙福庭的人开设的“复兴东”油米厂当学徒伙计。“九一八”事变，日军侵占密山以后，孙福庭介绍桑元庆到平阳站（现在的鸡东县城）的一家由日本人开设的“共益稻米”当先生（会计）。桑元庆当时在平阳镇、平阳站很有名气，穿戴讲究，为人和善，且跟日本人关系处得很融洽。当时没有人知道桑元庆和日本人的来往和交朋友是为了地下抗日情报的任务，是为了从日本人那里获得一些日军活动的情报，然后把情报交给中共驻苏共产国际远东情报站或抗日苏军。1945年1月的一天，由于叛徒的告密，桑元庆在平阳站稻米所突然被捕。晚上，日本宪兵队五花大绑地带桑元庆回到平阳镇抄家。桑元庆被日本宪兵队打得满身流血，一面拷打，一面翻箱倒柜，一面砸墙和扒炕。任凭日本宪兵队拷打，桑元庆眼睛紧闭，一言不发。后来日本人根据叛徒的举报，让桑元庆的女儿带他们到孙福庭家。在孙家一个棚子里，起出了一个用麻袋装着的发报机。日本人把桑元庆和孙福庭一起抓走了。日本宪兵队先把他们押送到勃利的监狱，关了

四个多月，后来又把桑元庆和孙福庭分开。桑元庆被捕前就告诉过孙福庭："要是被日本人抓住了，你什么也别说，就说都是桑元庆让你干的，你自己啥也不知道。"桑元庆惨遭毒刑拷打，宁死不屈，并把一切责任全部揽到自己身上，掩护了抗日地下情报站的战友孙福庭，使孙福庭免遭杀害。这样，桑元庆就成了"要犯"。被送到哈尔滨日军七三一部队用细菌害死，而孙福庭是"从犯"，被判无期徒刑。

九、平阳站地下交通员孙福庭

孙福庭在平阳镇街里开设了"复兴东"油米。桑元庆来到平阳镇时，曾在孙福庭开设的"复兴东"油米厂当过学徒伙计，那时他和桑元庆之间建立了深厚的革命感情。"九一八"事变后日军侵占密山（当时平阳站、平阳镇归蜜山县管辖）以后，孙福庭介绍桑元庆到平阳站（现在的鸡东县城）的一家由日本人开设的"共益稻米"当先生（会计）。孙福庭是一个特别善良的人，在平阳镇人缘儿特别好。他看到日本鬼子杀中国人就特别气愤。后来桑元庆把自己的身份告诉了孙福庭（抗日情报站的情报员），并让他也帮助探听情报时，孙福庭就毫不犹豫地答应了。孙福庭当时负责查看平阳站的火车，来了多少火车，运来了多少武器等，然后把这些情报报给桑元庆，桑元庆再把情报通过发报机报告给在苏联境内的中共驻共产国际组织和抗日苏军。桑元庆用来给在苏联境内的中共驻共产国际组织和抗日组织发报的那个发报机坏了，就放在了孙福庭家。开始放在炉灰堆里，孙福庭家雇工往外扒炉灰时，把发报机给扒了出来。当时雇工不知道是什么东西，就问孙福庭。孙福庭就又把发报机藏在一个棚子里。日本人抓到孙福庭时，反复审问，严刑拷打孙福庭，问发报机的来路。后来孙福庭想起了桑元庆告诉他，"一旦被日本人发现，就说我干的”的话，便灵机一动，说是桑元庆送过来的。这样就和桑元庆（桑元庆先已被捕）说的一致了。日本人把孙福庭带到勃利县监狱关押了一段时间后，由于桑元庆一口咬定什么都是他桑元庆一个人所为，和孙福庭一些人没有任何关系。日本人这才把孙福庭送到滴道康生院（下煤窑）。抓了孙福庭以后不久，日本人又把孙福庭妻子也抓了起来，带到鸡宁县关在一个民房里，拷问她都谁到孙福庭家去过，都谁和孙福庭有联系。孙福庭妻子不说，就上酷刑，折磨得死去活来。后来看审问不出什么，才放她回家。

日本投降后，孙福庭才从滴道康生院回家。孙福庭兑现了桑元庆的嘱托，关照桑元庆的妻子和儿女。“土改”时，因为组织上不掌握孙福庭作抗日地下情报员的情况，只知道他在日本特务机关当过后勤，民主政府要抓他，他跑到哈尔滨，改名“孙相”。“文化大革命”时，孙福庭在哈尔滨被打成“历史反革命”。后来孙福庭单位的人到密山找到桑元庆的妻子，证言“孙福庭是抗日地下情报员”，孙福庭才得以解脱平反。

十、抗联四军的地下父子交通员

鸡西市地域文化研究会马光谱副会长在挖掘整理抗联史料时了解到，抗日时期，在哈达河一带有两位鲜为人知的父子地下交通员。

抗日地下交通员邱荣昌，1931年从山东闯关东来到东北，先在辽宁和尚志县一面坡生活了一段时间后，落脚在城子河长青乡新阳村。1931年“九一八”事变后，邱荣昌与我党地下交通员张哈结识，受张哈的影响参加了抗日活动。邱荣昌有一手变戏法和算卦技艺，他经常利用这样的身份作掩护，走村串屯儿为抗联四军搜集情报和传递文件。

1934年冬天，邱荣昌在为抗联送情报时冻死在深山里。抗联四军找到他的遗体后，安葬在哈达河沟里一个小地名叫“阴阳鱼”（今兴农镇双山村）的山里。

邱荣昌去世以后，他的儿子邱凤玖毅然接替他地下交通员的工作，继续给抗联当地下交通员。邱凤玖为了隐藏身份，就在哈达河沟里的炮手沟建立了一个地窝棚，以捡木耳、采蘑菇、种菜为名，设立地下交通站，外人管这里叫“邱家菜营”。邱凤玖通过这里给抗联队伍送粮食、蔬菜等生活用品，还在邱家菜营为抗联护理伤病员。有一年冬天，日伪军“讨伐队”进山“清剿”，将炮手沟的菜营包围，邱凤玖发现日本兵来了，就把藏在地窝棚里的文件扔到火堆里烧掉，敌人进来后发现有烧剩的纸灰，就把他绑上押走。天快黑的时候，走到一个破草屋前，敌人因天冷都进屋暖和去了，把邱凤玖绑在一个破马架子上。到夜里，邱凤玖挣脱了绳子逃了出来，在天快亮时才回到炮手沟的菜营。后来，又有一次敌人又来搜山，抗联四军军长李延禄在交通站未来得及躲避，邱凤玖就让李延禄军长藏在水缸里，嘴里叼个芦苇管儿呼吸，才机智地使李延禄军长得救。

新中国成立后，李延禄有一次来鸡西召开座谈会，还把邱凤玖和抗联四军杨太和师长的妹妹杨义等人找去接见。李延禄赠送给邱凤玖一面印有“发扬革命传统，争取更大光荣”题词的镜子。

十一、抗联女交通员李氏然

1933年，李氏然参加了鸡东县哈达河沟里的抗联武装。在周保中和负责地下交通李相连同志领导下做了地下联络员。1934年加入中国共产党，当时28岁。1935年，组织决定李氏连负责从山上到哈达河街里这一段的情报通讯工作。那时有各种各样的传达情报方法，多数的密信都是用一小条棉纸写几个字，放到秘密地方，约定时间去取。一旦遇到最危险时，宁可牺牲生命也不能泄露秘密。有时还要把情报吞到肚子里。有一个姓李的女联络员给李氏然送情报，用一个布卷卷放在她的头“髻”里，或编在辫子里。李氏然就不能用同样方法送情报，则做一个假眼套（双层），把小绵纸条儿夹在中间，再戴在眼睛上，安全送到接头地点。有一回，党的地下组织配合山里的游击队打哈达河街里的日本守备队，要破坏公路和敌人电话线的重要情报就是李氏然亲自送出去的。

1936年的夏天，庄稼长得很高了，组织决定李氏然完成传递消灭哈达河日本守备队的情报。她找了一个挎筐，里面装上了几个鸡蛋，腰间扎了一条围巾，用向日葵秆儿做了一个拄棍儿。把里面的瓤子掏出来装上密信，然后用泥抹在向日葵的杆子上，让人一看就是个破拄棍棍，然后再把另一个密信放在狗皮膏药里，用一块油布把密信包好，放在膏药中间贴在腰上，看上去好像在治腰痛病。这一段地下交通封锁线较多，当她走到对面一个山坡下时，看见有几个日本兵骑马向她走来，她急忙把那个“棍子”扔到了草里，用小枝做了个记号，就继续往前走。日本兵下马问“你那边干什么的去！”李氏然装着害怕的样子说：“我父亲有病，瘫在炕上，想鸡蛋吃，我去看看他。”日本兵搜了她的身，见到筐里确实有几个鸡蛋。李氏然便趁机说：“老总你拿几个鸡蛋吧。”日本兵于是吃了几个就走了。李氏然又回到小树附近拿出那个“棍子”上路了。就这样在傍晚时分到达哈达河街里，找到党的地下组织，完成了这次传递情报的任务。第二天半夜，按照这次情报，抗联部队和县游击队里应外合，把日军小队全部消灭掉，还缴获了不少战利品。

李氏然的丈夫戴文章是专做地下交通、破坏日军宪兵电话线、破坏敌人公路等工作的，同时还担任抗联第四军到苏联的地下交通联络，一个月去苏联一次。1937年一个晚上，她的丈夫从苏联回来，穿了一件黑布上衣，里面穿一件白布衬衣，告诉李氏然："情报就在这件白衣服上。"但李氏然什么也找不到，抗联四军有两名同志专作翻印字的。他们把衬衣放在"水里"，拿出来就出现了文字，翻印完情报，就把衣服烧掉了。

1938年，这一带抗联活动处在最艰难困苦时期，部分抗联武装被迫转移到苏联，戴文章和他哥哥全家都随同转移到了苏联，后来一直杳无音信。李氏然因身边有两个小孩儿，便留了下来。1948年，李氏然又重新入党，并在鸡西市被服厂任厂长，某街道委员会党支部委员，曾被评为鸡西市社会主义建设积极分子。

十二、地下交通员王权

王权，曾用名王清、王义、王海田。1896年生于辽宁省辽阳县一个贫农家里。1932年初逃荒到密山（今鸡东县东海镇）哈达河头段。不久参加反日救国会，做党的地下交通员。同年2月，中共密山区委第一次会议在他家召开，他和妻子放哨掩护。1933年入党，并参加抗日游击队，1935年受党派遣移居半截河。坚持地下斗争，曾三次更名，十多次变迁住处。在极端困难的情况下坚持做地下交通员工作，为我党我军往来传递情报。1946年"土改"中，受坏分子陷害被误杀。1971年平反恢复名誉。

十三、好人于瓜倌

在平阳镇的民间，流传着一位瓜倌和抗联将领李延禄两人相互交往的故事。于瓜倌是希贤村人，终生没娶媳妇，当了一辈子跑腿。在兵荒马乱的年代，当地有很多跑腿子都爱钻山沟里住，主要是为了避开乱世图个清静。于瓜倌当年居住的茅草窝棚，就位于现在平阳镇新发村南山小房沟的沟口处，隔着一条水壕与山口相对望。

在抗战年代，于瓜倌的窝棚四周都长满了荆棘和树林子，茫茫无际望不到边，只有几条小道和周围的屯子相连。于瓜倌正直壮年，便在窝棚四周开垦了几亩耕地，种些五谷杂粮，也种些西瓜香瓜供过往行人和自己解渴食用，因此落了个“瓜倌”的绰号。于瓜倌独自一人在这川膛子里居住，除了种田之外，也经常到山里采集些山货，晒干后跑很远的路到平阳镇或其他的集市上变卖，以换一些衣服食盐等日用品。远离人群又鸡犬不闻，于瓜倌似乎过着世外桃源般的清闲生活。但有一年夏季，他的这种平静日子却被打破了。

这年农历七月，于瓜倌种在窝棚后边的西瓜和香瓜已经成熟。一天下午正在瓜园里摘瓜，忽然从西南方向传来一阵密集的枪声，并夹杂着隐隐约约“叽里呱啦”的喊话声，紧接着又是一阵稀稀落落的枪响，之后便平静下来没有了动静。大约过了一个多钟头的功夫，于瓜倌正坐在窝棚前的凉棚下乘凉，抬头时突然看见一个人，从壕南边的树林子里跌跌撞撞钻出来。于瓜倌赶紧迎了上去，见这人穿着当地百姓一样的衣服，个子稍高，方方的脸盘，裤腿里还在往外渗着血。于瓜倌赶紧上前把他扶住，之后把他的一只胳膊搭在自己的肩膀上，把他扶到自己住的窝棚里。随后便为他端来清水和找出布条，清洗包扎好腿上的伤口。这时于瓜倌又从锅里端出玉米面窝头和烀熟的面瓜青苞米招待来人，陌生人也没客气，和于瓜倌点头示意了一下，便大口大口地吃起来。于瓜倌在陌生人吃饭时仔细对他端详了一番，便认真地小声问道:“如果我没猜错的话，你一定是个打小日本的抗联，你猜我说的对吗？”陌生人听了后微微怔了一下，便把窝棚的主人仔细打量了一番，随后打听了一下他的情况，还问了一下周围村屯的情况，最后他郑重地对于瓜倌说:“你猜得没错，我的确是一个打日本人的抗联。”

陌生人一连在于瓜倌的窝棚里隐蔽了五六天，于瓜倌除了供给陌生人吃喝和住宿外，还为他擦洗伤口疗伤。他还悄悄回到自己的屯子南八甲（当时的南八甲就是现在的希贤村），从堂哥家取来了自备的红伤药为陌生人疗伤，并到门前的山上刨来白癣皮熬水为他冲洗伤口。经过几天的护理治疗，陌生人的伤口渐渐封口了，虽然没有痊愈，但陌生人由于有急事，这天执意要走。于瓜倌明白抗联队伍肩负的重任，就没有强留。临别时，陌生人拉着于瓜倌的手与他并肩坐在窝棚小炕的炕沿边上，双眼深情地望着于瓜倌郑重地说:“通过几日的相处，知道你也是一位有良知和有爱国心的人，实不相瞒，我就是抗联四军的李延禄，前几天我们几个人在张三沟一带开展工作，不巧碰上了驻扎在小鹿台的日军，他们只是怀疑我们是抗联或者是胡子，把我们打散后并没有往纵深追击，再加上你的收留帮助，才使我化险为夷。”于瓜倌听了李延禄的介绍，一时惊喜不已。他早就听说过李延禄抗日救国的英名，没想到竟能在自己的窝棚里亲自相见。他站起来紧紧握住李延禄的手说:“没想到你就是久闻大名的李军长，老百姓心目中的民族英雄，啥也别说，我于瓜倌的家今后就是你李军长的家，你啥时来我都热情接待。”李延禄接过话茬说:“老兄弟你就放心吧，以后少麻烦不了你，但也要做到保守好咱们之间的秘密，以免给你带来不必要的麻烦。”临别时，于瓜倌为李延禄找了一套换身衣服，并送行了三四里路。

在以后的岁月里，李延禄率领抗联队伍多次活动在张三沟和平阳镇一带，发动了大小十多次战斗，沉重打击了日伪军。李延禄在张三沟一带开展革命活动中，曾多次来到于瓜倌的窝棚，把这里当作一处密营，在于瓜倌的窝棚里召开过多次军事会议，研究分析敌情，安排部署下一步的军事行动。于瓜倌每次都配合哨兵站岗望风，观察周围动静，确保了抗联官兵的人身安全，一直到李延禄同志奉命离开东北，他的这处密营和联络点都没被日伪敌人发现。这些情况也在李延禄同志的革命回忆录《过去的年代》中有所表述。除此之外，在这期间于瓜倌还多次完成了抗联人员在窝棚的接头以及到其作联络点传递情报的任务。于瓜倌也因此为民族独立和抗战胜利做出了自己应有的贡献。

全国解放之后，李延禄同志曾担任黑龙江省副省长。于瓜倌非常想念分别多年，又为民族独立解放而出生入死的老朋友李延禄同志。有一年夏天，他千里迢迢来到了省城看望李延禄。李延禄没有忘记人民群众对战争的付出和恩情，在省城非常热情地招待了于瓜倌。于瓜倌在省城住了半个多月，两位老朋友唠了很多当年在鸡东一带抗击日寇的知心话。临分别时，李延禄同志赠送给了于瓜倌一支半自动步枪和一块怀表作为纪念。

十四、风雪地下交通员赵志生

这里讲述的是一位鲜为人知的抗联四军军长李延禄最信赖、最贴近、最密切的地下交通员赵志生的故事。

赵志生，绰号“赵香油”，生于1903年，原籍吉林省。后来到现在的鸡东县东海镇的新泉村（原宝泉村）种地为生。抗日战争爆发后，赵志生在哈达河地区党的抗日武装斗争的影响下，怀着一颗孜孜抗日救亡之心，在哈达河“抗日救国会”人员的指引下，在1934年参加了革命队伍，并承担了地下交通员的工作。主要是活动在哈达河、城子河、四海店、小九站、勃利县一带。赵志生从业走家串户卖香油，以此为掩护，久而久之，这一带的人们都不知道他叫什么名字，只知道他姓赵，所以都称呼他为“赵香油”。后来成为了抗联四军军长李延禄的贴身地下交通员，直接听从李延禄军长的指令，接受任务。“赵香油”直接向李延禄汇报侦察和搜集来的各种情报信息，为李延禄制定和指挥战斗提供可靠的依据。所以，在长期艰苦的抗日斗争中与李延禄军长建立起了牢不可破的战斗友谊。每次外出，全家人都不知道干什么去了，他只是告诉家人“上山了”。

1934年深冬的一天，“赵香油”又接到了李延禄军长的指令，到小九站一带侦察敌情。这一年冬季雪下的特别大，又刮起了“大烟泡”，就是穿着大皮袄，乌拉鞋，戴着狐狸皮帽子，都感到寒意透骨。“赵香油”在深山密林里艰难地跋涉着。天黑暗下来，到处都是白茫茫的一片，无法再前行了。他找到一个背风的窝啦浅，把雪扒开，用树枝搭个小棚子，啃着像石头一样的窝窝头，连累带乏，慢慢地睡着了，也不知道什么时候冻醒了，手脚像被猫咬了一样疼痛。实在不行了，他起来踩踩脚，想拢把火烤烤，又怕火光被日伪敌特发现，只好忍着。天刚蒙蒙亮，他就着拄一根木棒继续向小九站的方向进发。直到这天的下午才赶到李延禄的营地，见到了李延禄军长，就把侦察到的敌情一一向李延禄军长做了详尽的汇报。李延禄根据“赵香油”的情报，制定了周密的作战计划。由于情报准确，这次战斗取得了不小的胜利，在游击队没有伤亡的情况下，打死打伤敌人二十多人，缴获枪支三十余支，残敌仓皇逃窜。

1935年夏季，“赵香油”在哈达河侦察敌情时，被日伪敌特跟踪，不幸被捕。“赵香油”不承认是抗联的人，咬定就是做点小买卖，农闲时倒卖点香油挣点小钱补贴家用。李延禄知道了赵志生被捕，立即派人进行营救。经过多方工作，敌人又拿不出什么证据，在第4天释放回家。赵志生十分感激抗联组织的营救，更加坚定了他抗日到底的决心。

1935年的一个深冬，“赵香油”又一次受李延禄指令到四海店一带侦察敌情。他的行踪被日伪特务发现。有两个日伪特务跟随其后。“赵香油”发现了有人跟踪，一边大声叫卖“卖香油喽”，一边寻找时机逃脱，加快脚步。两个日伪特务以为“赵香油”要逃跑，就大声喝道：“站住，不然就开枪了。”“赵香油”也拔出手枪，扔下油桶，躲在一座草房后面。两个日伪特务见“赵香油”躲了起来，自然不敢贸然靠近搜捕。一个对另一个说：“你在这盯着，我去报告叫人。”“赵香油”听到这话，心想这里不是久留之地。于是，悄悄绕到留守敌特侧后，将其一枪托打晕，趁机迅速逃离现场，完成了侦察任务。像这样的险情，在多年做地下工作的过程中，不知道遇到了多少次。当同志们问起了“赵香油”遇险的事情时，“赵香油”每次都风趣地说：“我命大，福大，造化大。有李军长罩着，想抓到我‘赵香油’他们还嫩了点。”充满着革命乐观主义精神。

抗日战争结束后，赵志生回家务农。在李延禄的关照下，“土改”期间，当地政府分给他一头牛，一座房子。1949年李延禄将赵志生安排到城子河区一个粉房当了厂长。

注：县药品管理局原局长寇传国口述。赵志生（赵香油）为寇传国姑父。

十五、“磨刀人”刘汉

出生于1901年的刘汉，老家是山东菏泽人，1928年冬天随父亲闯关东来到东安省夹信子李家屯开荒种地。1932年春天，一场突来的灾难降临了他家，父母双亲纷纷死于疾病。当时已经三十多岁的刘汉还没有成家，光棍一人的他离开了李家屯（现下亮子乡正乡村），来到夹信子（现平阳镇）谋生，在一家铁匠铺学手艺。由于他勤奋好学，有“眼力见”，很受铁匠铺掌柜的信赖，铺里的一些小事都交给他操办，很快他就在夹信子有了小小的名气，与街面上的其他买卖来往也比较密切。日本侵略东北，在夹信子有驻军。一日晚，刘汉去八角楼看戏回来，听见街上一片混乱，一个面目全非的中年人被一群警察追赶，当时心血来潮的刘汉将该人拽入铁匠铺的杂货间，躲过了宪兵和警察的搜捕。当时获救的是抗联地下交通员傅文忱。因为从苏联带回了重要情报，被叛徒出卖，遭到了日本宪兵队和伪警察追捕。经过傅文忱的反复工作，刘汉从此走上了抗联的道路。

“九一八”事变后，日军侵占东北，大好河山惨遭蹂躏，人民陷入水深火热中。然而，无数不甘心受欺凌的仁人志士，在中国共产党的领导下，怀着满腔怒火，义勇奋起抗日，到处燃起抗日救国烽火。当时鸡东境内西南部的金场沟，北部的杨木峡“八铺炕”，穆棱河边的“一撮毛”，哈达河下游右岸兴隆屯等地方，都是抗日根据地。那时，日本人为蒙蔽欺骗人民，把义勇抗日仁人志士诬陷为“红胡子”。凡是与“红胡子”有联系的，日军知道了都以“反满抗日”问罪处死。日军为熄灭抗日烽火，巩固对东北永久侵占的野心，于1936年10月强制清野并屯，目的是强化看管，切断老百姓与抗日游击队、抗联的联系。并屯是对在山区里或山边的农户房舍全部毁掉。这时的抗联活动受到了极大的限制，刚刚担任游击队交通员的刘汉，利用自己会打铁磨刀的手艺，化妆成“磨刀人”往返于游击队和各个村屯之间，为游击队传递情报，收集所需药品。

1938年春季，刘汉接到党组织的指示，要求把一份重要的情报送到北山游击队。刘汉抄起自己的家什，怀揣着几个干粮就出发了，经过两天两夜的奔波，将这份重要情报送到了游击队。这支游击队是抗联第四军的队伍，情报的主要内容是要截获日本军队的军火和给养，在东海火车站附近袭击日本兵的火车。游击队接到指示后，决定袭击日本人的火车，但没有准确的日本人火车进出站的时间，需要可靠的情报。这时刘汉又担起了收集火车进出站时间情报的重任。大约是这年“五月节”前后，刘汉又操起“磨刀”家什，往返永安、东海火车站之间，通过铁路工人中的地下党，摸准了日本人准确的发车时间和线路，及时地把情报送回游击队。游击队利用这份情报，在锅盔山下的铁路上设置了障碍，炸毁了铁路，成功的截获了火车，解决了所需的军火和物资。

1941年3月，刘汉接受党组织的任务，要求他把一份从苏联带回的特殊情报送到游击队，当时这份重要情报是由一名从苏联带回情报的交通员，他们素不相识，几经转手，最终在东海火车站旁的一个馒头铺里，取到了这份情报，及时送到抗联队伍中。

1945年9月日本投降后，刘汉参加了东北民主联军，在十七团四连担任侦察员，驻守在下亮子区。1946年农历九月初四参加了十七团剿灭土匪周和的战役，荣立了三等功，后来还参加了多次剿匪战斗。1949年11月因年岁较大，复员到下亮子乡正乡村务农，直至1984年12月去世，享年83岁。

十六、红色交通员金全万

1936年10月，日本侵略者实施强制并屯政策，一撮毛村实行了甲长制，成为朝鲜族居民和汉族居民混居的村屯。当时的党支部在地下活动，经常遭到日本宪兵队和汉奸的搜查，至此，党的抗日组织比较薄弱。村里这时有党员7名，都是朝鲜族农民。金全万就是在这个时期加入党组织的，他当时32岁，在党支部的领导下，从事地下交通工作，负责文件、情报的传输任务。

1939年冬季，地下交通员傅文忱在一个黑夜用马爬犁拉着一个人来到了“齐家烧锅”，介绍这个穿着一身朝鲜族服装的人也是搞交通的，刚刚从苏联回来，在半截河遭到了日军的追捕，负伤后急需治疗，齐家烧锅老板齐景元二话没说，立即将这位朝鲜族人藏诺起来，并找来当地最有名的治疗红伤的大夫为他治疗，使这位交通员获救。这位获救的地下交通员就是金全万。

1941年初春季节，受党组织指派，金全万到当壁镇领取情报（党组织与游击队电台联络的密码）后送到东海车站。金全万领到任务后，将情报缝制在乌拉（冬天穿的鞋）的底部，夜晚从当壁镇出发，经一夜的绕行，在第二天的下午来到了黑台火车站，当晚搭乘一列货车去东海火车站，准备将情报送至联络点。火车还没有到达东海车站时，金全万就听到一阵枪声，他趁火车减速过程中，毅然决然地跳下了火车，摔倒在火车道的路基旁，不幸的是把脚崴了。这时正赶上日本宪兵队来搜索，金全万急忙把装有情报的乌拉脱掉，扔在了火车道边的深沟里，自己也藏在附近的蒿草中，躲过了日本宪兵队的搜索。待到半夜，一只脚已经冻坏，加之崴了的脚肿胀，走路十分困难。天刚刚亮，他找到扔掉的乌拉，一瘸一拐地离开了铁路线，费尽周折到东海火车站的一家馒头铺，将情报交给了这里的交通员，及时送到抗联队伍中。

朝鲜族地下交通员金全万利用自己的大智大勇，为抗击日本侵略者做出了很大的贡献，这就是一个共产党员的宽广胸怀，一个普通农民的无私奉献。

第五章　波澜壮阔的解放战争

1945年8月8日，苏联在打败德国法西斯后，根据《雅尔塔协议》对日宣战。8月9日零时，苏联红军以三个方面军上百万的兵力，跨过中苏边界进入我国东北，在4 400公里的边境线上向日本关东军发起了势不可挡的总攻。在中国人民的英勇配合下，苏军仅用了一周时间便击溃了日军主力关东军。1945年8月15日，日本宣布无条件投降。1945年12月28日毛泽东为中共中央起草了给中共中央东北局的七条指示，建立巩固的东北根据地。在苏联宣布对日作战，苏联军队进入东北以后，中共中央和中共中央军事委员会派遣大批干部和部队进入东北，与东北抗日联军会合，领导东北人民，消灭日军和伪满的残余，肃清汉奸，剿除土匪，进行土地改革，建立各级地方民主政府，并开展了大生产运动和支前工作，鸡东进入了伟大的解放战争阶段。

第一节　剿灭匪患定安宁

抗日战争胜利后，东北地区匪患猖獗，对进入东北，立足未稳的中共政权和武装力量，构成了重大威胁。

面对猖狂的匪患，中共东北局、东北民主联军总部决定：投入主力部队进行剿匪。早在1945年12月28日，毛泽东就在为中共中央起草的关于《建立巩固的东北根据地》的指示中指出："我党现实在东北的任务，是建立根据地，是在东满、北满、西满建立巩固的军事政治的根据地。"同时指出："将正规军队的相当部分分散到各军分区去，从事发动群众，消灭土匪，建立政权，组织游击队、民兵和自卫军，以便稳固地方，配合野战军，粉碎国民党的进攻。"东北局和东北民主联军总部发出《关于剿匪工作的决定》。

1946年8月23日东北民主联军三五九旅配合合江军区，牡丹江军区部队分三路合围东安、密山一带势力最大的土匪谢文东部。就此，鸡东的剿匪、"土改"、建政工作随之展开。

鸡东地区的剿匪斗争

1945年，我国的抗日战争进入全面战略反攻，日本侵略军龟缩到少数重要城镇及交通线上的几处孤立据点。8月8日，苏联根据《雅尔塔协定》[①]对日宣战。9日，苏联红军越过中苏边界向占据中国东北的日本关东军发起攻击，日本侵略军土崩瓦解，全线溃退。8月15日，日本天皇宣布无条件投降，东北光复，回到了祖国的怀抱。中国人民取得了抗日战争的彻底胜利，这也是自1840年以来的一百多年间我国第一次打败外国列强的侵略。

中共中央不失时机地派八路军、新四军和大批干部挺进东北，接收主权，建设巩固的东北解放区，建立中国共产党领导的民主政权。鸡东境内当时分属密山县、鸡宁县（后为鸡西县，现鸡西市）管辖。1946年3月1日，成立鸡宁县民主政府；6月25

---

①《雅尔塔协定》：全称《苏美英三国关于日本协定》，是苏、美、英三国政府首脑于1945年2月4-11日在苏联克里米亚半岛的雅尔塔召开的会议上签订的，故叫《雅尔塔协定》。

日，成立密山县民主政府。鸡东人民从此就在中国共产党及其民主政府的领导下开展了轰轰烈烈的剿匪、反奸清算、减租减息[①]斗争和土地改革运动。

日本帝国主义投降以后，国民党蒋介石集团出于同我党我军争夺东北解放区领导权的反动政治目的，在国民党军队未到达的黑龙江广大地区，到处网罗伪军、警察、宪兵、叛徒、惯匪和反动地主武装，以封官晋爵和供给军饷为诱饵，组织各种名号的政治土匪。土匪武装的猖狂活动，给民主建政、巩固新生政权、土地改革运动以及人民生命财产安全构成严重威胁。

当时鸡东境内，山深林密，草木丛生，极易土匪隐藏，是土匪活动频繁、猖獗的地区。有杨团[②]、毕团[③]、赖团[④]、刘团[⑤]等六七股土匪武装，还有不称其团的小股土匪。这些土匪的武器大部为日本投降时丢弃的，比较精良，枪炮齐全，还有国民党提供的美式装备。这些土匪大多是兵痞、无赖、特务和惯匪，视共产党如仇雠，和民主政权更是势不两立。因此，他们手段残忍毒辣，嗜血成性，杀人不眨眼，匪首为牡丹江、合江一带的最大土

①减租减息：指当时解放区开展的减轻地租、降低借贷利息的运动，以保护农民的利益。

②杨团：即以杨世凡为首的土匪团伙，活动在哈达、东海一带，1946年5月，偷袭我哈达区政府，杀害干部、战士13人，同年五月节，又枪杀和活埋东海永远村的3名农会干部。1947年末，被我剿匪部队打死。

③毕团：即以毕星奎为首的土匪团伙，活动在平阳一带，打鸡冠山时被我军活捉，后被枪毙。

④赖团：即以赖明发为首的土匪团伙，活动在向阳一带，曾偷袭半截河蒙化（今向前村）村农会，杀害农会主任。1946年秋，在半截河被处决。

⑤刘团：即刘升所土匪团伙，在鸡冠山被击溃后，逃到四排烧锅，被我军捉获。1946年秋，在下亮子公审枪决。

匪头子谢文东[1]。这些匪徒白天蜗居在密林或山洞中，夜晚便下山烧杀抢掠，有时白天也下山活动。他们抢粮、夺人，绑架、杀害革命干部，袭击民主政府，扰乱社会治安。在哈达、东海、大石河、下亮子、平阳、半截河等地就曾发生过多起土匪袭击区、村政府，枪杀甚至活埋政府干部、"土改"工作队队员和农会干部以及无辜村民。

不剿灭这些土匪，就无法巩固新生的人民政权，就无法恢复生产，支援前线，更无法进行"土改"工作。因此，在1948年初以前，政府不得不用很大精力进行剿匪。

1946年5月，鸡冠山一战，谢文东纠集的匪帮虽然大部被击溃，但残匪不甘心灭亡，还在到处流窜，频繁活动，构成的危害仍很大。鸡宁县大队在近一年半的时间就行了三次较大的剿匪活动。

第一次兵分两路，一路进剿黑台子，一路进剿平阳镇以东地区。县大队共出兵300多人，由县长沈先夫带队指挥。连续追剿7天，击毙匪徒100多人，活捉几十人，投降100多人，县大队也伤亡20多人。以小的代价，换取了大的胜利。

第二次是在1947年冬天，主要进剿东海、永安一带的两股土匪，约300来人。因天已下雪，给剿匪带来很大困难，战士们在蹲裆深的大雪里艰难地行军、追袭，在雪地里隐蔽、埋伏，有不少战士被冻伤了，但战士们仍很顽强，经近10天的艰苦战斗，打死匪徒100多人，俘虏90多人，都是谢文东匪帮的。

第三次剿匪是由东安军分区统一部署的，集中鸡宁县、密山县、勃利县三个县大队的1 000多兵力，围剿谢文东残匪。这

---

⑥谢文东：抗日时期曾参加抗联，曾任抗联八军军长，后叛变投敌。日本投降后，被国民党收编，委任为第五集团军中将司令。1946年11月22日被我军生擒，后被公审枪毙。

次用了大约半个月的时间，采取连续追袭、围歼匪巢的战术，不给敌人以喘息的机会，土匪大部被歼灭，只有极少数逃回老窝。据9月7日《东北日报》报道，鸡宁驻军八个月剿匪战斗51次，毙伤土匪950人，俘匪首孟尚武、刘云龙、邹世鹏等472人，劝降土匪1 000余人，缴获大量战利品。之后，清剿余匪继续进行，在向阳、牛心山、东海、永安、平阳等地，大大小小的剿匪战斗打了几十次，打死土匪300多人，俘虏150多人，劝降100多人。到1947年底，鸡东地区的土匪基本肃清，取得了彻底胜利，鸡东地区的政权、根据地更加稳固，为鸡东地区“土改”顺利进行创造了条件，有力地支援了全国解放战争。

二、解放鸡宁、东安地区

1946年5月，鸡宁独立团从滴道出发到永安火车站，部队在这一带驻扎。5月的一天拂晓，土匪企图偷袭团指挥所，结果是偷袭了独立团的一个连。敌人打得很急，尹连长光荣牺牲，连队战士有些伤亡，但该连打得很顽强。独立团决定派部队增援该连，邵洪泽参谋长跟部队一起冲上山顶，独立团牢牢控制住阵地。土匪攻得很猛，敌我之间距离只有三五十米，短兵相接，独立团就用手榴弹杀伤敌人。团里为了增援派了一辆装甲车，由团里的李希才参谋驾驶，在永安站东北向敌人左右两侧迂回，机枪火力很猛，猛打猛冲敌人伤亡惨重，看到敌人的进攻部队开始动摇，山头上的我方坚守部队立即发动猛攻。敌人惊慌失措，纷纷向北逃跑，我军在后面追杀，敌人死的死伤的伤，我们缴获了不少武器，俘虏了一些土匪。这次战斗是继鸡冠山战斗后，敌人投入兵力比较多的一次。我警卫团合编后是个大团，有两千八百多人。除在永安站穆陵河南部队外，投入这次战斗的将近半个团的兵力。

第二次战斗是警卫团集中力量解决永安火车站南、密山以西这个地区的土匪行动。这股土匪大部分是鸡宁保安队佟振声、邹世鹏以及原鸡宁公安局闫大马勺的部队叛变的人组成。一天拂晓，集中全团主力攻占了半截河和永安河南土匪占据的一个山头。鸡宁独立团牢牢控制了这个高地，高地地形对我十分有利。独立团在河南向敌人展开进攻。土匪分成小股部队，每股有几十个人，最多的一百多人，在永安南、鸡冠山东和东南、密山以西地区活动。独立团部队连续两天向土匪发动进攻，敌人有些招架不住。第二天，在永安站西南打死、俘虏土匪一百多人。俘虏中有原保安队参谋长邹世鹏。邹世鹏负了轻伤，我对邹进行了短暂的审问，了解了土匪情况，然后把邹世鹏交给了鸡宁县政府，经过公审后被我人民政府枪毙了，原县保安队和公安局叛变的这两股土匪被我部队打得狼狈不堪，完全丧失了战斗力。独立团在鸡宁以东、密山县西俘虏一部分土匪，缴获一些武器，还有一辆日本运输车和一门山炮，车上有十几发炮弹。

为配合地方部队剿匪，建立巩固的东北根据地，确保我军后方安全，上级从关内将著名的三五九旅派到鸡宁、东安地区。三五九旅由鸡宁向东安推进。东安地区的土匪绝大部分在鸡冠山以东，东安以西被我警卫团、十七团吃掉，小部分被打散，剩下的闫大马勺小股土匪在三五九旅开进东安以前逃窜到宝清县、勃利县、佳木斯以南地区，和谢文东部土匪合为一股。

鸡宁、东安地区战略上十分重要，它直接关系到合江全省能否成为我军巩固的东北根据地。三五九旅调到鸡宁、东安地区和三支队警卫团、十七团一起围剿土匪。至此，鸡宁、东安地区全部解放，并建立了各级政府和地方武装——县大队、公安部队。

三、解放平阳镇

1946年4月，东北民主联军、牡丹江三支队警卫团在牡丹江以南剿灭了以土匪马占山部为主的土匪以后，一路追击前进的时候，牡丹江军分区第三支队和十七团在司令员肖荣华、政委谭文邦的率领下，也奉命从宁安出发，于1946年4月6日进入鸡西。警卫团也奉命从朱家沟出发，经过梨树镇，于4月8日进入鸡西。

当时，从鸡西往东到密山一带土匪的势力依然还很强大，牡丹江一带的土匪头子之一的谢文东已与郭清典、杨世范等土匪有过勾结，他们还有三千多人，占据着平阳镇、半截河、永安镇以及黑台镇、连珠山一带，截断了部队与东安市的联系，因此急需打开这一带的公路、铁路的交通线，也就是说要尽快消灭这些土匪。这些土匪都是国民党中央军保安总队的部队，他们不仅人数多，装备好，而且郭清典、杨世范等土匪头目都是国民党的老兵痞，不仅有实战经验，还心狠手辣，死心塌地与人民为敌的亡命之徒。为了加强警卫团的力量，决定从鸡西独立团抽出四个连，编入警卫团，并派延安来的干部邹洪泽任副团长兼参谋长，吴美邦任政委，鸡西独立团的400多人也编到各营之内。牡丹江警卫团王景坤团长决定在最近一两天之内，从鸡西出发，走南线进军东安市，但根据情报得知，在平阳镇，有土匪杨世范的部队八百多人，从公路进军必须经过平阳镇，所以必须首先消灭这股土匪。

4月11日一早，王团长就命令团部直属侦察连马上派出侦察员，迅速查清杨世范这股土匪的全部情况。根据敌情，王团长说："咱们在今晚8点准时出发，半夜12点到达平阳镇。你们侦察连的任务就是要在不被土匪发现的情况下，先把四个岗哨干掉，然后立即发出信号。当大部队开始行动以后，和大部队一起干掉机枪排。”紧接着王团长又领着大家做了进一步研究和战斗部署。晚8时，部队从鸡西悄悄出发，直奔平阳镇。

晚12时许，部队按计划到达了山河大院附近。此时已是深夜，平阳镇的街道上十分沉静，店铺都已经关门，没有风声，没有狗叫，只有远处三个店铺的门前还亮着灯光。侦察连已先期到达，仔细观察一阵以后，霍连长悄悄向王团长报告敌人的情况和白天侦察得一样，没有变化。王团长指示按计划行事。霍连长一挥手，八个侦察员四人一组，迅速摸进院内，飞一样同时扑向四个岗哨，只见白色刀光一闪，四个站岗的敌人相继悄然倒下。可是在院儿里的那个岗哨是个老兵，接岗以后十分警觉，一直盯着四周。此时他突然看见有人影进院，又见有白光一闪，随即向天上连打了两枪，霍连长一看不好，一甩手一把飞刀扎进他的胸膛。但是报警的枪声惊动了敌人。副队长此时正在北厢房里的机枪排和六七个土匪推牌九，窗户在里面堵的严严实实，没透出一点光亮。他听见枪声吓了一跳，立刻命令土匪们快出去看看，随即拿起一挺轻机枪，又命令其他土匪赶紧起来，拿起枪准备应战。他说：“这几天我就听说有一股共军来到了鸡西，难道是他们……”话还没有说完，有个出去查看的土匪一出屋就被打死的岗哨绊了一跤，慌忙跑回来上气不接下气地说：“坏了，岗哨被打死了……”刚说到这，霍连长带领的侦察连对着门口一阵机枪扫射，出门查看的土匪就被打死了。

大部队很快包围了所有土匪所在的大院，霍连长此时也看到了机枪排有人出来，马上命令战士向机枪排射击。土匪副队长马上扣动机枪扳机，成串的子弹射向门外，当时就有两个战士被击中牺牲。屋内的土匪也用机枪开始从窗户向外射击，双方形成对射的局面，不时都有人倒下。尤其是在包围的部队有十多人中了几枪子弹而牺牲。霍连长马上命令战士：“卧倒，用手榴弹！”

顿时，一排排手榴弹从窗户飞向屋内爆炸，霎时间屋内的机枪哑巴了，战士们立即冲进屋内，又是一阵机枪扫射，机枪排的土匪全部被消灭。大部队也同时用手榴弹、冲锋枪、步枪向其他屋内射击。土匪大部分已被消灭。屋内已没有子弹射出，战士们迅速冲进屋内大喊："缴枪不杀！"活着的土匪陆续举起手投降，一个个走出屋子，在战士们的看押下到院子里站队。至此，平阳镇胜利解放。

四、鸡冠山保卫战

1946年5月15日，打响了鸡冠山保卫战。当时，谢文东纠集鸡宁县、密山县、勃利县一带的李树玄旅、李文清旅、杨士凡旅、毕星奎团、依振全团、刘弦团、赖明发团等八股土匪共8 000余人意欲攻打鸡宁县城，并于5月10日在半截河召开土匪头目秘密会议，研究血洗县城，赶走八路军，推翻民主政府的罪恶计划，准备5月15日发起进攻，谢文东为攻城总指挥。

这些土匪5月14日就开始行动了。杨团为右翼，经哈达岗、城子河矿山职工宿舍，下午2时进到鸡宁铁路桥北山，和我军三支队一个警卫排接火，3时后，警卫排撤回县城，放敌人进来再予以消灭。可敌人进到铁路和一个村子之间时，发现了我军，就慌忙逃跑了。匪首谢文东亲自率领左翼，经半截河由铁路向鸡宁县城进攻，妄图一举拿下鸡宁县城。

东北民主联军三支队司令员肖荣华、政委谭文帮率司令部和十七团于5月14日9时占据有利地形——鸡冠山通往平阳站（今鸡东镇）公路的左侧埋伏，并把十七团一营也从平阳站撤回鸡冠山。警卫连和野炮部署在县城：一排坚守县西铁路桥；二排坚守县北木桥；三排在城里巡逻；野炮部署在县城北部的一块平地上。增援鸡冠山战斗的牡丹江军区十四团于5月14日12时到达鸡宁，部署在通往平阳站公路的右侧。

5月15日天亮以后，谢文东指挥匪徒先向鸡冠山北侧的山头进攻，当发现我军在鸡冠山上，就转向鸡冠山进攻，战斗十分激烈。开始匪徒成集团向上冲锋，玩命似的嗷嗷直叫，但受到我军战士英勇顽强的反击，轻重机枪、步枪、冲锋枪、手榴弹及野炮一齐开火，愤怒地射向敌人，形成强大的火力网，敌人顿时死伤一片，没能前进一步。谢文东一看攻击无望，急派毕星奎绕到我军侧背，占据了大顶子山，利用险要地形，组织火力负隅顽抗，企图掩护谢文东残匪转移撤退，但在我十七团三营和二营一个连的包抄攻击下，毕团被歼大部，并活捉了毕星奎。谢匪残部也顶不住我强大的炮火的攻击，渐渐不支，开始溃退。我军立即跳出工事，组织更猛烈的反击和追击。两辆装甲车和十七团追到半截河，部分追到平阳镇。匪徒丢盔弃甲，落荒而逃。我军取得了鸡冠山保卫战的胜利，保卫了新生政权。

第二节　回忆剿匪怀念战友

一、王景坤：奋战在鸡东

从平阳镇以东到东安的连珠山间都是保安总队匪徒所盘踞的地区。1946年初，东安军分区警卫团到达鸡宁县后马上奉命剿歼该区的土匪。为了加强警卫团的力量，决定把鸡宁独立团4个连编入警卫团，由邵洪泽率领共500多人补充到警卫团里，邵任警卫团副团长兼参谋长，吴美邦任警卫团政委，王鉴三、金镇浩为副政委，田某某为政治处主任。这样，警卫团的领导力量和部队更加强了。

警卫团4月13日即开始执行清剿密山的土匪任务。从平阳镇出发第一仗就是攻袭盘踞在东海的杨世范匪徒100多人。由于初战，敌警觉性不高，并没想到我们会马上打他，所以中队长已于前两天回五道岗探亲去了，而在中队的匪徒们也毫无打仗的准备，因而在发生战斗时无人指挥。所以，战斗一开始，大部分从被窝里当了俘虏，不到1个小时就结束了战斗，所有匪徒全部就擒。

次日又以1个营乘胜进攻永安车站。守敌仍是杨世范的200多人。为防敌向黑台方向逃跑，在战斗一开始，首先以一个连从北山迂回到永安通黑台的路上伏截。战斗在下午2时开始，只进行1个小时，俘敌60多人。其余全部向河南半截河逃跑了。

次日又以一个营向哈达岗、八铺炕一带搜剿小股散匪，缴50多支步枪。

在此期间，警卫团团部带两个营留驻永安车站时，在拂晓，突然被黑台郭清典500多人偷袭。在天不亮时，我三营在通往黑台路上有一个连在小山上负责警戒任务，但麻痹没有值班部队，只靠哨兵，结果敌人偷摸到跟前，哨兵措手不及被打死，尹连长只带几个人出击当场牺牲，部队被敌人打垮，紧接着敌人直逼到永安车站，而两个营的驻地离团部稍远一些，敌来得迅速正逼近团部，幸好三连长陈文学同志带一个排马上投入战斗。为了应急和争取时间，我派李参谋驾驶1辆装甲汽车带1挺轻机枪，冲向敌左侧后，李参谋见敌一群群向车站、团部进攻，马上从敌后侧用机枪猛扫，在敌完全暴露的侧翼，充分发挥了机枪的威力。这样敌人一见到刀枪不入的活动堡垒后，一下惊慌失措，乱作一团，打的敌人蒙头转向，狼狈逃回黑台。陈文学连长乘势直追到北山，活捉30人，丢下18具尸体，缴步枪50多支。

16日拂晓，以两个营攻袭河南半截河敌人。由于河北连日来进行战斗，河南的敌人很警觉。结果战斗一接触时，敌人就向二人班方向逃跑了，部队随即跟着追击，但无结果，当部队撤回时，敌人发觉我们的人不多，于是赖大肚子和祁少武匪徒就随后追来，警卫团一个营就退守在邢家大院等几个据点，利用邢家大院有利地形给进攻的敌人以大量杀伤，击毙敌人三十多，我部随即退回河北永安车站，敌人也随即重返回半截河。

河南敌人几天内没有受到打击，所以较河北敌人更敢于和我们对阵。因此，设法给敌以歼灭性的打击则是非常必要的。为了便于次日拂晓全团出动，攻袭河南的敌人，采取上半夜袭扰和疲劳敌人的办法，派警卫连一个排由连长韩星同志率领执行此任务，同时还要摸清敌人现在大体住地的位置。

穆棱河大桥南头有日伪时期留下的一个碉堡，敌人驻守一个排，这个桥头是我攻袭敌人过河时最大的障碍，也是敌警戒得最突出部分，故决定以该堡为袭击目标，但要尽可能同时扰乱半截河村。通桥的公路两旁有很深的枯草，且有路基作为掩蔽，天气又有风，很有利于接近敌人，警卫排就是这样很顺利地从碉堡的背面偷偷过了河，碉堡里的敌人一点也没有发现，还听到敌人在碉堡外边说话声。于是他们把所有的火力分两个方向（敌驻地和碉堡处）散开，机枪、步枪、手榴弹突然一齐开火，骤然枪声、爆炸声和喊杀声四起，夹杂着指挥部队的叫喊声“三营截击，二营四连跟着上”等，虚张声势。顿时，碉堡内的敌人还击枪声更密，驻地敌人以为我已经向他们发起进攻了，吓得敌人把部队都拉出来，到村东北山上，准备应战，而在村西的敌人也在不断地向外射击。这时警卫排对敌人大体住地位置也摸清了，整个河南敌人都惊扰了，任务已经完成了，趁敌人还没有弄清我们究竟有多少部队的时候，警卫排已安全地返回河北了。

根据敌人在上半夜已经受一场虚惊和一夜也没得安静的情

况，估计敌人不会认为我们在当夜攻袭他的，即使敌人真的有准备，经上半夜的袭扰，也会很疲惫的。不管情况怎么样也要全力攻袭敌人，哪怕吃掉他一部分也好。于是以两个连从桥头越到二人班方向堵截可能东逃的敌人，正面部队准备秘密端掉碉堡的岗哨，如不得手时，就以少数部队对付碉堡，其余进攻部队可直接摸向敌村。在天亮前战斗开始了，果然敌人没有想到我们当夜会连续地出现在他们的面前，碉堡的哨兵正打瞌睡，碉堡内的敌人也在熟睡，均在梦中就当了俘虏。这样攻袭村内的部队，就达到了偷袭的目的，给敌人一个措手不及，一点也没有招架之能力了，打得敌人蒙头转向，有的一枪没放就交枪了，有的虽然就地进行抵抗，但是已经短兵相接，就近射击，就地投弹，终因大势已去，毙命而告终。一下歼灭祁少武和赖大肚子200多人。

根据被俘过来祁少武的小队长供称：我们前天已把你们打回到河北去了（指从河南撤回的第三营），袭击我们的又仅仅20至30人，认为你们目前在河南不会有大的行动了，所以我们已准备在今夜天黑后三部分人共同攻袭永安车站（指赖明发、祁少武、王败火）。可见河南敌人在没有遭受打击时，他们战斗的意志还是很强的，由于我们这次的战斗，却把敌人的意图打掉了。

在密山和鸡宁区间盘踞的匪徒中，没有受到警卫团的打击的，而且最狡猾的，要算郭清典了，虽然他袭击永安车站时没有得逞，但他认为偷袭是成功的，所以他大言不惭地说："我部队绝不会像杨队在王团面前那样无能。"意思是指杨世范在永安站打的败仗。郭清典在该区诸匪中，在军事指挥上，是有他的长处，他的战术比较灵活。他的行动规律，当时还没有摸清。连日来在河南河北频繁地战斗，郭清典并没因离警卫团较远，而稍有疏忽，警惕性很高。所以在20日拂晓去袭击他时，竟摸了个空，他的行动诡秘，明明侦察他夜间都在黑台村，而袭击时却不见了。从20日的行动结果来看，却悟出一个道理：如果袭击郭清典时，必须同时要防止他的反袭击，才能万无一失。郭清典是蒋介石的中央军官学校毕业的军官出身，他是有战术修养的人。

经过近20天和这一带匪徒们接触较量，匪徒的数量比警卫团多，由于他们多是地头蛇，地形民情都比我们熟，比我们暂时优越，情报比我们快，而我们往往几天弄不清敌人的行动，在捕捉或追击敌人时，一下就不知敌人去向了。每次战斗中，击溃战较多，也多是因情报不准而影响部署上的不周而致。

国民党为了麻痹我们，在他们占领了锦州营口等地后，在3月28日又和我们签订“东北停战协定”，同时又调遣50万大军向东北全面大举进攻。在4月时南满大部已为他们所控制。沈阳、长春失陷只是时间问题，如果东安地区土匪不能很快肃清，建不成根据地，一旦国民党占领了长春后直逼哈尔滨，那样我军周旋余地就更小了，没有根据地就很不利于我们持久战争了。所以北满分局对东安地区剿匪非常重视，电催多次，北满军区司令员高岗曾到鸡西视察剿匪斗争。

注：作者解放密山时任军事指挥员后任牡丹江地委书记处书记、虎饶第一书记。后曾任农垦部东北农垦总局副局长。

二、李明顺：在平阳镇、张三沟

平阳镇平叛　1946年初，平阳镇建立了公安分局，保安队的一个人当了局长，我们派去一个姓王的当副局长。一天晚上，正副局长二人各带一支手枪，到村里夜查回来时已是晚9点钟了，在这有早睡习惯的东北农村，已算得上是夜深人静的时候了。他们俩并肩走着，谈论着夜巡遇到的情况。突然，局长站下了，说：“你先走一步，我撒泡尿！”我们的老王同志信以为真，就慢慢地向前走着，再等他没走几步，那位局长悄悄跟了上来，对着王局长连射三枪，老王倒下了。从此，平阳镇公安分局的一场叛乱开始了。平阳镇公安分局门前是一片开阔地，房后是一片坟茔地。坟丘之间长着几棵歪脖子树。门前，设了单人游动哨；房后设了双人固定岗哨。就在那个保安队出身的局长暗下毒手的时候，保安队正有组织地向门前、门后的岗哨摸去。他们先摸掉了房后的岗哨，悄悄地潜伏在坟地里。当换岗的战士来到岗位时，敌人从暗处突然跃起，分别下了岗哨的枪，然后扒光了岗哨的衣服，把他们吊在歪脖子树上。在门前，躲在黑暗角落里的敌人，开枪打死了游动岗哨。接着，反动武装叫嚣着向公安分局院里发起攻击。

当时我公安队战士正在睡觉，姓宫的机枪手被枪声和喊声惊醒，未来得及穿衣服，就抄起机枪向外扫射，敌人被阻在院子里。打了一阵后，姓宫的战士端起机枪边扫射边喊着冲了出去。其他四名战士也在机枪的掩护下冲破敌人的包围，脱了险。之后不久，徐广泉同志带着一部分公安战士到了平阳镇。保安队见势不好，撤走了。从此，徐广泉同志当上了平镇公安分局局长。徐广泉到后，查看了平阳镇的地势之后，立即把镇上的钱庄、商号的老板和当地的财主召集起来，向他们申明保卫平阳镇的大意，要他们在24小时内，筹集三千个草袋子。话说死了，三千个草袋子没用一天的工夫就送来了。他又发动当地群众，帮助把所有草带子装上土。在平阳镇的主要街道上和公安局的门前累起掩体，这样一来，敌人没敢再进犯。在备战的同时，又贴出安民告示，号召人民发展生产，协助公安局维持治安，社会很快恢复了正常秩序。

张山沟痛击五十二军 平阳镇附近西南有个自然屯儿叫张三沟，那里在光复时就自发地拉起了队伍，后来被平阳镇公安分局收编为公安队，并在那里设立了公安派出所。

收编后不久，国民党五十二军的一部分队伍开到那里。这些“遭殃军”到那里后，杀猪宰羊，翻箱倒柜，勒索百姓，打骂群众，奸淫妇女，无恶不作，引起了张三沟人民和公安队的极大愤恨。他们几次到分局找徐广泉同志联系，要求帮助收拾这帮匪队。因考虑敌众我寡，徐广泉同志没有同意，不过答应他们，待向独立团联系两个连的外援兵力后再动手。

他们回村后，暗中串通了附近24个村的老百姓，集合了80多人，当夜就打响了。他们在张三沟外布下了交叉火力网，敌人出来一个，打一个，从天黑一直打到天亮。徐广泉同志担心公安队吃亏，便带兵去增援。他的援兵到时，战斗就结束了。在这场战斗中，张三沟的公安队仅牺牲1人，而五十二军被打死了70多人，有130多人被俘。这一仗，大长了公安队的威风，长了人民群众的志气。从此，国民党五十二军逃出了张三沟，再也不敢到那里为所欲为了。

注：李明顺，东安时期参加开辟革命根据地工作，接收鸡宁县，时任鸡宁县公安局局长。

三、马东波：下亮子剿匪斗争

我是响应党中央关于“抽调大批干部建立东北革命根据地”的号召，于1946年4月从延安出发，历经两个多月的跋涉，于6月中旬到达哈尔滨。我被分配到鸡宁县“土改”工作团，团长李尔重。

根据工作需要，又划分为平阳镇、滴道、恒山区三个分团。平阳镇放的力量比较多，李尔重亲自坐镇，以此为点，先取得经验，以推动全面。开始时我也在平阳镇工作一段。不久我和肖梦、田亚东还有六七名东大同学到了下亮子。

鸡宁县的地理特点是距离中苏边国境线较近，又是靠山区或在山区里，是地富伪警宪武装土匪隐藏之地，所以“土改”刚开始时，一面发动贫雇下中农进行“土改”，一面还得组织武装打土匪。

平阳镇工作团团员戴莹同志带领画报社闫士臣同志和东大学院王树籓同志在项家屯发动群众开展清算斗争会时就被土匪包围了。在战斗中闫士臣同志腿负了伤。下亮子工作团肖梦同志带领的田亚东、徐炽、赵宪民等同志，在三排村发动群众，晚上也被土匪包围了。工作团的同志坚决抵抗。民主联军闻到枪声前去救援，把土匪打跑了。我们工作团在下亮子发动群众进行“土改”时，有一次和民主联军都被土匪包围了，民主联军和我们坚决抵抗，经过一夜的战斗，把土匪打跑了，牺牲了一名民主联军战士。事后查明，伪村公所所长张祥是个两面派，暗地里勾结土匪，夜间来袭击，包围工作团，打民主联军，抢村公所的枪。根据张祥通匪和任伪村公所长的罪恶，召开群众大会，在悼念牺牲战士的同时，公审了张祥。

1946年冬，经过侦察，摸清土匪老窝在南山沟里，由李尔重团长亲带领民主联军和部分基干民兵武装进山剿匪。这一次把这股30多名残余土匪连窝端了，打死了一部分，活捉一部分，经过审讯，在平阳镇召开了公审大会，将两名罪大恶极的坏蛋枪毙了，其余的经过教育低头认罪释放了。

在这期间，东北最大的土匪头子谢文东、李华堂也被我们正规军抓获，流窜在我们这一带的小股土匪也被消灭了。从此，土匪的气焰被彻底镇压下去，为“土改”顺利进行扫清了道路。平阳镇和下亮子两个区的“土改”工作基本告一段落，即从骨干积极分子中选举产生并建立健全了区委、区政府、区农会、区中队，开始转入正常工作。在总结经验基础上，1946年9—10月间，从工作团中抽出大部分力量，带上积极分子，进驻新兴区、哈达区、东海区、城子河区、兴农区、城关区、加上恒山、滴道区，“土改”工作就在全县全面铺开了。直到1948年春，全县“土改”工作全部结束。

注：马东波时任中共东北局东安工作团鸡宁工作团副团长，中共鸡宁县委副书记、县长和书记等职

四、韩星：东安剿匪回忆

缴械平阳镇治安队　1945年9月中旬，我在陶宜民的领导下，徒步从哈尔滨出发，在10月上旬来到鸡宁县。在苏联红军驻鸡宁司令部帮助和支持下，经过6个多月的艰苦奋斗，克服了重重困难，两进鸡宁，最后把反动武装公安局缴了械。1946年2月建立人民的公安局，在这个地区经过两个来月的奋斗，收缴敌人一部分武器弹药，成立了一、二中队，在这个基础上又建立起一支人民的军队——鸡宁独立团。团长邵洪泽，我被调到独立团二连担任连长。

独立团成立不久，有一天，团长邵洪泽交给我连一个战斗任务，去缴平阳镇反动武装治安队的武器，并把治安队长抓回团部。我接受任务后立即带领全连战士从鸡宁出发，在当天下午2点到达平阳镇。镇上的商会会长前来欢迎我们，全连都住在镇上商号家里，可是这个治安队按兵不动，都驻守在炮楼里，警戒森严。我连在该镇住了几天，了解到该治安队有二十几名队员，二十五六支长枪短枪。在伪满时这些队员都曾为日伪政权效劳，治安队长是此地大地主，姓李，是日伪政权的忠实走狗，反对我民主联军，依靠国民党中央接收。这个治安队的营房是过去日本守备队遗留下来的，钢筋水泥建筑，二节炮楼式。炮楼的四角有斜对的堡垒，墙周围都有射击的枪眼，室内有进入阵地的通道。这支反动武装都在炮楼里，有情况马上进入阵地。这个炮楼在镇

的北面，距离有300米远，其他的三面都是开阔地。由于炮楼坚固，地形险要，我们连的人数虽然超过他们几倍，但一时难以攻破。

我和指导员分析了上述情况，决定采取不流血的战斗，把这支反动武装消灭掉。我们借口说研究镇上的治安情况，把治安队队长“请”来，参加我连召开的会议。

那天前来开会的有商会会长、治安队长、一个文书、一名警卫员。当他们要到达时，我带几名战士到门外表示“欢迎”，等他们一到连部的院子里，我在其后把手枪掏出来，高喊一声：“不许动，把手举起来！”随后缴下三支手枪，押到屋内简单地对他们训令说：“领我们回去收缴枪支。要是你的手下开枪的话，我就先把你们几个人打死。”我和指导员商定，他在连部掌握部队，听到枪声马上带领部队出动进行战斗。我带一个班由治安队长领路到治安队驻地缴械。一进治安队的院，我命令全班先把岗哨的枪拿下来，然后迅速冲进炮楼的墙根底下射击眼的一旁，准备好手榴弹，里边要是一开火，就把手榴弹顺着他的炮眼投进去。我和几名同志用枪顶着治安队长的后背，让治安队长向他们的队员喊话，徒手出来集合。听到喊声后，治安队员们不敢怠慢，乖乖到院子里集合。紧接着，我们这个班进入碉堡进行搜查，共收查出大小枪20多支、子弹3 000多发。我们宣布解散治安队，放他们回家，然后带治安队正副队长当天就赶回团部，向团长汇报了这次完成任务的情况。

半截河子偷袭取胜 1946年5月15日，大土匪谢文东率其部向鸡宁发起了进攻，可是鸡冠山早已被我十七团占领。在我十四团的紧密配合下，协同作战，终于把来犯之敌击溃了。谢文东妄图占领鸡宁的美梦彻底破灭了。

敌人虽然在鸡冠山的战斗中失败了，但是他们从人数到武器还是超过我们几倍，还有较大的对抗能力，因此我们仍处在敌强我弱之中。三支队为了尽快把这股匪徒消灭掉，又重新调整了部队。将独立团和警卫团合并，原警卫团团长王景坤仍任团长，原独立团团长邵洪泽为警卫团的副团长。原独立团二连改为警卫连，由我担任连长。

1946年5月底，我警卫团出发到东安地区，与孟尚武为首的匪徒，每天都有接触战斗，今天匪徒攻我们，明天也许我们反攻匪徒，进行拉锯式的战斗，我部队几乎每天都被土匪包围，一个月左右仍看不出谁胜谁负，部队都搞得人困马乏。我记得那天过五月节，我部队从二人班退下来到半截河。土匪的部队伍在后面紧追部队，我们退到半截河北山熊家大院一带时，占领了有利的地形，发挥最大的火力杀伤敌人。土匪部队的一个炮团向我阵地和指挥部轰炸了两三个小时，并组织多次进攻，都被我部队击退。敌人在我前沿阵地上伤亡很大，但我们的伤亡也很大。在这种情况下，我们又撤到半截河的北岸，永安镇一带住下。敌人住在半截河的南岸，与我们相距15华里。因为一天都没有吃饭，所以战斗暂时停下来，我们吃饭、休息。正在这时，团长的警卫员来了，他说团长叫我马上去，我就跟着警卫员小王来到团部。我看看表，时间才6点钟。团长下达命令，让我带上一个排，晚9点出发插到敌人的驻地，用猛烈的火力向敌人射击，扰乱敌人，叫敌人得不到休息。这样使我们的部队晚上能够安全睡眠和很好休息，明早向敌人发起进攻。

我接受任务回来后，马上向全体同志作了简单的动员，然后带着一个排准时出发了。

我部队和敌人的部队相距15华里左右，中间隔着一道大河，敌人在河的南岸，靠近大河边的所有屯子都被敌人占领了。我部队驻扎在河的北边，永安镇一带村庄都被我方部队把守着。桥的南头是日本修的一个碉堡，被敌人占据，并在桥头上加放岗哨把守这座大桥。永安镇到半截河有一条公路，两旁的青草都长得很高。那天晚上风又很大，我排顺着公路下边小道前进，到达大桥的北头时，部队散开，各找一个有利地形，做好了战斗准备。我们在桥头停了十几分钟，没有听到敌人有什么动静，我命令李排长带上一名战士顺着大桥底下蹚河摸过去，看看敌人究竟在那儿干什么，我们好下决心打他们。一旦被敌人发现，迅速从桥下撤回来。李排长他们离岗上有四五十米时，听到敌人哨兵的说话声，有五六个人，离桥头有十几米远，可能天气太热，他们都没有待在炮楼里，李排长把敌人的岗哨都侦察好了，马上又顺着桥底下蹚着河退了回来，敌人一点也没有发现。我听了他们的情况后，立即带领这个排在敌岗哨侧面渡河，绕过岗哨的后面，以迅雷不及掩耳之势，用机枪、步枪、手榴弹先把敌哨兵消灭掉，回过头我们就往敌人驻地射击，喊杀声闹得敌人不知道我们有多少部队，吓得敌人把整个部队都撤到山上，做好阻击准备，等到敌人知道我们只有几十个人干扰了他们的时候，我们已经迅速安全地撤回北岸。这次骚扰，敌人桥头岗哨死亡2人，负伤2人，我们共缴获步枪4支、战马8匹。

因为敌人与我们连续接战多天，又加上昨晚弄得人困马乏，所以我们大部队在拂晓前向敌人发起进攻时，他们的岗哨都在抱着枪睡觉，屋里士兵也都在蒙头大睡，因此被俘虏了200来人，我们还缴获了190支步枪、轻机枪4挺、掷弹筒2个、子弹20 000来发，还有其他的军用物资若干。后面的敌人听到枪声，没敢与我们接触，就撤到二人班那边去了。因此半截河子一带又都被我团占领。

注：韩星：时任鸡宁独立团二连连长。

五、钱志超：怀念战友李银峰

每当我回忆起烽火硝烟的战争岁月，就有一股压抑不住的怀念战友的激情涌上心头，李银峰同志的形象就会立刻展现我的眼前。

我的战友李银峰同志，于1921年出生在河北省保定县一个贫苦的农民家庭里。1941年参加革命，同年在部队加入中国共产党，1943年我们同在延安抗大学习。

李银峰同志革命意志坚定，刻苦学习，进步很快，团结同志，作风正派，工作踏实能干，一直受到上级首长的信任。

1941年10月，我奉命率领一个中队的连职干部（128人）从延安出发，到东北的牡丹江地区执行一项重要任务，李银峰就是这个中队的一员。

我们这次行动的主要任务是瓦解敌军，争取伪军，消灭牡丹江一带的流窜残匪。

从延安到牡丹江，千里迢迢，我们分小组行动，倍偿艰辛，同志们有的被小股敌人暗算，有的被地方反动武装袭扰，经过沿途无数次的小打小敲，到达牡丹江宁安指挥部时，我们只剩下80多个人了。指挥部设在宁安的新安镇。我担任副指挥兼二团团长，其他同志全部分配到收编过来不久的伪军各营、连里去开展工作。

收编整编部队的工作是很艰难的。因为当时被我们争取收编过来的部队人员思想复杂，成分不一，很不安定。二营营长王保兴就是其中一个。他几次寻机哗变，都被李银峰察觉，未能得逞。为了争取这个营，李银峰决心做通王保兴的思想工作，便把王保兴调到离营房既远又偏僻的一个小山沟里，在雪地上与他交谈了两天两夜，耐心启发他的爱国主义思想，指出光明前途，终于说服了王保兴，争取了一个营的兵力。李银峰却因衣服单薄，在雪地上时间过长，手和脚都冻坏了，一只胳膊冻成重伤。卫生员问他，你不觉得冷吗？他回答说：“开始冷一点，过一会儿就不觉得冷了。”我发现这个情况后，一连几次催促他去休息治疗，他都坚决不肯。最后我不得不命令他住院治疗。可他还是背着我从医院跑出来，找些力所能及的工作干，这一切使我深受感动。

1946年3月，指挥部把部队整编为第三支队，下属两个团。一个是十七团，另一个是警卫团。当时我担任十七团团长兼政委，李银峰同志担任十七团二营教导员。不久部队奉命东进剿匪。我率十七团为右路，从海林出发，沿途经过牡丹江、林口等地。一路上土匪出没频繁，我们边走边打，大小仗打了十几次，于5月7日到达鸡西县，指挥部设在县城里。

当时谢文东号称十几万匪兵。经我们详细侦察，算上地方武装顶多不超过万八千人。谢文东匪徒被我军步步追击，伤亡很重，跑到鸡西东南的鸡冠山上，妄图阻击我军东进。他们不时用小炮向鸡西城里射击，冷枪冷弹不时地向城里飞来，人民的生命财产安全受到很大威胁，我军奉命进行还击，狠狠地打击敌人。

5月15日凌晨，我和司令员肖荣华、政委谭文邦，还有其他几位首长观察分析敌情，确定了进攻路线，并开始派兵布阵。上午8点钟，我军发起攻击。一声令下，全体指战员像猛虎一样冲向敌阵，战士们挥舞刀枪向敌群杀去。谢文东土匪在我军的猛烈攻击下，失魂落魄，闻风丧胆，全线崩溃。这时谢文东的部下毕兴奎率领一部分顽匪，占据了鸡冠山附近平阳站（今鸡东火车站）西南的大顶子山，利用险要地形组织火力负隅顽抗。企图掩护谢文东残匪转移撤退。为了消灭毕兴奎这股顽匪，指挥部命令十七团三营从侧面切断敌匪的退路。由于敌人占据有利地形，且发现我军的行动意图，故背水一战。子弹像雨点似的向我军泼来，战斗打得异常激烈。三营伤亡很重，在这紧要关头，李银峰同志向我请求增援任务。当时李银峰的伤势还没有恢复，我没有答应他的要求，命令立即撤下去休息，他说什么也不肯，并向我保证："坚决完成增援任务。"因为情况紧急来不及细说，我只好把我骑的战马交给他，又派两名通讯员做他的警卫，同意他率领一个连前往大顶子山增援。在战斗中，李银峰作战英勇顽强，他指挥部队冲在最前面，不幸胸部中弹，血染征袍，倒在血泊之中，壮烈地牺牲了，时年25岁。

这场战斗一直打到下午1点多钟才结束，活捉了谢文东的部下毕兴奎。

后来，人们为了悼念李银峰同志，把山下的一个小村子命名为银峰村，把这个乡命名为银峰乡。

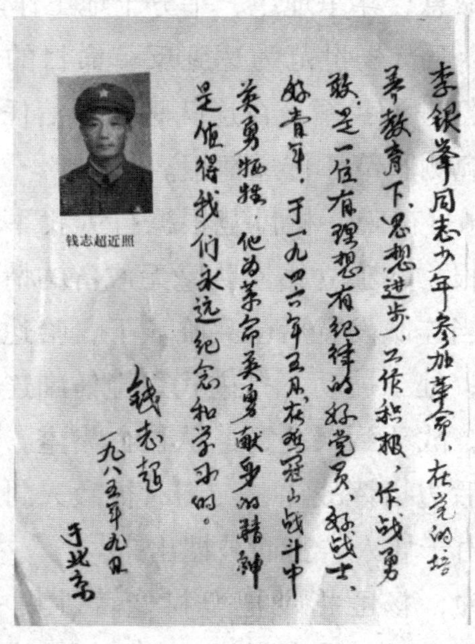

李银峰同志少年参加革命，在党的培养教育下，思想进步，工作积极，作战勇敢，是一位有理想有纪律的好党员、好战士、好青年，于一九四六年五月在鸡冠山战斗中英勇牺牲。他为革命英勇献身的精神是值得我们永远纪念和学习的。

钱志超
一九八五年九月
于北京

钱志超近照

原北京军区副政委钱志超写给鸡东县政协关于李银峰的信

注：钱志超为北京军区原副政委。

六、隋业勤：坚贞不屈的赵树清

赵树清，是鸡东县哈达镇哈达村人，从小他就对恶霸地主产生了刻骨仇恨。“九一八”事变后，在学校读书曾受进步老师的思想熏陶，他见到抗日联军游击队处处爱护老百姓，打日本侵略者，觉得这个军队好，毅然参加了革命队伍。根据工作的需要，他调北平打入伪警队伍做党的地下工作，频繁的革命活动终被特务发觉并跟踪，他为了革命事业不受损失，返回故乡暂时隐蔽。

1945年8月，东北光复，他得知中共东安地委副书记白如海来鸡宁开辟根据地工作，便手持证件参加了开辟根据地工作。1946年2月，鸡宁独立团成立，他被任命为二连指导员。4月，中共鸡宁县委成立后，组织土地改革工作团，县委派赵树清带队在哈达区开展减租减息，斗争地主，平分土地工作。

1946年3月，匪首杨世范为达到反革命目的，趁鸡宁独立团扩军的时机派人打进了我军，在连队骗取了信任，当上了大小不同的头目，以此窥测军情，传递情报。

1946年4月16日夜晚，杨世范根据打进我军的特务狄凤鸣、赵国臣等人的情报，在独立团连队毫无戒备的情况下，出其不意地摸进哈达岗。当连队发觉后已兵临城下，哈达全村被包围。连队打无准备之仗，处于被动。打进我军担任副连长的土匪徐承林与敌人里应外合，战斗到天亮，连队伤亡惨重，连长刘岐山率部突围，指导员在后边指挥战斗，突围时被敌人封锁，老百姓把赵树清掩护起来，由于坏人告密而被搜出来。

早晨7点多钟，杨匪指令把全村老百姓集中到村中心广场上，杨世范假惺惺做了一番训话后，让赵树清辨认谁是共产党员和独立团战士。坚贞不屈的共产党员赵树清义正词严，大骂杨匪滔天罪行。对杨匪说："我是共产党员，连队指导员！共产党员绝不能出卖革命同志，让我来加害老百姓是办不到的！"土匪头子杨世范气得嘴角直哆嗦，半天说不出一句话来，突然暴跳如雷地吐出一句："给这个共产党员赵树清上刑！上酷刑！"匪徒们蜂拥而上，把赵树清打倒在地，用木棍、皮带打得皮开肉绽，死去活来，匪徒们边打边逼问，党的好儿子赵树清只字不露。匪首杨世范无奈，对赵树清下毒手，用两根八号铁线从赵树清肩胛骨穿透与两只手拧在一起捆绑起来，用刺刀把赵树清眉骨上面的肉皮挑开，撕下来盖住双眼押上刑场，赵树清慷慨就义。

第三节　顽匪覆灭记

一、大土匪谢文东走卒杨世范的覆灭

1945年9月3日，日本帝国主义在反法西斯强大势力的威逼下，被迫宣布无条件投降。出身反动军人的杨世范，一看时机已到，便拉帮结伙，招兵买马，成立反动地主武装，在鸡东东海乡一带猖獗地活动起来。开始，他们也打起抗日的旗号，自称抗日第三大队，而后摇身一变，露其本来面目，投靠了鸡东一带最大的土匪头子谢文东，走上了与人民为敌的道路。

杨世范起家　杨世范系山西省人，早年参加过国民党军队，在阎锡山部下当个小头目。1944年6月，在山西与日军作战时被俘。同年冬天，日军把战俘当作特殊劳工押到东北。杨世范就是其中的一个。日军当局对这些战俘很不放心，到哈尔滨后就把他们化整为零，分成若干小队押往各地。到东海乡来的有35人，指派杨世范为小队长，在东海车站做苦工。杨世范很会看风使舵，拍马溜须，很快就得到日军看守的信任。

他们住在现在东海车站的北侧，用木杆和茅草搭的简陋的工棚里，集体食宿。他们的一切行动都由日本看守所指挥。

1945年八月初八（农历），苏联红军从乌苏里、当壁镇、金场沟三路进军东北，帮助中国人民抗日战争。9日下午苏军到达东海乡，并在东海车站与永安车站交界处炸毁一列日本军用列车，日本侵略军扔下储备的武器弹药，狼狈逃窜。这天晚上，杨世范召集手下的三十几名劳工兄弟商议："日本人被打败了，逃跑了，咱们现在不乘机起来干，还等待何时？"于是当晚就商量计划，成立组织。他下令：先收集日本人扔下的枪支弹药。正好被炸的这列日本军用列车，装的全是军用品，足够武装一个营的兵力。同时，又以各种诱骗、强迫等手段招兵买马，不断地扩充自己的队伍。仅一个多月的时间，就发展到七十多人。他还与密山、宝清等地的土匪勾结在一起，统一番号，自称"抗日"第三大队，号称杨团。

为了显示自己的实力，扩大影响，杨团又把自己的一个大队分成两个小队。分别由他的至近亲信李志省和小王任队长。从此，杨世范有枪有人，成了哈达、东海一带的土匪头子。

残害百姓、杀戮无辜。杨团成立以后，以打日本人为名，到处招摇撞骗，搜刮民脂民膏。无辜的良民百姓不知被他害死了多少。

1945年10月，他通令百姓，凡是拣到日本武器、弹药等军用物资的都要交给杨团，"如有不交者，要严加惩罚"。

一天，杨团的一个小头目报告杨世范，东海村张兴有家有一支枪，杨世范即下令抓人，搜查。把张兴有抓来后，进行了严刑拷打，坐老虎凳、灌辣椒水，把左腿骨都给打断了。因为张兴有确实没有抢，所以他至死也不承认。杨世范一看没办法，就派人去抄家，把屋里屋外掘个底朝天，也没找到枪的影子，才泄了气，把张兴有放回家。张兴有回家后，着急上火患了一场大病，不到一年工夫就病死了，扔下孤儿寡母三人，乞讨为生。

攻打哈达河区政府，惨杀革命干部。1945年冬天，日益猖獗的杨世范，为了扩大自己的势力，张扬名声，找一个靠山，主动地接受了反动土匪头子谢文东的改编。杨世范被任命为团长。从此他更加积极地为国民党反动派卖命，变本加厉地欺压老百姓，死心塌地与共产党为敌。1946年5月攻打我哈达河区政府，杀害革命战士13人，犯下了滔天罪行。

哈达河区政府的地方武装叫区中队，是哈达村赵树清同志按党组织的指示，于1946年初组建的，后来发展到一百多人，更名独立连，由张岐山任连长，赵树清任指导员。部队纪律严明，秋毫不犯。经短期军事训练，军事素质提高很快，深受群众欢迎。但是由于建队时间短，对部分士兵没有进行详细考查，给敌人有可乘之机，他们通过各种手段钻进区中队，使部队的成分严重不纯。

在阎锡山部下受训多年的杨世范，深知特务工作的重要性，就派坏人钻进区中队。他们伪装积极，蒙骗群众，骗取领导信任。被提为副连长的徐永林就是其中之一。1946年5月初五夜晚，杨世范与早已打进独立连的土匪狄凤鸣、赵国臣联系，悄悄地往哈达岗区政府摸来。由于独立连麻痹大意，对杨世范的偷袭毫无准备，所以当匪军包围了哈达村拿下岗哨时，战士们还睡在梦里。战斗打响后，独立连仓皇迎战，战士们虽然英勇反击，但终因没有把握住战机，再加上徐永林里应外合，独立连伤亡很大。天亮战斗结束，连长刘岐山带领十多个战士突围，12名战士被抓，指导员赵树清被村中老农民郑大爷掩护起来，后因叛徒告密被拽了出来，被匪残杀。杨世范又欠下了人民一笔血债！

活埋农会干部　杨世范攻打哈达岗区政府得逞后，匪军更加作恶多端。他们和地主勾结起来，杀害农会干部。

1946年春，哈达区区长赵仁田带领二十来名工作队员到东海四人班屯（今永远村）发动贫下中农成立农会，清算斗争地主、富农的财产。四人班屯43岁、苦大仇深的农会会长刘成，37岁的农会主任的刘忠，33岁的农会会员、清算斗争积极分子张勤贵等人，在以区长为首的工作组带领下，积极工作，使“土改”斗争工作进行的非常顺利，在农民当中起到了主心骨的作用。

五月初三（农历），赵仁田等工作组的同志都回家过五月节去了。一个地主趁机与杨世范匪徒勾结，八名匪徒于五月初四（农历）早晨鬼鬼祟祟地窜到四人班村头。按早已商量好的行动计划，四个人在村头站岗放哨，四个人进村去抓农会会长刘成。

当时，刘成正坐在炕上高高兴兴地和妻子、孩子一起包饺子，忽见四个横眉立目的家伙闯进来，用盒子枪对准自己，知道事情不妙，正欲反抗，两个匪徒突然窜到炕上把刘成抓住拖到地下。刘成奋力反抗，但终因寡不敌众，被捆绑起来。匪徒连拉带拽把刘成推出四人班村。刘成边走边骂：“你们抓走我不要紧，抓不走工作队，清算斗争是谁也破坏不了的。”

他们抓了刘成又去抓刘忠和张勤贵。刘忠住在距离刘成家一华里的地方。早晨他冒着小雨拣了一堆石头，准备砌猪圈。干完活，他刚换下浇湿的衣服就有几个匪徒闯进来，没容分说，抓住刘忠就绑起来。一会儿另外几个匪徒也把张勤贵抓来了，和刘忠绑在一条绳子上。八个匪徒押着刘成、刘忠、张勤贵三名同志气势汹汹地向东海北山里走去。

他们来到尖山子屯（今建设村）的东大壕沟外面，在一棵大树下站住了，准备下毒手。这时刘成同志挺身而出，大声斥责匪徒：“要杀你们杀我，清算斗争地主都是我干的，与他们无关系。”刘忠、张勤贵也都视死如归，厉声责骂匪徒的罪恶，并警告他们："解放的日子不远了，你们是秋后蚂蚱，没几天蹦头了。"

匪徒先向刘成打了一梭子子弹，农会会长刘成同志倒在血泊中。接着又向张勤贵打了两枪，张勤贵同志也牺牲了。残忍的匪徒可能觉得这样残杀农会干部还不过瘾，就叫人挖了一个二尺多深的土坑，把刘忠同志扔到坑里，大头朝下活埋了，上面还露着半截身子，惨不忍睹。

三位农会干部遇难后，东海乡的群众无不气氛至极。有的奔到现场，哭悼难友；有的在山上守尸一夜；有的出人有的出车有的出钱，帮助难友家属埋葬了三位令人尊敬的农会干部。

杨世范匪徒的覆灭　杨世范得知三支队十七团开到鸡宁剿匪的消息后，立即向国民党反动派谢文东求救。谢文东率土匪来到鸡宁县平阳镇，企图先发制人攻打鸡西。

战斗一打响，谢文东的几股土匪就抵不住我军炮火的猛烈攻击，纷纷败下阵来，伤亡过半。谢文东一看大势已去，率领残部狼狈向北逃窜。途中遇到败将杨世范，两兵合到一处，跑到哈达岗大荒地才停下脚步，准备在这喘息几天，司机东山再起。就在这天晚上，我三五九旅三支队已探明消息，从哈达岗的先锋村直奔太阳村，占据了杏花山，向惊魂未定的谢文东、杨世范残匪发起了猛烈攻击。这时，兄弟部队也已按计划顺利地从正阳、青山、普山向哈达岗迂回包抄过来，匪军被团团围住四面挨打。次日上午，我军发起总攻，展开一场白刃肉搏战，战斗中匪军伤亡殆尽，只有谢文东、杨世范等少数匪徒跑掉。

杨世范与谢文东跑到黑台，又遇上我军围剿的部队，没打一枪就跑散了。杨世范率残部亲信十几个人向密山、虎林方向逃去。1947年末，在虎林、饶河交界处，这股土匪被我剿匪小分队消灭，讨还了血债。

半截河地头蛇赖明发的覆灭 半截河（今向阳镇）自兴建“裕记火磨”以来，人口成倍增长，工农业生产迅速发展。到1940年，这里已相当富庶，人口增加到二三百户。

日本帝国主义为了加强对这里的统治，先后几易屯长。最后终于选中了会听主子话音，能看上司眼色行事，肯为日本人办事卖命的赖明发当上了屯长。

赖明发当年四十多岁，大个子，猪肚子脸，两个大耳朵向下坠坠着，胖胖的身躯，大肚子向外腆腆着，人送绰号“赖大肚子”。

赖明发是半截河老户，住在通街村。他家有一个阔气的四合院。正房7间，前房5间，东西厢房各7间，共26间。房木全是上等的红松。院子的周围夹有一人多高的杖子，外面还钉了一层铁皮，十分坚固。

1945年日本投降后，社会治安完全由苏联红军和当地政府来维持。因为赖明发过去是屯长，又会看风使舵，苏军就委托他当维持会长。

赖明发当上维持会长的第一件事是组织武装。他向所辖的各村发出命令：凡是有哥俩的，要出兵役一名，哥四个以上的出两名；并且要自己解决枪支弹药；自带衣服、鞋帽。

苏军走后，他又扩充了一下兵额，取名向阳保安大队，自封为大队长。

大队共有520多人，分为五个中队，即向前中队、古城中队、北河中队、通街中队，还有一个四十多人的骑兵中队。

这个大队虽然服装不整齐，但武器却很精良，弹药充足。因为这些武器都是日本投降后的战利品，比较先进。经过一段时间地军事技术训练，士兵素质进步很快。看到这种情况，赖明发干脆取消了保安大队的字样，改号为团，自任团长，人称赖团。原来的五个中队，改成五个连。

1946年8月，鸡宁县大队拿下了鸡西公安局，战斗节节胜利，群众纷纷要求参军参战，我军力量日益壮大，县大队改名为独立团。

这时，盘踞在半截河，老奸巨猾的赖明发主动表示愿意接受我党的领导，从此我们收编了他的队伍，并任命他为游击队大队长。出身反动家庭的赖明发，对共产党素怀敌意，接受改编不过是迫于形势，耍的花招而已。我们虽说改编了他的队伍，却没有改变部队的成分，只派去了几个干部，所以，他的队伍基本上还是原班人马。收编后不久，鸡宁县委获悉：赖明发已与谢文东反动匪帮勾结，策划叛乱。为此，县委决定派王飞和李明顺同志带一个中队去半截河，监视赖明发的行动。任命王飞同志为指导员，李明顺为副大队长。这些同志走后，县委又考虑到赖明发狡猾多端，人多势众，恐出意外，马上又增派赵鸿丰同志前去任副指导员。

我军到半截河以后，更加引起赖明发的嫉恨，但这个老于世故的家伙表面不露声色，暗中却在捣鬼。

赵鸿丰到半截河不久，他就派一个姓李的心腹给盯梢了。这个姓李的借口帮助赵鸿丰熟悉情况，布下了圈套，他说："这里有五个中队，四个中队在城外，明天我陪你去看看。"赵鸿丰初来乍到，不知道底细，信以为真，欣然答应了。

晚上，赵鸿丰向李明顺说明了要到城外面看看情况。李明顺听后十分惊讶，用疑惑的目光注视着赵鸿丰，说："你知道他们要你去干什么吗？他们是要你去送死！"接着李明顺就给赵鸿丰介绍了赖明发一心想搞掉我们的大量事实。许多迹象表明，赖明发要叛乱。赵鸿丰听后，如梦初醒，惊叹地说："险些上当！他娘的！"

第二天清晨，为了避开敌人的圈套，又不给赖明发留下口实，就派赵鸿丰带一支队伍到古城起枪去了。

赵鸿丰他们迎着初升到太阳，刚走出半截河不远，就迎面碰上了一支队伍。开始赵鸿丰还以为是自己人，没太在意。再走近一点一看，队形很不整齐，引起了赵鸿丰的警觉。他举起望远镜一看，来的队伍乱七八糟，有背大枪的，有背短枪的，走起路来歪歪扭扭，是国民党的杂牌军。赵鸿丰立即命令部队就地散开卧倒。当敌人来到跟前时，两军展开了激烈地战斗，枪声响成一片。

为了应付赖明发的突然叛乱，我军一方面做好干部战士的思想教育，提高警惕，一方面向地委请示。地委书记白玉海同志指示：务必抢在敌人的行动之前，打破敌人的叛乱计划。

当时，在半截河，我军不过百人，而赖明发却有五六百人。敌众我寡，只能智取，不能硬拼。据此，我军拟用在道德观会大院开会的机会，将其中队长以上的人员全部缴械，然后重新改编队伍。因为这是一项重大的军事行动，需要请示上级，所以，就派王飞同志前去东安（密山）请示地委，听候指示。

王飞同志是游击大队的指导员，外出好几天，容易引起赖明发的怀疑。为此，他编好理由，临行前去找赖明发请假。恰在赵鸿丰率队去古城子村起枪这天早晨，王飞同志来找赖明发，到门口一看，大门紧闭，只听院里有好多人在说话。他顺门缝往里一看，赖明发的许多人聚在院子里，胳膊上系了白毛巾。不知是他们暗中窥见王飞来了，还是大院四角的炮楼上发现了王飞。只听一个人对赖明发说：“他来了！”

“他在哪？抓住他！”赖明发歇斯底里地叫起来。王飞顿时觉得不妙，回头就跑。随即，枪声在身后响起来。子弹在耳边唧溜唧溜地叫着，身前身后掀起了一股烟尘。

这时，李明顺同志听到枪声，断定王飞同志遇险了，就带部队向赖明发大院奔去。当李明顺同志把王飞迎了回来，走到“裕记火磨”附近时，发现院子里布满了兵，有一个小头目伪装热情地招呼李明顺：“大队副，你来一下。”李明顺一看气势不对，就一个箭步窜到了一个掩体后边，其他同志也各自选择了地形地物。这时，裕记火磨院里的枪声就响起来。因为李明顺同志是大队副，再加上身边还有几十个人，他喊一声“撤！”自己人还有赖第五中队的一部分人，就一起撤到了城外。

到了城外，赵鸿丰同志还指挥着部队与敌人激战。他们合兵一处，很快地打退了国民党杂牌军。

战斗结束了，李明顺清点人数，缴了混进我军的赖明发人员的枪支，然后带队回鸡西了。

赖明发叛乱后，公开地投靠了国民党反动派谢文东。谢文东为了鼓励士气，给赖明发部队晋升一级，由团变成了旅。赖明发任旅长，自此，赖明发更神气了。

可是好景不长，谢文东改编了杨世范、毕文奎、赖明发等人的队伍之后，自觉气粗腰壮，要攻打我鸡宁县城，以阻止我军剿匪东下。然而，谢文东打错了算盘，在鸡冠山下被我军打得落花流水，溃不成军，狼狈逃窜。杨世范保着谢文东跑到哈达岗，再由哈达岗逃往虎林饶河；赖明发带着几十个残兵败将奔回半截河。还没等站稳脚跟，追兵就到了，于是，他们又向虎林饶河一带的深山里逃去。

这年秋天，赖明发只身一人偷偷地溜回家乡，藏在杨木林子的深山中。后来被上山采蘑菇的人发现了，报告了区中队。区中队立即派人进山搜查，抓获了这个罪恶多端的恶棍。

一个月后，向阳区人民政府召开公审大会，老百姓纷纷控诉赖明发的罪行，会后执行枪决。这个恶贯满盈的地头蛇，终于受到了应有的制裁。

二、土匪刘团的覆灭

所谓刘团，就是以刘升为团长的中央胡子，或者说是以刘升为团长的土匪。

刘升出身于地主家庭，家住在下亮子村六安屯（现在新民村）。此人非常狡诈，曾当过日本特务，六安屯维持会会长。

1946年春，共产党三支队的十七团开进平阳镇，与同年三月组建了自治军独立第三营，魏亮亭为营长。下辖三个连，每个连三十多人，刘升为三连连长。

魏亮亭为人正直，深受百姓拥护，但刘升却视他为眼中钉，曾多次和把兄弟郭锡山等人暗自商定找机会干掉他。

1946年4月，驻平阳一带的苏联红军准备撤走。一天，苏军司令部召开会议，各地方治安团领导也参加了会议。刘升和郭锡山也混了进去。会后司令部请与会人员在“八角楼”（平阳大戏院）看戏。晚上10点多钟，节目临近尾声，魏亮亭带着警卫员石民上厕所。早已密谋好的刘升和郭锡山也跟了出来。正当魏伸手解腰带的时候，郭锡山从背后叭的一枪，魏营长吭哧一声栽倒在厕所边。郭锡山打完枪后，还故意问警卫员石民：“你看没看到是谁打的？”旁边的石民看要动手，便抢前一步，缴了石民的枪。就这样，深受人民尊敬的魏营长牺牲在刘、郭之手。

第二天，刘、郭骑马率亲信来魏营长的营部（柳河维持会），缴了守卫营部的十多个人的械。从此，刘升独树一帜。他为了找靠山，便与谢文东暗中勾结。因此谢文东特地从牡丹江来到东海，把综合的刘升、平阳的杨青山、半截河的“赖大肚子”勾结在一起，都加封为团长。刘升正式当上了团长，刘团共有士兵一百多人。副团长林秀（镇反时被枪决），参谋长窦万军，军需姜鸿福，一营营长冯玉福，二营营长宫振华。从此，刘升死心塌地与人民为敌。

1946年4月下旬的一天，三支队十七团的两名战士骑着马往半截河送情报，被刘团的暗哨抓住（刘团驻扎在下亮子烧锅，在下亮子村东岭设有暗哨）。刘根据情报，一面与赖团联系，一面埋伏人马。第二天下午3点多钟，果然十七团的一个连向下亮子方向开过来了。队伍刚走到岭的中间就遭到了突然袭击。这场战斗持续了两个多小时，打得十分激烈。战斗打响后，半截河的赖团又来增援，十七团的这个连不得不撤回平阳镇。刘、赖两团共一百五十多人，跟踪到平阳镇东南的宝山村。晚上，刘升的探子报告说："河南村驻扎着十七团的一个连。"刘升听到报告后说："好！咱们来个偷袭，血洗河南村！"

当晚，刘、赖又纠集新从勃利县开过来的褚骑兵团，共三百多人向河南村围去。午夜12点钟战斗打响了，因为十七团的这个连早已有准备，没啥伤亡，很快的撤退了。但是，老百姓却遭了殃。土匪见人就杀，见值钱的就抢，见房子就烧。顿时，河南村浓烟滚滚，火光冲天，尸体横地，惨不忍睹。

1946年5月15日，刘团又参与谢文东组织的鸡冠山战斗。早上8点钟，战斗打响了。十七团炮火十分猛烈，谢文东溃不成军，刘团只剩下十来个人。刘团逃回四排村，白天蹲在筐箩山隐蔽，晚上回四排村烧锅住。

1946年6月上旬的一天，刘升正和他小老婆在四排村烧锅抽大烟，十七团的一个排从此经过，听说刘升躲在这里，就立即把烧锅包围起来。枪响后，刘升和他小老婆从后窗户往外跑，被十七团击伤，活捉了。

1946年秋天，下亮子政府召开公审大会。刘升、郭锡山被押上审判台，当即枪决。

三、小土匪头目周和的覆灭

1945年9月3日，日本帝国主义宣布无条件投降后，中央胡子出身的周和，乘机组织了反动武装。周和自称总司令，用土匪的话说“总当家的”，还有一个参谋叫陈秀峰（字匠）。

他们盘踞在半截河南山日本人留下的山洞里。山洞全是用石头、水泥、钢筋筑成的，洞口设在山顶石崖中。这里地势险要，群山环绕，树木茂密，易守难攻。这些土匪经常深更半夜的下山来抢夺老百姓的粮食、衣物、钱财，还与刚刚建立的区人民政府为敌。1946年农历八月十四下午，周和乘刚下过雨和人们筹备节日的机会，纠集了13名土匪攻打下亮子区政府。

他们从老巢出动，直奔综合屯。进屯后非夺即抢，并强迫老百姓杀鸡为他们接风。晚8点多钟，他们抢走一辆马车，乘车去下亮子区政府，10点钟左右他们到达下亮子。周和十分狡猾，他先派人监视好工作团的驻地，给自己留下退路，然后带人来到区政府。他们谎称是三五九旅的人，到了跟前，没容分说就把岗哨绑了起来。这时，区政府的同志正在睡觉，毫无察觉。土匪进屋后，用枪对准了睡觉的人们，抢走全部枪支弹药。

土匪们在区政府的一个套间里，发现了被押的地主、富农，他们急于救这些人，就用枪托砸门。这时惊动了住在另一间房子里的两名朝鲜族同志。他俩不顾生死，向砸门的土匪开了两枪。周和听到枪响后急忙往外窜。在外面担任放哨的一个18岁的小土匪，听到枪响后，急忙向屋里打了一枪，正好打在周和的踝骨上，周和“哎哟”一声倒在地上。众土匪一哄而上，一面背起周和向外跑，一面向屋里开枪。在外面负责监视工作团驻地的几个土匪，接过枪支捆好，没命地向山里逃窜。

住在公路北侧的工作团岗哨听到枪声立即报告驻军四连的

金连长。金连长以为土匪刚进区政府，就立即命令用“六〇”炮向区政府大门口轰击。刚刚逃出大门的土匪听到炮声更加丧魂破胆，连拴在村东头的马车也没顾上坐，背着周和直向南山逃去。金连长指挥战士打了两炮后，不见动静到区政府附近一看，土匪已经跑光了。四连战士进屋后，将受伤的同志抬去医治，将牺牲的一名朝鲜族同志进行安葬。经清查，还少一名哨兵，于是大家四处寻找，最后在南边沟里找到了他。给他解开了绳索，掏出了塞在嘴里的毛巾，救了回来。

土匪逃回山洞后，参谋陈秀峰向周和献计说：“司令，我们这次攻打区政府，得了他们十二支枪和一些子弹，还打死了他们的人，收获不小，可是司令受伤，损失也挺大。驻平阳镇共军十七团知道司令受伤后，明天一定会来追剿我们的。所以此地不可久留，莫如趁天黑咱们换个地方。”周和听李秀峰说得有道理，就连夜向牛心山逃去。第二天上午9点多钟，他们到达牛心山北坡，在一个地窝棚住了下来。这个地窝棚是当地农民烧炭时住的简陋小房。这时正值秋季大忙，没人烧炭，窝棚也闲了起来。

第二天，下亮子区政府领导和驻军四连金连长，把土匪夜袭区政府的情况向驻平阳镇的十七团和县委马书记作了汇报。经县委研究，决定坚决消灭这股土匪。十七团虽然多次派人进行侦察，但因土匪已从南山逃走，所以一直没能抓住踪迹。农历八月三十，平阳镇金生屯的一名妇女到山上去采木耳，走迷了路，傍晚走到了土匪住的地窝棚，被站岗的抓住交给了周和，经审问，证实她确实是一个普通农家妇女时，才把她放了。这位妇女在山上住了一宿，第二天回家就把遇到土匪的经过报告了农会。

农历九月初一，下亮子四排村一个老头，赶着牛车上山拉柴，他刚走进山里，就迎面碰上了下山抢东西的土匪。这伙土匪立即将老汉围住，抢走了牛车，并把老人打昏在地。老人醒来时已不见土匪的影子，就顺车辙找到了土匪的驻地。回来后，把情况报告了十七团。

十七团团长李尔重听到两位老百姓的报告后，决定尽快铲除这群败类。于是派一名女同志，又在曲河村找到一位年龄较大的老太太化装成母女俩上山采木耳。她们来到土匪驻地附近，观察好了地形和土匪的实力，向李团长作了详细汇报。

农历九月初四夜晚，李团长率领十七团的一百多名战士出发了。他们扛着四挺机枪，顺希贤村南山直奔牛心山。次日早晨3点多钟，队伍到达距土匪地只有两里的山坡上停下来稍加休息，李团长部署了作战方案。

土匪住的房子在西面的一个小山包底下，门向东开，房子是用蒿草围成的。根据地形，我军分成三路，一路在房子东面的山顶上，两挺机枪两个班；二路在房子北面的山顶上，两挺机枪两个班；其余的是三路，到房子西面的山顶上，向下开火，直取房子。房子的南面是一块比较平坦的开阔地，我军三面夹击，敌人若跑，必然要葬身于开阔地中。一切部署完毕，战斗开始了。第一路打响了第一枪，这一枪正好打在站岗的土匪的胳膊上。土匪捂着伤口往屋跑，并大喊："追兵来了！"正在睡觉的土匪被惊醒，顿时乱作一团。只有匪首周和比较镇静，高声喊："慌什么！昨晚军师还算了一卦，说没问题，是不是杨青山的枪走了火？"随即派一个土匪出外看看。土匪刚一露头就听一声枪响脑袋开了花。屋里的土匪一看这么厉害，更加吓得要死，一齐往外挤，只有周和因伤口未好卧在那里未动。又一阵枪响，一个土匪爬了出来同我军接上了火，其他土匪也乘机挤了出来。这时，架山梁上的机枪疯狂地叫了起来，顿时土匪死伤满地，再也不能还击了！打扫战场时唯独不见周和，战士们围着房子再三搜查就是不见周和的影子。最后，一个排长进屋见旮旯里堆了一大堆棉被，就拽了起来，周和果然仰而朝天地躺在那里，手里还握着一支手枪。这位排长用脚踢了他一下，他动也不动，认为他死了，刚转身出门叫人收尸，忽然两声枪响，这位年轻的排长应声倒下，胸部连中两弹，当场牺牲了。接着周和又向外掷了两颗手榴弹，炸伤了我两名战士。李团长命令向屋里喊话，交代政策，但这个顽固不化的恶棍，拒不投降，仍然向外放冷枪。我十七团战士将两颗手榴弹绑在一起投了进去，只听轰隆一声巨响，房子被炸塌了，燃起了大火。周和这个与人民为敌的小土匪头目也葬身于火海之中。

这场歼匪战斗经过一个多小时的工夫就结束了，共击毙土匪22人，俘虏15人；缴获步枪25支、手枪1支。从此，下亮子一带比较安稳了。

四、火烧河南屯

平阳镇南面三华里的地方有个朝鲜族小村子，叫河南屯，是个美丽富饶的地方。一个世纪以来，勤劳勇敢的朝鲜族人民，用自己的双手把这块平坦的土地开垦成块块水田，给人们以馈赠，给人们以欢乐。同样，这里的人们也有自己的辛酸。

1946年，虽然抗战胜利了，但中央胡子（土匪）、地主武装十分猖獗，人们得不到安宁。

在鸡宁县境内，就曾有赖团、刘团、杨团、胡团、毕团等反革命土匪武装。他们杀人放火，攻击农会，严重地破坏干扰了土地改革的顺利进行。为了确保“土改”工作顺利进行，鸡宁县委组编了以白鸿涛为政委，许鹏祥、许凤山为队长的地方武装配合三五九旅进行剿匪。

1946年4月下旬的一天，平阳镇区中队同驻平阳镇十七团的两个排，奉合江军区的命令，到半截河执行剿匪任务。途中，在下亮子烧锅东岗，遇到了土匪刘团的伏击。战斗十分激烈，双方互有伤亡。因为我军不掌握情况，地形也对我军不利，所以战斗很难坚持下去。下午5点多钟，张副团长命令部队撤到平阳镇东大桥和河南屯驻扎。十七团的两个排驻守东大桥，区中队驻守河南屯。

河南屯的老乡看到区中队来了，纷纷送水送饭，还帮助队员挖掩体，修工事。

傍晚，一位衣帽破旧，腰系布带的老人来报告说："赖团、褚团、刘团、杨团联合起来，共三四百人，准备今晚从宝山、河南绕过平阳镇，攻打鸡宁县城。"

深夜11点钟左右，在富国屯东岗发现一队人马滚滚而来。队员们立即进入掩体，准备战斗。当土匪接近掩体工事一百米左右的时候，队长一声令下，打！顿时步枪声，机枪声，手榴弹的爆炸声响成一片。战斗持续了30分钟，打退了敌人三次进攻，但终因为寡不敌众，最后撤出了河南屯。

土匪进屯后，杀人放火，无恶不作。顿时，河南屯一片火海。没来得及撤走的李立阳和妻子、儿子，韩福根的姐姐，李八龙夫妻，金莲福的全家，共35人惨遭土匪杀害。土匪们狰狞地笑着疯狂地折腾一个多小时，才向鸡冠山方向开去。

第二天，乡亲们在村干部的带领下，含泪忍痛掩埋了遇难的尸体，整理着土匪残酷洗劫的村庄。乡亲们个个义愤填膺，司机报仇雪恨。

此次战斗后，赖团、褚团、刘团、杨团、毕团勾结在一起，企图攻打鸡宁县城。然而，在鸡冠山下，被我三五九旅打得落花流水，狼狈逃窜。在虎林、宝清一带被我军全部剿灭。

河南屯的老乡听到这一胜利消息后无不拍手称快。

七十多年过去了，人们怀念死去的同胞，继承先烈的遗愿，建设美好河南村家园。

第四节　鸡东地区剿匪大事记

1945年

8月8日，苏联对日宣战。下午苏联飞机袭击鸡宁县境内日本侵略军军事设施。

8月11日，伪鸡宁县协和会参事刘维本出面，伪警特宪、汉奸、地主、豪绅纠合在一起，组成“东安地方维持会”。

8月12日，苏联远东军第一方面军进驻鸡宁街，鸡宁县光复。

8月15日，日本帝国主义宣布无条件投降。

9月2日，“维持会”改组成“东安省临时政府”。高全声任临时省政府主席，孙福臣任副主席。成立东安公安局和公安大队，网罗200多名伪警宪特，每人均配有充足的枪械弹药，成立“中央军东安地区保安总队”。鸡宁游击总队改称“鸡宁县保安总队”。

9月16日，东北抗日联军驻哈尔滨办事处李兆麟派陶宣民等7人组成工作组，到鸡宁县向东开辟革命根据地。陶宣民为组长，杨公益为副组长。

10月16日，陶宣民召集工作组全体成员会议，确定将工作组改为“东进工作委员会”。

9月18日，东进工作委员会根据需要，分别在鸡宁街、平阳镇、梨树镇、滴道街建立四个分支机构。

10月20日，东进工作委员会主任陶宣民派副主任杨公益去佳木斯向中共合江省工委汇报工作，并请求省工委派干部和部队。省工委领导根据鸡宁县的形势指示三江自治军司令部派部队到鸡宁县清剿反动武装。

12月19日，鸡宁县的伪残余势力组织反动政权勾结国民党第十五集团军参谋长、土匪吴康捣毁东进工作委员会办公室，抓走2名干部，在苏联红军驻鸡宁县司令部的干预下释放。

1946年

3月初，合江省最大的土匪头子谢文东率300军人从勃利流窜到哈达河、半截河等地，开始与郭清典、杨世范、赖明发勾结。

3月15日，土匪头子杨世范率匪徒偷袭驻守哈达岗的鸡宁县独立团二连。除连长刘岐山带领12名战士突围外，指导员赵树清和十几名战士被俘，惨遭土匪杀害。

4月8日，牡丹江军区三支队警卫团在王景坤团长率领下，全团3个营1 700多人进驻平阳镇。

4月13日，东北人民自卫军三支队警卫团从平阳镇出发，全歼盘踞在东海屯的杨世范匪部100余人，然后乘胜进攻永安车站守敌。杨世范匪部200多人向半截河方向逃窜，俘匪兵30多人。

4月15日，土匪郭清典率500多匪徒偷袭王景坤警卫团（团部驻永安火车站），战斗非常激烈。我增援部队投入战斗后打退土匪，活捉郭匪部下20多人。

4月15日，谢文东匪部偷袭鸡宁县独立团驻哈达岗村连队。独立团派2个连兵力和苏军1个炮兵营，由徐华亭率领前往救援，打散土匪，缴获一部分武器和弹药。

4月16日，王景坤警卫团在半截河邢家大院与土匪祁少武、赖明发部交战，我军占据有利地形，给敌人以大量杀伤，击毙土匪30多人。

4月16日，中共鸡宁县委为稳定局势，加强社会治安，巩固根据地，决定分别在滴道、恒山、平阳、曲河、新平、哈达岗村建立公安分局。

4月17日，经过一夜对敌袭扰后，王景坤率领的警卫团派2个连的兵力涉水过河去二人班方向堵截可能东逃的土匪。天亮前攻袭半截河南的祁少武、赖明发的防守土匪，歼灭匪徒200多人，缴获步枪190支、轻机枪4挺、子弹2万余发、掷弹筒2个。

5月10日，土匪谢文东在平阳镇维持会大院内召开东安地区土匪头子会议，成立东安地区攻城联合指挥部，谢文东担任总指挥。

5月15日，国民党新编第二十七军八十五师师长、土匪头子谢文东匪部1 000多人占领平阳镇、平阳站之后，分2股袭击鸡宁县城，一股由杨世范指挥，经哈达河、城子河村从北面偷袭；另一股由谢文东指挥从东面沿铁路进攻鸡宁县城。在肖荣华司令员和谭文邦政委指挥下，以三支队十七团为主力展开反击，在大顶子山我部队与土匪开展激战，经过近1天的战斗，将谢文东匪部击溃，在乘胜追击中，十七团二营教导员李银峰壮烈牺牲。

同日，牡丹江军分区三支队十七团一部分兵力进剿半截河，包围赖明发老巢赖家大院和“裕记火磨”。赖明发部下2个中队200人投降，赖明发逃跑。

5月20日，牡丹江军分区三支队十四团、十五团协同作战，攻克谢文东匪部盘踞在哈达岗村匪部，800名匪徒大部被击毙和俘虏，只少数匪徒随谢文东逃跑。

6月13日，中共中央东北局，东北人民自治军总司令部联合发出《关于剿匪工作的决定》，对剿匪部队重新作了部署。

同日，牡丹江军分区三支队警卫团和驻鸡宁县大队收复平阳镇，俘匪团长毕星魁、参谋长关荣久，以及其部下一百多人，缴获步枪100多支。

6月20日，中午，我东北民主联军第三五九旅主力部队乘火车抵进永安火车站，刘转连旅长、安福生政委与中共东安地委书记吴亮平、牡丹江军分区三支队司令员肖荣华、政委谭文邦详细介绍了东安地区匪情，会上宣布了刘转连旅长的作战命令。

6月21日，清晨，我军主力部队及地方部队近两万人分别从永安、半截河出发，南至中苏边境沿线，北至完达山纵深广阔地带，向合江省当时人数最多、匪势最大的郭清典匪部发起总攻。

7月，下旬，“土改”工作团进驻鸡宁县后，首先抓清剿土匪工作，一面发动群众，一面组织农民武装，配合部队清剿土匪。

8月，杨世范匪部600多人活动在东海、平阳镇一带，赖明发（绰号赖大肚子）500多人活动在半截河一带。

9月7日，《东北日报》报道，鸡宁县驻军8月剿匪战绩：剿匪战斗51次，击毙（俘虏）土匪950人，俘虏匪首孟尚武、刘云龙、邹世鹏等472人，劝降土匪1 000多人，缴获轻重机枪70挺，大炮24门，汽车、掷弹筒、战马、弹药等大量战利品。

9月16日，土匪头子周和、杨春山带领70名匪徒进攻平阳区富国屯，放火烧民宅，被公安局、自卫团击退。

9月19日，土匪头子孟尚武被镇压。

9月28日，鸡宁“土改”工作团团长李尔重指挥三支队十七团1个连100人，包围牛心山村土匪老巢，击毙土匪头子周和及其部下数十名，俘虏匪徒20人。

1947年

1月4日，鸡宁县“土改”工作团组织军民包围平阳镇项家屯，活捉匪首项兰亭。

3月18日，《东北日报》报道，永安地区永安村枪毙土匪窝王罗广斌。

同月，半截河一带的自卫队集中20多人，配合正规军一起到南山搜匪，捕获了国民党东北先遣军旅长、原中央军东北地区保安总队第六大队队长赖明发。在公审赖明发的群众大会上，还没等执行枪决，就被愤怒的群众用扎枪扎死。

9月，根据鸡宁、密山两县交界处有土匪400人，抢粮抓人，绑架杀害农会干部，扰乱社会治安的情况，中共鸡宁县委召开紧急会议，决定由县长沈先夫带领县大队300多人，分赴黑台、平阳镇以东地区2路进剿土匪。经过7天战斗，击毙土匪100人，活捉几十人，劝降100人。县大队战士伤亡20人。

12月，鸡宁县大队进剿东海村和永安村土匪。经过十几天的追剿，击毙土匪100人，俘虏90人，至此，鸡宁县境内大股土匪基本肃清。

第六章 “土改”建政峥嵘岁月

1946年鸡东地区在东北解放后，进行了剿除匪患的斗争，同时进行了土地改革和根据地的建政工作。

第一节 鸡东地区土地改革运动

在中国两千多年的封建社会中，实行的是土地私人占有制度，一直延续到民国末年。土地被大量的兼并到官僚、地主、买办、豪绅手中。日本帝国主义侵入东北后，他们与地主阶级勾结在一起，进行殖民主义的统治，大量掠夺和兼并农民的土地，从而使土地日益集中于帝国主义和地主阶级的手中。在十四年的日伪统治时期，日本帝国主义出于掠夺中国土地，实行日本开拓移民政策的需要，用伪“满洲拓殖会社”①和“开拓总局”②的名义，用强制的手段从农民手中低价收买或强行霸占土地，因而出现了大量的“满拓地”和“开拓地”。在当年的永安乡就有一

①“满洲拓殖会社”：是适应日本开拓移民的需要而设置的日本开拓移民的机构，在各地设立开拓团，强行霸占农民耕地。

②“开拓总局”：是伪满洲国设立的开拓机构，抢占农民耕地，称为“满拓地”，交给各地地主代为经营，称为“满拓地主”。

伙日本移民开拓团，强行霸占大片农民土地。以1945年为例，鸡宁县耕地的占有情况是：日本开拓团占11.7%，日本人霸占“满拓地”占66.2%，余下的22.9%的耕地，又被占农村人口不到10%的地主、富农占去17.68%~19.89%，而占农村人口90%的贫苦农民仅占耕地总数的4.42%~2.21%。另密山县半截河区明德屯（现鸡东县明德乡）1946年初，耕地总数的74.7%被地主、富农所占有，而贫农只占6.8%。广大失去土地的贫苦农民只好给地主、富农、日本开拓团和满拓地主扛劳金，或租佃他们的土地，遭受日本帝国主义和封建地主阶级的双重压迫和剥削。

在中国两千多年的封建社会中，农民是最为悲惨的。尤其是日本帝国主义侵入之后，地主阶级与日伪势力相结合，对农民实行了极其野蛮的殖民主义、封建主义的反动统治与剥削。日本帝国主义在东北农村建立了庞大的统治机构，宪兵队、警察署、特务机关、协和会、村公所、自卫团、兴农合作社等机构布满农村。农民在这个反动统治之下，没有任何政治权利与民主自由，稍有不满，即被扣上“反满抗日”或“政治犯”等罪名，而进行镇压，过着亡国奴的生活。地主阶级对农民的剥削非常残酷，他们通过地租、高利贷和商业盘剥，对贫困农民进行敲骨吸髓的压榨。地主出租的土地的租额约为每垧地总收入的25%~40%，有的竟高达50%，而且多为上打租。去了交给地主的地租之后，农民劳动一年，所剩无几，有的甚至倒贴。

除了地租之外，地主还对农民进行高利贷剥削，其形式主要是放粮和借贷两种形式。放粮，春一石，秋还二石；借贷，则以年利的4分、5分为普遍，有的高达6分、7分，更有甚者，竟达到10分利和“蹦蹦利”（驴打滚、利滚利）。农民只要陷入高利贷的罗网，就无法翻身，必然要遭到倾家荡产的厄运。

除上述之外，地主还利用权势，对农民进行非法的商业剥削。在日伪的经济统治下，由于取消了农产品的自由买卖，一切城镇乡村的油粮店铺及加工业，均为与敌伪有密切联系的地主阶级所垄断，成为配给商。他们依仗敌伪势力，把持油粮的买卖权，获取高额利润，尅扣配给品，鱼肉人民。

在长期的殖民主义、封建主义的残酷压榨下，广大农民极其贫困，生活极其痛苦，挣扎在死亡线上。他们无力扩大再生产，没有生产积极性，社会经济也日益萎缩。封建的土地占有制度，严重地阻碍了生产力的发展，是广大农民贫穷困苦的根源。实行土地制度的改革，打破旧的生产关系，解放农业生产力，是异常迫切需要的。

1946年5月，中共中央发出《关于土地问题的指示》《五四指示》。当时东安地区为东北局的“土改”试点，派出了以陈伯村为团长，李尔重、于杰为副团长的东安“土改”工作团。7月份，陈伯村团长率团进驻半截河区，曾任永安县委书记的谭云鹤为明德屯“土改”工作队队长。副团长兼鸡宁县“土改”工作团团长李尔重，率团进驻平阳镇区，团部设在平阳镇。开始了轰轰烈烈的土地改革运动，一场冲击延续几千年的封建土地所有制度的暴风骤雨来临了。

“土改”工作队进村之后，做的第一件事就是扎根串联，访贫问苦，进行宣传教育工作。首先，队员们挨家挨户宣传党的“土改”政策，说明工作队的来意，开小会诉苦，启发贫困农民的阶级觉悟，选择培养积极分子；其次是分阶层召开群众会议，宣讲党的政策，算地主、富农的剥削账，认清地主、富农的剥削本质和贫苦农民受穷的原因，激发被压迫、被剥削阶级的阶级义愤；最后是把贫苦农民组织起来，成立农会和贫雇农团，使广大贫苦农民抱成团，与地主、富农做斗争。为防止土匪和反动地富分子的报复、捣乱破坏，组织青年成立了基干自卫队。

第二件事是开展反奸清算和减租减息斗争。这次斗争的主要对象是敌伪统治时期，欺压群众、为非作歹，为群众所痛恨的伪官吏、大汉奸、警察、特务和恶霸地主。发动广大贫苦农民揭发其勾结日寇，欺压百姓，鱼肉人民的滔天罪行。然后，根据本人的罪恶情节予以法办。对其逆产[①]实行没收，并把斗争果实分给群众。同时还减少了地租和借贷利息，使农民减轻了债务负担。通过这一斗争，严厉惩治了那些长期骑在农民头上作威作福、认贼作父的汉奸、恶霸和走狗，打击了他们的嚣张气焰。同时也教育了群众，争取了多数，孤立了少数。

第三件事是划阶级定成分。这是一项政策性极强又非常严肃的工作，稍有疏忽或大意，就会带来不良影响。工作队和农会（贫农团）根据《土地法大纲》中的规定，根据每户居民占有生产资料的多少和剥削收入占全家收入的比例大小等因素，划分为"地主""富农""中农""贫农""雇农"及"手工业者"等不同的阶级成分。地主、富农的比例很小，不足农村总户数的10%，90%以上为中农和贫雇农。

第四件事是斗争地主、富农，平分土地。经过一段时间的宣传、发动工作，贫雇农的阶级觉悟有了极大的提高，认清了地主、富农的剥削本性，纷纷起来和地主富农作不妥协的斗争。为满足贫雇农的要求和愿望，进一步发动群众，平阳镇区在大戏院，半截河区在居仁屯（今向阳镇红星村）都各自召开了声势浩大的斗争、公审恶霸地主的群众大会。各村在农会和基干自卫队的组织下井然有序的参加，有的背着大枪，有的手持红缨枪，威风凛凛，气势逼人。苦大仇深的贫雇农纷纷登台诉苦，控诉隋广洲、王忠等恶霸地主对广大贫苦农民的残酷压迫和剥削的罪行，强烈要求公审枪毙这些罪大恶极的坏蛋。最后，根据这些地

①逆产：即日伪人员所占有的财产。

主、恶霸所犯罪行的事实，当场公开枪毙了隋广洲、王忠等恶霸地主。对恶霸地主的严厉镇压，打掉了地主、富农的威风，振奋了贫雇农的斗志，真是大快人心，扬眉吐气，再也不怕地富等坏分子了。在这次会议的鼓舞下，各村又相继掀起了砍大树（地主），挖浮财斗争，没收了地主、富农的土地、财产、粮食、衣物，分给一贫如洗的贫雇农。为彻底摧毁封建的土地所有制度，1948年10月，在县政府的部署和各区农会的领导下，以村为单位，对土地进行了重新丈量，按等级平分土地。当祖祖辈辈没地、少地，当牛做马，受尽欺凌的贫雇农们，接过政府颁发的土地执照，终于有了自己的土地的时候，他们趴在地上，手捧油汪汪的黑土，流下了浑浊的泪水。

土地改革这场农业生产资料所有制彻底变革的伟大革命，从根本上消灭了延续了数千年的封建土地所有制度，彻底摧毁了农村中的封建残余势力，广大农民终于实现了梦寐以求的“耕者有其田”的夙愿，使农民在经济上、政治上真正翻了身，成为国家的主人。

第二节　回忆鸡东地区的“土改”建政

一、赵志煊：难忘的一九四六年

东北局“土改”工作团之一——东安地区“土改”工作团是在1946年7月6日集中到东安地委的。地委书记吴亮平同志和他的爱人杜凌远同志都是我们在延安时的老首长和战友。经过从西北到东北的漫长行军，又在东安相聚。为了贯彻党中央关于建立巩固东北根据地，发动群众，开展“土改”运动，我们又并肩战斗了。

工作团大约200余人，有80余人是从各根据地来的老同志，还有百余名东北大学的学生。我们这个团的阵容较大，干部素质较好。“土改”，对我们是一个全新的任务。东安，对我们是完全陌生的地方。日寇勾结当地的地主武装，统治人民14年，日本投降了，汉奸和土匪武装勾结起来，摇身一变成了“中央军”，继续压榨劳动人民，东北同胞仍然处在水深火热之中。工作团当时的第一课就是学习“土改”政策，明确“土改”的阶级路线是依靠贫雇农，紧紧团结中农，争取富农，争取或孤立小地主，集中力量打击恶霸地主。

我和高曙晖同志任工作组组长，后来邵宇同志也到我们组里担任组长，还有一位黄定山同志是广东人，其他6名都是东北大学的男女同学。我们这一组，被分配到密山县半截河区居仁屯（现鸡东县向阳镇红星村）。

访贫问苦　挨门串户，访贫问苦，宣传共产党是为劳动人民翻身求解放的党，宣传“土改”是贫雇农翻身解放的唯一出路。

开始贫雇农不相信我们，不相信真有这样为劳动人民谋幸福的党。但是，苦大仇深的贫雇农很快就靠近我们了，让我们在土炕头上坐，让我们讲革命的道理。一会儿就有小孩子的脑袋钻进门缝里观望，一会儿孩子们又找来他们的爷爷、爸爸，后来也有一两名妇女，悄悄地蹲在墙角里“听讲”了。就这样，一个星期左右，我们就打开了局面，团结了一部分贫雇农。于是，我们就有了群众基础。我们工作组到哪儿，哪儿就是一窝人。晚上，在我们住宿的小学校里，贫雇农川流不息。我们老同志和东大的学生在和群众串联中，增强了阶级觉悟，增长了智慧和才干。贫雇农一个接一个地“诉苦”，对我们是最深刻的阶级教育。居仁屯一位贫雇农告诉我们：多少年来我们贫雇农牛马不如地劳动、生活在这块土地上，也死在这块土地上，终生不得温饱，最后的一个小块祖坟地也被地主夺去了。地主老财主躺在炕上抽大烟，筑起土围子，四周设岗哨。日本人来了他当汉奸，中央军来了他当区长，不劳动，却吃鱼肉，穿绸缎，骑在我们脖子上！贫雇农王臣含泪诉说："我给地主王忠家扛了10年活，我爸爸给他干了一辈子，最后死在地里，连块席子都不给，就光着身子埋进土了。我13岁就给王忠拉来还债当半拉子！吃的是糠窝窝，干的是全劳力。"王忠还口口声声说："狗崽子小王臣！咱们都姓王，看在这面子上，我才养活你！"

这样的诉苦，最终总是说得人痛哭失声，听的人个个落泪。我也是含着眼泪问王臣："算一算你们祖祖辈辈给地主王忠干活的账吧！到底是他拿猪狗食养活了你，还是你拿血汗养活了他？"

这个13岁就当半拉子，现在已经是20岁的壮小伙子，呼地站了起来，举起双手大喊起来："共产党，我一定跟你干革命！工作组，我决心跟你们斗地主！"就是这样，恶霸地主王忠家有多少地、有多少房、有多少枪？银圆埋在哪？几个少爷跑到哪？他有几房小老婆？长工里有几个是贫雇农……群众公开地或是秘密地把地主的情况弄得一清二楚，全告诉了我们。

半夜了，也有人来轻轻敲着窗户说："王忠摸黑就外出了，约莫着是去找某某人了。"

妇女也动起来了 开头，他们都拉后腿，怕自己的男人闯出乱子。但是不久，我们女同志就找到了陈寡妇家，这位40岁的妇女对明德屯啥事都知道，并且很快成了我们贫雇农妇女的集合点。散会时，天黑了，她们总是三五成群地把我们护送到小学校，一直看着我们进了屋，她们才放心。后来陈寡妇的儿子，当了本屯第一任武装委员。

当了14年亡国奴的贫雇农，身受几重压迫和剥削，一旦明白了“谁养活谁”的真理，再翻开这一家一本的血泪账，埋在心里的深仇大恨，一下迸发出来真是一声惊天动地的春雷。一个以贫雇农为主体的群众性的反地主、反恶霸、要土地、要生存的斗争之火，迅速地燃烧起来了。

组织农会 这一号召一提出来，就受到贫雇农的拥护。贫苦人要求“革命”，只有组织起来力量大，可由谁来挑头呢？会不会变天呢？共产党能待长吗？能治得了地主吗？等等，这一切怀疑是筹备农会前必须解决的重要问题。我们在小学校里办起了“贫农夜校”，这是不挂牌、不起名，不知几时上课、不知几时下课，没有固定老师，没有固定学生的“学校”。每天，天黑了，三三两两的人就向小学校走来。这里是一个吸引贫雇农的大课堂，用唠家常的方式，一个一个问题地争争吵吵。争执不下时，就会有人说：“让工作组同志说说吧！”我们就此开课了。从劳动创造财富到劳动创造世界，谁应该是世界的主人？为什么劳动者永远受剥削、受压迫？一直说到共产党的性质、任务。今天为什么要“土改”？这是土地还家！地主甘心吗？一定不。那么就要我们贫雇农组织起来，把政权拿到手，才能保住咱们劳动人民的天下。我们就是这样一夜一夜地讲革命道理，人们从不中途散去。一天，丁木匠举起一个细树枝一下子折断了，又拿起一个粗树枝怎么折也折不断，他说：“乡亲们，工作组讲组织起来的真理，就是这么个理，团结起来力量大！”几个小伙子带头鼓起掌来了。

贫农会要成立了，老老少少男男女女都来了，大家瞪着眼，看有没有富农地主的狗腿子混进。开选了，一个人发5粒黄豆，每位候选人身后放一个碗，群众在候选人身后向他们拥护的候选人碗里投豆粒。最后，群众推选工作组的同志数候选人碗里的豆粒，公布当选的农会委员。记得是当长工的大高个子陈某某当选了农会主任，陈寡妇的三儿子当选了武装委员。

斗争地主会。组织起来的农会，气势很壮，听到别村已经斗了地主老财，分得了土地、粮食、牲口，还有浮财，居仁屯的农会自己提出来要斗王忠了。

经过几天的准备，开会之前，通知了半截河街上和明德屯的群众都来参加会议，把王忠从看押的地方带到会场上。群众高呼口号“打倒恶霸地主王忠！”王忠吓得脸色苍白。斗争大会开始了，群众的控诉一个接着一个，一件件血衣，一张张卖身契，血淋淋的事实激怒了每一个人。震天的吼声把王忠的老婆吓得躺在地下打滚，王忠更是落魄失魂。在愤怒的群众一致要求下，工作团接受了群众的要求，宣布了对王忠当场执行枪决。王忠家的大门打开了，仓库也打开了，粮食、箱子、衣服、银圆，还有枪支武器，贫农委员们进行一一登记和分配。一串串的鞭炮齐鸣，烧地契的火焰照亮了每一个人的笑脸。

土地还家　天上的星星还在闪烁，人们已经欢天喜地集合了。一家老小，打头的举着一块木牌子，上面写着自己的名字。地头上已经有了贫农会的委员们在丈量土地。

分地了！锣鼓喧天，分得了土地的贫雇农在自己的土地上深深地埋上了写有自己名字的木牌子。白发苍苍的老人跪在地上，双手捧起一把土，看着看着，放声大哭起来！家人都上去拉老人，儿子喊：“爹，这是土地还家啦，这是咱家的土地了！”

老人站起来，擦擦眼泪找到工作组，一下子拉住我的手说：“共产党真是咱们的大救星啊！”泪光里闪出他老人家醉心般的欢笑。

人民子弟兵。一个村，一个区的贫农会成立了，村区的政权也成立了，还有什么叫人民不放心呢？那就是枪杆子啦！这时的宣传工作容易做，真是招之即来，县大队里要招人民子弟兵了。

一朵朵大红花、一束束大红布，披戴在还有稚气的子弟兵胸前。小伙子们也雄赳赳地挺着胸脯，踮起脚尖，都怕自己个头小，当不上县大队。孩子们围前围后，长辈们千叮咛万嘱咐地和自己的儿子话别，可是没看见一个小伙子掉泪。他们一行行、一列列地迈开大步，欢天喜地到密山县人民政府报到了。就是这样一批批开赴前线。

建党　在居仁屯两个多月，这里发生了天翻地覆的变化。逃跑上山的土匪头子赖明发，在翻身农民自卫武装和工作团联合搜山下被抓获了。第三天经中共东安地委书记吴亮平批准召开公审大会，在会上被愤怒的群众用扎枪把他扎死了。群众兴高采烈，对土匪再也不害怕了。

变工互助组有了雏形；小学校开课了，念的是翻身得解放的书；秧歌队扭起来了，唱的是《东方红》；贫苦农民搬进了地主大院；小伙子扛枪当了子弟兵。这一切看得见的活动后面，还有一件工作在秘密地进行着，那就是建党。

每一个要求入党的积极分子都是和我们单线联系，在我们向他们讲共产党的性质、任务、纪律的时候，和我们在一起战斗两个多月的东北大学同学们也正在改造世界中改造世界观，他们一个个秘密地向我们要求入党。记得六七位东大同学中只有一位叫管亮功的女同学是党员。不久，李坦、潘杰、李世义等同志被批准入党了。当他们从区上参加入党宣誓回来的时候，和我们拥抱在一起，紧紧地拥抱在一起。那时同志之间的情感，那几位大学生的英俊面庞，随着时间的流逝，却更深深地印在了我的脑海，令我永久不能忘怀。我想念着居仁屯那些父老乡亲，想念那些曾并肩参加“土改”的战友。从此，这些新入党的知识分子干部就成了发展贫雇农入党的“老”党员了。

居仁屯第一批入党的有5人，有农会主任大个子陈，还有老木匠丁汝善等，成立了党的支部委员会，推选丁木匠当党支部书记。

告别 短暂的两个月，这里却发生了天翻地覆的巨变。几千年的封建统治被推翻了，骑在人民头上无恶不作的地主恶霸、流氓、伪警宪特被镇压了。劳苦群众获得了生产资料，崭新的社会制度开始建立，人民成了这个新社会的主人。祖祖辈辈给地主当牛马的贫雇农扬眉吐气，欢欣鼓舞。

“土改”工作队召开了居仁屯全体共产党员、积极分子、武装基干民兵会议。在夜校里教识字唱歌的东北大学的学生们和经常给他们画漫画的美术家邵宇在一起有说有笑。我主持会议，高曙晖首先讲话，他说：“根据中共东安地委和工作团决定，为尽快建立起巩固的东北根据地，支援前线，保卫胜利果实，工作队即将奔赴新的地区进行土地改革，那里的贫雇农阶级兄弟急切地盼望我们去解放他们，帮助他们翻身。”一时间欢乐的气氛消失了，大家沉默了，那几位党员眼睛都红了，眼泪在眼圈里滚动着，他们是多么不愿意听到我们要走的消息啊！高曙晖同志这位来自延安中央党校的红军老战士，见此情景也讲不下去了。邵宇同志接着说了下去：“我们即使走了，也不会走得很远，以后还会经常回来看同志们。就是走远了，还可以互相通信。上级党组织已经决定，把我们队的刘骏同志留任半截河区指导员。他是延安来的老干部，既有地方群众工作经验，也有军事斗争经验，有重要问题多向刘骏指导员请示。”我最后劝同志们要克服农民阶级本身固有的狭隘、保守思想，保持与人民群众的联系，与群众同甘共苦，为支援前线，为解放全中国而忘我工作。希望他们到群众中间向全村的贫雇农说明，转达工作队的意见。

留给你们一张告别照片，做个永存的纪念吧！

夜校的姑娘们、媳妇们，还有上了年纪的老大妈恋恋不舍，拉着我们工作队女同志的手流着眼泪，不肯回去。最后挥手和他们告别的时候，我再也抑制不住自己的感情了。多么好的东北根据地人民！多么好的东北根据地姐妹们！她们为了辽沈战役的胜利，为了平津战役的胜利，为了渡江战役的胜利，为了全国人民的解放，曾经送走了自己的恋人、丈夫，送走了自己的优秀儿女。

在不到两年的时间里，经过“土改”的东安地区就送走了26 000多名自己的优秀儿女参军参战。自从盘古开天辟地，有哪个朝代和政府与人民结下过这样的感情？唯有全心全意为中国大多数人谋利益的中国共产党人做到了！党和人民这种鱼水深情是多么令人钦佩，令人敬慕啊！

党的儿女们就是这样完成了“土改”任务。

一年以后，我又回到了密山半截河，半截河区已经更名为向阳区，居仁屯的党支部书记丁汝善（丁木匠）当了区长。

1946年到现在34年过去了，我是多么想念那里的人民，多么想看看那里发生的巨大变化啊！

注：作者1946年7月从延安到东安参加“土改”，任半截河居仁屯工作组组长，1943年3月离开。曾任中科院电工所所长。此文1980年11月20日写于北京木樨地。

1947年东北局“土改”工作团半截河工作队

二、江明：我在东安“土改”工作的一段回忆

东北的战略位置很重要，占领东北对全国的局势有很大影响。对此党中央毛主席对东北非常重视，一方面抽出了一部分主力部队剿匪，一方面又抽调了大批干部到深远的敌后农村发动群众进行“土改”，消灭农村的地主等封建势力，建立巩固的解放战争根据地。

当时东北在日本侵略者统治14年之后，封建反动势力很顽固，警察、特务、土匪很多。日本投降后，苏军进驻东北，周保中等人回国成立了民主联军，收编了宪兵、警察、土匪等。当蒋匪军从南满向我们进攻的时候，这些反动势力成了国民党反动派的反共反人民的社会基础了，配合蒋匪军的进攻，搞叛变夹攻我们，如谢文东、张黑子在北满搞了好几万土匪。

但在中国共产党的正确领导下，东北形势发生了很大变化，土匪很快被消灭，群众迅速发动起来了，贫雇农分到了土地、房屋等财产，打倒了地主封建统治势力，建立了巩固的后方。大批的贫雇农积极踊跃报名参军，人民的军队迅速壮大，经过整训向敌人发起了反攻，随之我军不断取得胜利，最终消灭了国民党在东北的几十万精锐部队，解放了全东北。东北的解放对全国的形势影响很大，从而加速了蒋家王朝走向灭亡。

我是1946年5月到哈尔滨，6月份东北局决定抽调12 000干部到农村进行“土改”，成立了东北局工作团。我参加了这个“土改”工作团。工作团的成员大部分是老干部，有少数是东北人民大学的学生。我们是武装工作团，每人都带有枪支。我们6月份到了合江省东安市，工作团分到密山县、鸡宁县进行试点，我们这一部分到密山县半截河区进行“土改”，该区东南面是中苏分界的大黑背山。大股土匪被我们的主力部队打垮了，残匪仍在山

里躲藏。我们到了该区后，分了几个重点，半截河是一个。我同另外二位同志在村西搞，这里住着一户姓赖的大地主，叫赖明发，他在伪满时代是屯长，日本投降后，他组织土匪，是土匪的团长。他侄子在伪满时代是警察，同他一起组织土匪扩展势力。我们进村后，村子里的人说他们带着枪支与人马往北逃了，再就不知他们跑到哪里去了。我们刚刚进村，群众对我们不了解，我们到穷人家里个别启发思想，讲革命形势给群众壮胆。个别谈过后，把穷人找到一起开会，启发他们诉苦，揭露地主阶级的罪行。在这当中发现一些积极分子，成立农会小组。再确定斗争对象，召开全区斗争大会，贫雇农在会上用活生生的事实来揭露地主的种种罪行，对群众的教育很大，对地主阶级更加仇恨了，从中提高了贫雇农的阶级觉悟。大会后，半截河村开了斗争地主大会，在斗争的过程中又发现些积极分子，之后成立村农会。村农会领导贫雇农继续斗争地主，分他们的地、房屋等财产。广大贫雇农分到了地，情绪非常高，区里成立了区中队，他们积极配合部队到中苏边界的山里搜土匪。那时土匪很多，都躲在山里。我们在9月份的一个早上出发入山里一直搜到下午，当我们走到一个高山上看到山后面半山腰有一处冒烟，我们就怀疑有问题。这时我们的部队就朝目标搜去。我刚走近，发现前边的房屋里跑出了两个人，我们就在后面追，部队在一边用机枪扫射，不敢打低了，怕打着自己的人，没有打着这两个人，等我们把他们追上，这时这两个人也举起手来了。几个战士上前就把他们捆起来了，村子里的人赶来，一下就认出他们就是土匪赖团长赖明发和他的侄子。他们已把枪和子弹都扔了，我们从他们跑过的路上往回找，找到了一支盒子枪和一些子弹。我们押着他们回到了村子里，过几天后召开了全区的公审大会，游了街。群众对赖明发非常痛恨，在批斗会上用刀子把他活活捅死，他的警察侄子是枪毙的。斗倒了地主分得土地，建立了区农会后，我们在9月份结束了该区的工作。我随同工作团的部分人到永安区进行“土改”，该区靠北面的大山里有许多小股土匪。我和东北大学的一个学生在该区最北面的一个村子进行“土改”，沟那面山下还有小村子属于另一个区的范围，没有进行“土改”，夜间土匪经常到那里活动。我们晚上睡觉，枪里子弹上膛，压在枕头下。夜间狗经常咬，狗一咬我们就起来，但到院子里看不到人。当时我们还不知道村子里有人通匪，我们走后，把山里的土匪消灭了，才揭发出一户地主分子通匪，把他枪毙了。原来夜间狗咬，就是土匪到他家里活动，他给土匪供应粮食，报告情况。我们在该区工作的方法基本上同半截河的区方法一样，在这里工作到年底，群众发动起来了，就结束了该区的“土改”工作回东安地委总结了工作。

注：作者1946年7月从东北局到东安，1947年冬“土改”结束离开，曾任中国社科院高级研究员。

半截河“土改”工作队赵志萱（中）主持投豆选举农会

东安“土改”工作队在半截河（今向阳镇）

三、吕作田：我经历的“土改”斗争

1946年，我家住在半截河区（今向阳镇）明德屯（今明德乡明德村），这个屯比较大，有6个组。“土改”运动是工作团进屯后才开始的。我记得是1946年的6月份，铲头遍地时“土改”工作团到我们村的。当时“土改”工作团的人很多，大屯子10多个人，小屯子也有七八个人。他们一进屯就住在最穷的雇农老孙家和老许家。“土改”工作团队员有谭云鹤、伊仁、高曙辉、阳戈等。他们一进来就访贫问苦、扎根串联。通过几天的个别串联和座谈后，基本了解掌握了村屯里的地主和伪警宪特的一些罪行，然后召开贫雇农座谈会，挖穷根、挖富根。工作团的同志先替我们算地主尚世强的剥削账，他家有多少地，雇多少长工，他家有多少人参加劳动，为什么能种那么多的地，他是怎么富起来的等情况。开始大家的思想觉悟并不那么高，认为自己世代受苦受穷，只怪自己命运不好，祖上没积德。人家富起来是命好，祖坟冒“青烟”了。这是命里注定的。俗话说“命里一尺，难求一丈”。通过这样一点点地算，大家终于明白了这样一个道理：地主的富是用穷人劳动的血汗换来的，没有我们广大贫苦农民成年累月地为他们干活劳动，他们是不会富的。是啊，那么大个尚家竟没有一个人下地干活劳动的，连监工都不劳动，不劳而获，吃的是山珍海味，穿的是绫罗绸缎。大家越算越来气，越算怒火越大。有的说咱们到地主老尚家当面跟他算去，让他把这些年来剥削咱们穷人的钱财交出来。就这样我和张然庆、张凤山三个人领着发动起来的群众来到地主老尚家。先把尚家的男女老少都叫出来，站成一排，尚家人本都是大个儿，可今日的腰板也不直溜了，以前的威风劲也没有了。接着张然庆站到地主家人面前诉苦。诉说他怎样起早贪黑，没早没晚地给地主扛活，到头来还是吃不饱，穿不暖，受冻挨饿。他最后问群众我们应该不应该和地主算这笔账，大家一致说应该！我们几个人按尚家地进行二五减租一算，地主老尚家的粮食全部都拿出来还不够。于是我们几个“土改”积极分子接管了地主老尚家的仓库，对库内的财务进行登记造册，同时又打开粮仓，把全部东西、粮食分给穷人。在没斗争尚家时，地主尚世强先逃跑了。半截河地区地主较多，敌伪势力也比较强大，多亏“土改”工作团的同志安排周到，在我们斗争老尚家时，工作团就吩咐警卫排占据了村外的炮台（当时各村有围壕，壕内四角均设炮台），架上了机枪，以防土匪袭击。

这次斗争地主很成功，极大地鼓舞了群众的革命斗志。过了不几天斗争王忠和陈刚时，出现了点小情况，群众在会场上唱着歌。其中一首歌是：“大风吹散满天云，山村来了八路军，斗倒恶霸和地主，穷苦百姓翻了身。”当时群众对共产党是非常信任的。但是有一些二溜子在会场上捣乱。记得有一个叫王二的二溜子小青年，群众唱“东方红，太阳升”，他却唱“东方红，西方绿”，当场叫觉悟起来的群众揍得够呛。这充分说明了共产党的形象已经在广大人民心目中树起来了。

说起王忠，还有一段故事。此人阴险、狡诈。有个叫王某的给他家扛活干了七八年，得了病，借了王忠一点钱，王忠派人几次讨要。当时快过年了，要债的看他家没钱就要拿走猪肉、黏糕等年货，在这位长工的老婆、孩子的下跪求饶下，才没拿走。但讨债的人让王某在农历腊月二十九必须把钱还上。讨债的人一走，全家人哭成一团。

农历腊月二十九，这位长工来到了王忠的家，腰里藏着一条绳子，进院后直奔王忠的房间，见了王忠说是来还钱的，不过钱在外面，你跟我来。王忠信以为真，就跟着出去了。等走到王家大柱子旁时，这位长工突然从身上把绳子拿出来说，我也不想活了，一头拴你，一头拴我，咱俩一块儿上西天。这一招可把王忠吓坏了，他家里的人纷纷上来求饶。王忠也说钱不要了，还假惺惺地送给这个长工一点东西。事后这位长工知道王忠不会善罢甘休，被迫无奈把家偷偷地搬走了。

大约过了两个多月，成立了村农会。不久区里又成立了区农会。各村选代表，用投豆的方式选人，我被选上。投豆的方式很有意思，在候选人的身后放上个碗，选举人发同候选人相等的豆粒，你同意谁，就在谁的身后的碗里放豆，然后数豆粒，得豆多者当选。运用这种方法选举主要是根据当时农村情况所决定的，这是因为很多农民不识字。但有时有的选举人不守规矩，为使自己的候选人当选，故意多抓一些豆放在碗里，致使选举不得不重选。

区农会成立后我和高德山当了农会主任，后来相继成立了区政府，丁汝善当区长。当时斗争环境非常险恶，形势也异常复杂。一些伪警宪特纷纷逃上山里与一部分残匪会集一起，经常下山骚扰农会，破坏“土改”斗争。

一次，逃到蒙化南山（即现在向阳镇柳河水库南山）的刘升残匪夜里窜到农会，来抓穷头头。当时值班的农会主任老来头机智地藏在大条桌下面，抱着电话，躲过土匪的搜捕。

事后，为了解这次土匪下山情况，我和高德山、高曙辉三人到那里了解情况。我们刚从区里走，土匪（胡子）就知道了。他们从山上溜下来，大约十多个人，准备在我们回来的路上打劫我们。这伙土匪胡子一到瓜园就布置了伏击圈，看瓜的农民不敢走开，怕被土匪发现，暗中为我们捏一把汗。可我们回来时没从原来的道回来，而是从南山根儿那条道绕着回来的。当时我想不通，心里直埋怨。还是高曙辉参谋长有远见，坚持绕道往回走。事后我们都深深佩服高参谋长的谋略。

不久，在割小麦时节，我家来信儿说小孩子病了，让我回趟家。我立即同指导员请假，指导员叮嘱我三件事：一是夜晚不能在家住；二是按照指定的路线走，走时从北门走，回来时从东门走；三是提高警惕，带好武器，但不能露在外面。就这样我离开了区农会。到家后看看孩子只不过是感冒，安排了一下，吃完晚饭，太阳刚落山时分我就离开家往回走。我刚出村走到一节高粱地就发现了有人影，晃来晃去的。我心想不好，有情况，我下意识地摸摸腰里的手枪，打开扳机。走不远，又发现了一个人，我想这肯定是土匪胡子来劫我，我马上掏出手枪，刚要打，听到对方我喊的名字："吕主任，我们是来接你的。"原来这两个人是区指导员专门派来接我的。当时他们看着我越走越慢，有些疑虑时，才喊我的名字。当时既然参加了革命，那就得豁出去了。

第二天，区农会差一点出事。我晚上同农会的同志住在一个院子里。半夜里就听见狗叫得特别厉害。当时有农民自卫队站岗值班，值班的人发现了情况，在村围墙上好像有人在爬，仔细一看确实是人，值班队员当即鸣枪报警。当时规定夜间不许放枪，除非有敌情。听见枪声，我们农会自卫队的同志纷纷来到村头。土匪胡子听到枪响给吓回去了。事后我们才知道内部有奸细，怪不得我们前脚走，土匪就在后边打截我们。

当时盘踞在蒙化南山的土匪刘升非常猖狂。一次他们要来攻打区政府，我们农会和区中队的领导得到这一情报后，立即召开了会议，分析敌情，估计土匪胡子可能从什么地方来，做了周密应对安排。但地方武装和警卫排加起来总共才有200多人，显得有些不足，我们就写信给上级李昌同志请求支援。

那天晚上，我和阳戈在北门外放哨。天很黑，再加之庄稼也起身了，我们每隔两米一个人，持着枪，腰间带着子弹和手榴弹。这时李昌带着援兵从小道赶来。我们只看见人影，看不清是谁。这时阳戈上前吩咐大家不到跟前不许开枪。大家都趴在路的两边，瞄准了目标，进入战斗状态。眼前这伙人渐渐走近，阳戈大喊一声：“谁？”李昌回答说：“我是李昌。”李昌也举起手来。阳戈怕有人冒充。等到跟前看清楚了，我们方知道是一场误会。

虽然这是一场误会，但却使大家的心情更加紧张起来了。当时陈团长陈伯村和区领导研究，把集中看管的被斗对象分三种情况分别处理：一是对问题小的，放出去；二是对问题较严重的，如果我们守不住，就带走；三是对罪恶严重的，土匪胡子一来，就马上枪毙。退的路线拟定为古城子—穆陵河—黑台。后来土匪没来，可我们受到一次敌情教育和锻炼。

注：吕作田：原半截河区农会主任，离休前任鸡东县农机局工会主席，“土改”时期曾任半截河区农会主任。

四、李均：忆兴农区土地改革运动

44年前，我和新四军五师的部分同志，从中原突破重围，历经千辛万苦来到东北局。1946年10月，被分配到鸡宁县任组织部长。当时东北局为建立巩固的东北根据地，组织了大批“土改”工作团，深入农村进行“土改”。鸡宁的“土改”工作在中共东北局东安“土改”工作团鸡宁工作团团长李尔重同志的领导下，于1947年 4 月底结束。但还剩下一个离鸡宁县城六十多里地兴农区没有进行“土改”。这是个四面环山，几县交界的边远山区。有一部分朝鲜族群众也住在这里。

6月间，县委组织了20多人的“土改”工作队，由我带领进驻兴农区。我将工作队分到10余个村子后，即和孙应孝同志住进了封建势力较大的王家村，以便从这里打开突破口，推动全区的“土改”工作。当时，虽然日本投降了，大部分地区已搞了“土改”，但由于兴农区地处偏僻，又是几县交界处，地主恶霸和封建势力较猖獗，治安情况也不好。夜间经常听到零星的枪声，加上群众对我们不了解，都躲得远远的。在这种情况下，如果我们不深入到群众之中，以实际行动取得他们的信任，将寸步难行。为了迅速打开工作局面，我们首先访贫问苦交朋友，群众怕地主恶霸，我们就避开地主，到“穷窝”“马架”去接近他们。讲当时的形势，宣传革命道理，启发他们对地主的仇恨。渐渐地，贫苦群众看到地主恶霸失去了敌伪的这个靠山，我们一心一意为他们着想，就开始接近我们，有话也敢讲了，使我们摸清了村里穷户和富户的情况。在此基础上，我们则开始扎根串联，找到村里最穷的，仇恨最深的农户住下来。我当时住的那户老乡家里，连炕席都没有，棉被似渔网一般，孩子到了冬天，还穿不上棉衣。我们就和这些苦大仇深的农户，算劳动账，算富户的剥削账，讲为什么受穷，启发他们阶级觉悟，使他们坚定了翻身当主人的决心。然后，像滚雪球一样，使穷人联系在了一起。

穷人要翻身，必须组织起来。当穷苦的农民逐渐懂得了这一道理后，我们就帮助他们建立贫雇农小组。开始建立一个，然后建立两个、三个。若干个后，全村就成立了贫雇农团，并选择一些苦大仇深表现好的青年，成立了基干队，配给武器，组成穷人自己的武装，为斗争地主、分田地打下了基础。紧接着是划定阶级成分。首先是自报，然后群众评议，农会讨论。在这期间，我们注意掌握划分标准，特别是中农与富农间的界限。把剥削总收入不超过百分之25%的划为中农，最广泛地团结了广大群众，明确了阶级阵线。

斗地主、分果实是“土改”的高潮。贫雇农终于盼到了扬眉吐气的一天。村里召开斗争大会，斗争的主要对象是恶霸地主，一些小地主、富农也陪斗。我们号召贫雇农，有冤申冤，有仇报仇。当时群情激愤，纷纷倒苦水、诉冤情，很多苦大仇深的贫雇农冲上台去打地主。在民情难扼的情况下，我们还多次上去解围。斗争会后，镇压了一个罪大恶极的地主。这下贫雇农情绪更高了，跟党闹革命的信心更坚定了。于是我们乘胜前进，将地主的房屋、粮食、家畜、农具、浮产等分给了广大贫雇农。苦大仇深的多分，分好的，分大件的。对地主净身出户，贫雇农搬进地主的大院。在分土地时，先对土地丈量、计算有多少贫雇农，每户应分多少，然后按苦大仇深的分离村子近的，分好地的标准，分配了土地，实现了“耕者有其田”。贫雇农高高兴兴地将写有自己名字的木牌埋到分到的土地上。为改造地主富农，也给他们分土地，但分离村子远的、差的地。

在斗争中，涌现了一批“土改”积极分子。我们在后期发展了一批积极分子入党，成立了支部，并将贫雇农组织起来，建立了农会和村政权，留下一个不走的工作队。

王家村的“土改”建设告一段落后，将孙应孝同志留下做巩固成果工作，发展生产。我便搬到了黄家店。这是个小集镇，也是整个区的政治、经济中心。我住在一个朝鲜族群众的家里。这里的朝鲜族大多数种水田，吃辣椒，与我们的生活习惯差不多。妇女大多识字，待人接物很有礼貌。这时，全区“土改”工作已进入尾声，我们在各村“土改”建政的基础上，召开了全区贫雇农代表大会，成立了区农会，建立了区委、区政府和区中队。经过半年的努力，我们依靠群众，胜利地完成了“土改”工作任务，也与群众建立了深厚的感情。群众真正感受到共产党是穷苦人的党，是替劳苦大众说话办事的。我们离开兴农区时，群众都依依不舍，自发组织起来夹道欢送我们。朝鲜族群众还送我手帕等礼物作纪念。

注：李均时任鸡宁县委组织部部长。

五、窦义：兴农区订正阶级总结

第一，订正阶级补偿斗错中农工作乍一开始前，贫雇农表示同情，中农也都高兴得不得了，黄家店中农张殿林说：“以前斗争我们是对的，从今往后再干上两年我还能过好。”他们的思想是别看你斗错了我，拿现在来说我还有两匹马一台车，贫雇农中还没有买上马的户，一定敢与他们比一下子。所以现在他们家里父子二人起早贪黑，连拉脚，再拉样子，干得实在起劲。

第二，订正阶级补偿被斗错中农工作刚一开始，有的贫雇农反映过去咱们分了人家的牲口和东西，这回需要退给人家吗？像四海店东沟马广仁是村干部，在去年分得邹广文的一匹马，在这次纠偏以前，他就与邹广文商议要把马牵回去。但是邹还是不敢往回牵，到区上讨论说，虽然马是我的，但是人家分到手一年多了，现在我要把马牵回来，能否影响到被斗错的中农都向贫雇农要东西？现在我又买了一匹马，有没有都行了。因为本区过去斗的大部分是中农，要是完全退还东西就怕影响到贫雇农的情绪，所以就对他讲了一回关于我们订正阶级偿助的政策邹某也承认是对的。订正阶级后贫雇农情绪也都安定了。中农过去虽然斗错了，经过反复交底交政策，被斗中农情绪也就安定了。生产的情绪都很高。四海店张支林花了250万元（当时的东北流通券）买了一头大牤牛，此钱全是搞副业得来的。孙德福用170万元（当时的东北流通券）买了一匹马，准备明年生产用。宝泉沟范文昌用今年生产的钱买了一匹马。东安平河老付头过去被斗，现划为中农，由村公所存在的果实补偿给他，他坚决不要，并且说：“我现在没有困难，就是稍有点困难，搞副业编席子也可以解决了。”自愿把所补的果实价值六七十万元全补助给了学校作经费。他自己就说，只要把坏蛋的帽子给搞下来，我们就知足了。不给补助东西，我们也高兴。另外，有的中农反映不给退还东西，光用嘴来团结我们，像太平村王辅，从前是富农，现在订正后是中农，他公开地向贫雇农要磨、要马槽、要铡刀，又要业地（因他的业地已分给了群众），像他所要的东西早已分给了贫雇农，所以没有给他。他在背地反映说，和贫雇农一条心在大会上说吧，“谁真和他们一条心”。他有了这个反映后，贫雇农在大会上把他批评了一回，他又承认了说得不对。

第三，对于这一工作进行时，首先开好了党员会议。在开村干部会议时把底交了，随机开贫雇农的会进行宣传，一方面了解贫雇农思想中存在着什么顾虑，进行个别谈话。另一方面，开被斗错中农的会议，听取他们对纠偏上的思想如何，有什么意见和要求，再进行宣传教育。在贫雇农的会议上，有的群众在思想上存在着怕退东西。我们解释说，咱们订正阶级为的是使中农靠拢，与贫雇农打成一片。对于补偿的问题，是仅农会所有的果实来补助一下。如果农会没有果实可用，农贷照顾一下子，过去的结果分给谁仍旧还是谁的，如果贫雇农自愿帮助也可以。在被斗错中农的会上，中农表示过去斗我经济有些不对，既然是团结我们，我们也同意，可没有什么可说的。有的中农提出要求退还东西，我们给解释说："你们所要的东西已经分给贫雇农了，也就难往回要了，只可仅农会所存的果实补助给你们，咱们也不必和贫雇农再要求了。"有大部分中农经过这样的解释也就并不追问退东西了，他们说："好好干两年就有了，要什么早已分下去了，用坏的也有，卖掉的也有，向谁要。"

第四，关于这个工作乍一开始，贫雇农干部有些闹不通的地方，也就是怕订正完了阶级后，中农又要东西，东西又分下去很久了，怎么往回收呢？以后把这个思想搞通，问题才算解决了。

第五，在订正阶级中，中农表面上都像摸着底，实际是否摸着底还不敢说呢，但拿现在的生产情绪来看都很积极。

第六，地主、富农并没有进行什么活动。

第七，订正阶级补偿被斗错的中农，以后检查工作，根据1933年的两个文件之决定及任弼时同志的报告，并没有把地富划错划为中农的户，贫雇农没有受到什么打击。

第八，把经过订正阶级后，贫雇农和干部所得到的教育就是大体也都明白了是一家人了。像黄家店划回的中农袁廷珍等人在开大会时，干部无论讨论村中征粮及一切行政的事，都争取他们的同意，这几户中农也就毫不迟疑地发表他们的意见。干部们对正当的意见采取，对不正确的地方再详细和他们解释，也没有直接反驳的时候，看看与过去是大不相同了。

第九，订正阶级工作是结合建党、总结生产及组织冬学、征公粮、搞副业等工作进行的。

第十，复查工作尚未进行，只有支书在村中复查了开支书联席会时反映的情况，都说中农这回可有了底了，生产送公粮干得真起劲。

第十一，关于解决贫雇农思想上的问题，必须由思想上出发才能适当地解决问题。像贫雇农干部对正订阶级都表示同意，就是怕退东西。这种顾虑，贫雇农是差不多都表现出来了，如不适当的由思想来解决这个问题，对咱们订正阶级这一工作就要受到莫大的损失。

第十二，补偿工作是由农会所存的果实，按被斗错中农家庭状况来补助之。像黄家店村看被斗错的中农穿没穿上棉裤。贫雇农讨论怎样补偿，有人提出农会果实里，还有两件棉大衣，还有些零星的水缸、破柜、破箱等东西，还有破四轮车、车轮两个，用这些东西给他们5户补助一下。大伙参考谁家最困难，看谁家缺什么仅农会这些东西给他们一分就得了。大家随即参考王焕和袁廷珍没有衣服穿，把这两件棉大衣补偿给他们，把四轮车补助给张林，其余的东西又给那两户补偿了一些，剩下零碎东西又给各户分掉。东安平河也就是把农会所有的果实按照以上的办法给补偿的。但是中农老付头对于补的果实没要，援助了学校。太平村补偿的做法如上。但是那村中农有一户王辅，直接向农会群众要东西，最后经大家研究他不甚困难，和一般贫雇农生活一样，也没有额外补助他，还是仅农会的果实来补助他。他还很不满意，在背地里直反映。其他村子只订正阶级，农会什么也没有，并没有补偿。

第十三，过去受打击的党员李福（村长），平时贫雇农掌权被打击，经过订正阶级后，又选为干部，现在表现很好，对工作很积极。还有西保安桥王奎东、林石匠二人过去被打击尚未纠正，因为他们有的立场不稳，作风不好，有的思想落后，所以未处理。

第十四，对宝泉沟村小学教员潘文元，过去被斗，现被选为冬学教员。因为本人有肺病，对现在的工作表现平常。

第十五，订正阶级后，在村中的情况来看，关于被斗错中农的表现来看，都是十分满意，对生产更特别起劲。开会时中农发言的多了。黄家店袁廷珍对我们的工作同志说，你们要不订正阶级和建党，我们还是没有底，这回我可不怕了。按他现下的生产来看，是比以前干得更起劲儿了。现在的中农普遍是生产很起劲了，贫雇农对中农表现出一种团结气象，很和气，看着像一个人似的，就像没有过去的事一样。

第十六，据现下的情况来看，有的贫雇农政治觉悟差，对被斗户表示亲热得很，个别的贫雇农是否有对中农投降的呢，还未了解出来，这可慢慢提高贫雇农干部的政治觉悟，以后就不致发生其他的危险。

注：窦义时任中共兴农区委书记。

六、王拴石：关于对哈达区哈达岗的调查

（1948年农历三月二十三）

哈达村143户，未分土地前630户，分土地后653人。各阶级的户数与人数为：雇农25户，40人；贫农72户，303人；下中农8户，26人；中农25户，173人；富裕中农5户，54人；小富农2户，30人；大富农3户，12人；小地主3户，15人。

（一）土地状况

未分地前，哈达岗村熟地面积502垧，好地占10%，距屯子远的好地占全村好地的三分之二，多数为前年的麦茬。在去年平分

了一下，穷人的好地离村子太远又没有畜力，并且大多数都是麦茬，撂荒，所以就叫有畜力而且劳力又多的中农分去了，穷人因为没有畜力，只图分近地，所以就把离村近的岗地、洼地分到手里。去年秋雨大，加之上粪少，全村把地撂荒了20%，期中贫雇农占15%，中农占15%。

分地后，全村大人小孩每人平均分得六亩二分熟地，独身分两人地份，住家子两人分三人地份。雇贫农军属和雇贫农首先挑选，今年好地全分到雇贫农手里。今年雇贫农家家都分到牲口，耕地生产有了把握。因好地少，不够雇贫农分，分到坏地的雇贫农，由本村妇女集体拣粪，保证坏地全上上，现在土地已经分完。妇女继续拣粪，男人捆苞秸子、打柴、维修农具准备春耕。

（二）平分土地运动状况

1.雇贫农已经起来做主的人数为107人，占雇贫农总人数343人的31.2%。

2.雇贫农分得土地、牲畜、农具、房屋及其他财物之数量（按户计注明每户的人口）。

4.中农参加运动的24户、30个人，分得果实的3户（被子、单衣），未分得果实的30户，被斗的15户，被斗原因是把成分划定富农应斗。

5.地主有3户，人口15人，共抢收地主土地22垧8亩9分，马1匹、牛6头、车3台、房子4间，起浮产80万元（东北流通券）。

6.富农5户，40口人，共没收了土地10垧、房子7间、起浮产100万元。

7.在斗争中，地主、富农如何区别处理？地主土地浮产全部没收，被扫荡、换衣服；大富农的土地财产全部没收，不换衣服；不扫荡；小富农，只分他多余部分的牲畜、农具。地、富同样分给他一份地。

8.被斗户数31户，共285人。

9.斗错16户，有贫农1户，中农15户。贫农斗错的1户是在伪满时期领过一匹配给马（现在已退回）；中农15户，斗错的原因是以前把成分定错了，定为富农，把牲畜、衣服被褥全部没收以后又修改为中农，人口多的给退回去一头牲口，人口少的两家退给一头，还给破衣服、破被子。

11.雇、贫、中农受过拷打的有多少？其他成分受过拷打的有多少？拷打原因？被拷打的贫农4户，因给地主窝藏东西被打的2户，偷果实的1户，因伪满时期领配给马被斗的1户，中农10户，因错划为富农起浮产被拷打。

12.地主李绍增在1938年自己有地10垧，年年吃租。本人政治上在旧中国时代在长春当过税捐局长，在哈达岗倚仗大地主沈子君是他的亲戚当上屯长。配给百姓的小米每麻袋80元，他向百姓要85元。以后被撤掉屯长，又当屯公所书记。他强让姜学才给他拉柴火不给钱，向百姓要米要面勒脖子。黄炳文应去出劳工，私给他120元，就不叫黄去了，结果他把跑腿子王玉清抓去顶数了。这次雇贫农掌大权，叫他坦白他不肯说出自己的罪恶，雇贫农在愤怒之下就把他打死了。恶霸穆喜臣在旧中国时代当过刽子手，伪满在哈达岗有地15垧，年年吃租。他在1934年就在哈达当甲兵，以官势霸占腾万才的老婆，手拿七节鞭（铁的）不让腾万才上炕睡觉。他向百姓要房木，抓百姓给他盖了两间房子。买徐付君的鱼不给钱，徐向他要钱，他不但不给，还把鱼筐子给踢翻了。再划阶级定成分时，他不实说自己的罪恶，雇贫农早已恨之入骨，当时把他打得很重，次日早晨就死了。

经营地主张傅余是哈达岗区第一大地主沈子君的妻侄，沈子君前年怕斗逃跑，把一洋铁桶地照交给张傅余窝藏始终不献，后被农会翻出，并在他家起出为沈子君藏的洋针、怀表等东西，王延廷说沈子君临逃时曾有短枪一支，藏在张家。

中农计洪起，定成分是小富农，起他的浮财。

贫农芦云田，因他给大地主张茂福藏东西，他不实说，被打完了，在他家起出很多东西。

14.划阶级定成分中搞错了的16户，给退回去农具、牲畜，人口多的每户退回去一头牲口，人口少的两户给退一头牲口，又给退回一些破衣服、破被子。

（三）工商业情况

哈达岗村把城市区的非地主商业斗争清算了三家。左永山因给地主沈子君窝藏东西，而清算了他的小杂货铺，所有的东西全部没收；李国良，伪满时期在哈达岗当过班长，光复后开小铺，因当班长贪污配给品，把他家的东西全部收了；李守朋，伪满时期联络朴警佐合资开皮铺，倚仗朴警佐的势力买皮子不给钱，这次把他的皮子全清算过来了。

（四）生产问题

雇贫农对生产的困难。今年春耕生产缺马料、豆饼三千斤，谷草五万斤。雇贫中农现在拉到家的烧柴足够烧到挂锄，富农、地主的烧柴很少，现在已督催打柴。雇贫中农妇女拣粪，保证坏地全上粪。各户所分得的土地保证全种上，地、富缺少畜力叫他用人工换雇贫中农的牲口工，不准叫他把地撂荒了。

（五）联合扫荡问题

1.并合扫荡。每四五个村联合，一起到平阳区扫荡一次，由区干部和雇贫农为骨干领导。

2.在本区扫荡某一村时，事先与该村并无商量，到某村时现联络，并不采取各村相互联合一起扫荡的方式，都是单村互相扫荡。

3.并合扫荡的方式方法，利弊如何？到平阳区扫荡一次，扫了三家地主，用打的办法，只打出来十双破袜子。

（六）干部状况

1.新干部8名。

2.村干部在清算、“砍挖”、平分三个阶段中换过4次，共换了17个人，提拔的干部8人。以前被撤换的17名干部中有富裕中农1名、中农3名、贫农13名。现在新提拔的8名干部中有雇农3名、贫农5名。

3.执行任务时干部所起的作用。干部周义、张凤祥二人带头领导起浮产，斗争积极。周义曾到坏蛋白苗氏家诈出镏子三个金钳子一副；张凤祥也在白氏家诈出一个金镏子。他们二人把妇女组织起来，分三个小组，每天早起拣粪，准备给雇贫农分的坏地上粪。

4.对移民的处理。今年新来的移民每两户分给一头牲口，籽种由本村给解决，使用的农具也给解决。凡经雇贫农考查确实是雇贫农成分的与本村雇贫农同样分给果实。

（七）生产准备

支部和每一个党员在思想上，天天、月月、年年都准备参军、参勤工作，早日打败蒋匪，定要做到有什么出什么，尽一切力气增种粮食。这次参军全村贫雇农全部报名参军，因后方还要生产，只去11名。为了今年大生产，把全村地、富都组织到变工队里来，一面教育，一面还能多出粮支援前方。妇女的情况不分军属一律动员参加农业生产。眼下，她们妇女拣的粪土够上30垧地。党员家和全村打的木柈子和毛柴够接上今冬打下柴来烧。

（八）党的组织

全村一个党支部，党员9名，其中雇农1名、贫农4名、下中农1名。支部会议不定期，有了工作就开会，有毛病就开会来检讨。中心工作怎么做，村中不良分子和大坏蛋有什么行动，要多教育他们，让他们检讨，组织上给他们提出意见，同时在每一个工作时期，党员都要多吃辛苦、不能当群众面说自己了不起。

在这次大的反封建、扣挖地、富财宝中，党员和贫雇农阶级在一起工作，贫雇农审查后，说话和工作仍不积极、政治上没有问题的要批评，但仍继续当党员。在这次大会上又公开加入党组织的5名党员，成分都是贫雇。

注：王拴石时任中共哈达区区委书记。

七、张振：平阳区永升村工作经验

（1947年11月23日）

我区工作队在永生村工作已经50多天，现已经结束，为了取得这个村的工作经验，特将这个村工作做了一个总结。

该村一上场工作，我们就提出来要从查历史、划阶级、定成分、整理农会做起。虽然在工作上走了许多曲折的道路，犯了一些毛病，但最后一个时期是有成绩的。

如何下手工作的？首先我们一到村，主要是采取各种各样的漫谈会，一方面去了解本村的历史情况，另一方面发现积极分子。第二步是把各小组新发现的积极分子找到一块儿，为了不妨碍秋收，每天晚上给讲问题，或者由他们自己提出问题来讨论。主要内容是说明为什么要查历史、划阶级、定成分，与我们穷人翻身有什么好处。这样，积极分子的觉悟程度提高了。第三步就是自己报告历史定自己的成分，别人再对他提意见。我们是采取了互相提意见，互相批评，互相定成分，这样一来积极分子开会了，就回到本小组去定，经过各小组定完后，就是会员大会上来定，也是采取大家定的办法，这样就发现了不少问题。

大地主、破落户地主、富农、特务、伪警察、胡子、屯长、牌长都钻进了农会，还当了干部，分了斗争果实。如侯万仁外号叫“侯二爷”，在伪满当过副屯长，旧中国时他种过70垧到80垧地，每年最少也得雇7个或8个劳金，养活20多头牲口，还给徐大段管理过大块土地；伪满时他还种40多垧地，每年顾四五个劳金，在伪满时期也是说了算的人物。可这样的恶霸地主钻到我们农会当了一年多的小组长。现在还是说了算，穷人还管他叫侯二爷。在这次查历史、划阶级、定成分当中，群众才有觉悟看出来。他不但未领导穷人翻身，到现在他有11头牲口，都租给老百姓种地，每年要黄豆1石5斗，还借给老百姓大粮4石、小麦2石，春借秋还。对半利，秋后就要还侯二爷12石粮。群众觉悟后，一致要求清算他。从他家算出来的牲口14头，毛子车1台、金镏子1枚、金钳子1副、银圆6块，各种衣服30余件，还有农具、粮食等东西。

孙炳财，旧中国时当过四五年甲长，管过五六个村子，每年种50多垧地。伪满时自己有33垧地，除自己种27垧外，其余的租出去了。每年还雇三四个老金，养活四五头牲口。这样的地主也参加了农会，分了东西。这次也被清算了，算出了牲口三匹、车一台，还有衣服、粮食、农具等很多东西。

刘茂臣，他家在旧中国种过50多垧地，每年还雇一个劳金，还领了配给牛一头。每年都养活了三四大马，未出劳工，十四、五垧地，每年只纳四五垧地的“出荷粮”。不但他参加了农会，还当过武装队员，后当过六七个月先生，当先生马虎不给穷人办事。

袁凤起，伪满时种过20多垧地，每年雇两个到三个老金，自己虽有两个劳动力实际上是不做活的，不出劳工，少纳出荷粮，每年养活三四匹马、一台车。他主要靠大地主张万发的势力，但他还当过中央胡子。这样地主也参加农会分了东西。

刘振廷，伪满时当过特务，他还当过片长。每年只不过种四五垧地，养活两三匹马、一台车，每年雇一个劳金。他本人主要是跑经济卖粮米白面。他的生活比大地主还好，他不但参加了农会，还当了农会的闾长。

薛公田，伪满时期的土地管理人。他大爷当过甲长，每年种20多垧地，雇过两个劳金，领配给牛一头、马一匹，还养活四匹马、一台车。此人在农会一成立时就参加了农会，现在当小组长。

印洪斌，他叔父印方时种过220垧地，养活28匹马，有8台车，雇劳金12个，雇车老板4个，还开着油坊，还当过伪自卫团长，又当过特务。可是他也参加了农会。

因为不能把每一个坏蛋都说出来，这里做了一下统计：地主3户、破落地主11户、富农5户，当过屯长的4户，当过牌长的3户、特务3户、警察2户，当过中央胡子的20户，共计51户。

说明，以上坏蛋都参加了农会，有的当了干部，都分了果实。

上面的统计数字，有一些是重复的，有的是破落户地主，但他不是屯长、牌长，或者还有当过特务的，不过实际上只是一家。

实查历史、划阶级、定成分后，贫雇农的觉悟程度提高了，不但认识了农会以外的敌人未彻底打倒，又看出坏蛋钻进了农会，有的还当了干部；不但未领导穷人翻身，反而参加农会，还是继续剥削穷人。如有的群众说：“工作队说得对，分地、分牲口不算翻身，还要我们穷人开了脑筋，说清了谁是敌人，谁是朋友，还要看我们敌人是否打倒了，从这些来看我们的翻身翻得怎样。”群众有了这些认识后，都一致要求把钻进农会来的坏蛋开除农会，还要求退回斗争果实，该算的还要继续清算。这样一来，开出农会的有41户。我们单从成分上来看是这样：地主5户，破落地主15户，富农9户，中农6户，贫农3户，流氓3户；从政治上来看是这样：当过特务的2户，当过伪警察的4户，当过屯长的4户，当过牌长的5户，与坏蛋有亲属关系的或者是坏蛋家的有10

户，当过胡子的15户，流氓1户。必须要说明的是，上面的统计，有当过屯长还当过胡子，我们是统计他当过屯长，胡子未统计；有当过特务又当过牌长，我们只统计了特务，就未统计牌长。

开除农会后有少数的被斗争了，但大多数只是退回了斗争果实，这样总共有27户，被斗出来的东西和退回来的东西共折合现洋5 173 000元钱，不过开除农会的41户，并不能把每户被开除的都斗，或者都退回了。也是根据群众的讨论，按照他现在家庭情况来决定的。

重分斗争果实。这次分果实是根据全体农会会员民主讨论后，确定以下几个条件：1.历史清白成分好；2.穷苦的军属和贫雇农；3.按人口多少及斗争表现；4.今年生产的好坏。这样又经过民主讨论后确定等级，再按照等级分配了斗争果实。分完斗争果实后，群众都说：“这次东西分得又民主又公平又合理。”

1947年“土改”时平阳区（今平阳镇）召开的农民翻身大会

经过这样一个变化后，农会内部当然也起了很大的变化。全村共计257户，过去参加的农会会员202户，经过变化后，开除的农会会员41户，现在还有会员161户。这次小组长以上的干部都普遍地进行了选举，选举前，各小组都反复地进行了大会小会的讨论，然后先由各小组选上小组长，再在民主大会上选举农会主任及村长等干部，选举的结果小组长以上的干部，绝大部分是贫雇农掌握了领导，群众一致地说：“这次可翻了身了，你看穷人真正的当了家。”

八、胡炳岩：关于土地改革工作情况的汇报

（1947年9月2日）

我们将区干部配备到哈达河、四人班、永泉、宝泉四个村子，尤以哈达河、四人班为主。在过去四人班村起出来大批金银，但群众觉悟依然没有提高，群众满足现状，盲目乐观。我们提出抢干货、挖枪支。这次又给我们一个大大的教训。四人班李家烧锅，又起出金子五两多，过去起出一斤九两五，而且这次又起出马枪一支、三八式枪两支、套管枪一支、火烧枪一支、子弹990发、匣子枪子弹万余发，尚有枪支正在继续“砍挖”中，现在各村已正在展开起枪运动。

哈达河斗争已临结束，正在开始审查会员、教育会员，领导搞副业生产，工作上已转入正轨。群众认识已经提高。但该村农会干部及会员成分较其他村相差甚远。原因是该村二八月闲人及二流子最多，真正基本群众少。现正在提高群众认识，诉苦坦白，进行内部斗争，整顿后即改选农会干部。宝泉村是最生

的一个村子，工作团走后，没有来检查过。这次我们来了以后，发现以下问题：区里干部杨荣国担任生产委员，家住宝泉村，过去家庭出身成分上中农，伪满时期他在滴道炭矿当把头和先生，本人妹夫是个大把头，他是二把头。抗日战争胜利后他又当过中央胡子班长两个多月。我军进来后，因他工作表现积极，被提为区干部。当区干部后，失掉阶级立场，和一个被公审的女人搞关系（王占元过去是个大特务，工作团来时被公审）。和女人搞关系使用软硬兼施手段，前后共搞四次关系。隐枪不交，事变时有三八式枪一支，子弹多发。这枪他卖给他叔父杨贵三千多元，但又说这枪是放在杨贵家保存并不是卖的。现在枪支已起出，杨知枪起出后，即由区里火速返家，将私藏的子弹和王占堂起出的财物交给农会，但对隐藏枪支子弹始终是不承认的。

打击干部。有个生产组长刘金海，有些护己。杨枪支之事唯有刘金海知道，杨即趁机由区返家，当即发动群众将刘金海打一顿；购买斗争对象物品，王占元被公审后，有大衣一件被杨荣国买去给1 500元，表一块他没有给钱。

群众对杨有很多意见，杨本人工作积极，其弟参加区中队亦好，此次应该怎样处理，请指示。

又发现该村农会主任刘恩祥和杨的矛盾。刘成分过去是个地主（中小），现在为上贫农成分，刘和杨是亲戚，杨之儿媳是刘的小姨，刘本人和小姨发生爱情关系，这事已经确实证明。刘伪满时期跳过“大神”，装过假特务，勒过大脖子。抗战胜利后，当过几天中央胡子，因护己贪污斗争果实，领导干部集体贪污布匹60尺。工作上包办，刘因为与杨有矛盾，抓住事实，发动群众便向杨进攻，布置好干部、会员到区政府要求处置这个问题。并布置手下人刘金海告诉王占元之妻说，你始终咬定说是强奸，但真相并不是强奸。刘已布置好人，开始对杨攻击，杨亦有一部分援助，刘掌握了全部干部会员，杨掌握了自己亲属。

我们的意见是争取一部分中立群众，使他们认为双方都坏，我们不必援助他们。开始整顿内部教育会员，使他自动脱离双方，使双方势力孤立，我们从整顿农会起，审查会员，改造农会，洗刷刘主任，以后再根据上级指示及群众意见处理杨。

注：胡炳岩曾任中共东海区区委书记。

九、李尔重：使地主富农内部分化

要达到这个目的，主要还是充分发动贫雇农向地主富农展开猛烈的斗争，使他们内部有的要顽强到底，有的动摇，这就要分化。

红光屯、德胜屯、吉东屯、保中屯、吉林屯……贫雇农和中农把屯阶级成分在内部研究好了之后，便找富农和会外中农甚至地主们一齐来开会，要大家自己报告自己历史，确定自己成分。在这个会场上坏蛋们互相接根子，揭得很厉害。董庆德坏蛋（大的）便被另一家坏蛋揭出来，富农说地主的短处，小富农说大富农的短处，贫雇农心中有底且不言语，只号召他们坦白，找出自己跟前的坏蛋，清洗自己——他们这个领导方法看来是成功的。成功的原因是贫雇农形成了一个力量，有所准备，坏蛋们不敢公开隐藏自己。

坏蛋对坏蛋为什么形成一个斗争呢？是为了“将大比小”，是为的“洗清自己”。坏蛋们看到今天这个势派，知道是一定要斗争了，如果不把大坏蛋在群众面前证明清楚，群众许多都是新户，摸不清根底可能闹错了，把自己当成大的来收拾，所以他就忙着揭别人，尤其是在自己临近的人，小富农、上中农唯恐火烧着自己，揭得就更利害。

新兴区朝鲜屯子把地主富农粮食（稻子）都收了换成了粗粮，贫雇农起浮产起不出来就给地主们开会，要他们把东西拿出来给饭，吃不然就不给饭吃，有的把藏的东西献出来。贫雇农又说，非叫你们把东西交出来不行。这时交出东西的地主就向不交东西的地主斗争，“你的东西要拿出来，不能跟着你吃牵挂！”这个斗争也很厉害。

福田屯坏蛋义成家有一批布，打也要不出来，贫雇农把粮食都给她收了，告诉她你们什么时候把布交出来，就什么时候给饭吃。饿了一天，她的小儿子饿急了，同她说：“妈妈把布给人家吧，好吃饭。”她这才把布送过来。

十、李尔重同志在平阳镇

1946年4月，李尔重同志受中央派遣，离开延安，奔赴东北。被东北局分配到东安地区搞土地改革工作，任东安地区“土改”工作团副团长兼鸡宁县“土改”工作团团长。1946年7月，率团进驻平阳镇，以平阳镇区作为试点，指导推进全县的“土改”工作。

李尔重是湖南人，大高个，圆脸庞，大眼睛，着灰色中山装。平易近人，和蔼可亲，给平阳镇人民留下了深刻印象。

身先士卒，亲临剿匪一线。经鸡冠山一战，大部分土匪虽被歼灭，但小股或零散土匪仍在猖狂活动，并且更加狡猾隐蔽，手段更加残忍毒辣。他们白天躲入密林，夜晚则出来袭扰民主政府，抢掠百姓财物。对新生的民主政权，“土改”工作和人民生命财产安全构成严重威胁。曾在谢文东部下当过连长的土匪周和，在鸡冠山战败后，贼心不死，纠集三十多顽不化的惯匪，流窜到半截河南山，躲藏在一山洞中，不断滋扰附近百姓，百姓对其恨入骨髓。1946年中秋节前夜，周和一伙趁人们备办节日疏于防范之机，偷袭了下亮子民主政府，打死一人，抢走12支步枪和一些子弹，然后窜回老窝，为防备我军围剿其巢穴，又连夜逃到牛心山烧炭人住的窝棚里。

农历九月初一，李尔重连续接到两位老乡关于在牛心山驻有一伙土匪的报告，决心消灭这伙土匪，为民除害。他先派一名女战士同一位年龄较大的农村大嫂，扮成母女俩上山采木耳，摸到土匪驻地附近，侦察地形及土匪实力。回来后，李尔重同志听了详细汇报后，立即进行了围歼匪徒的部署，并强调一定要一举全歼，不使一人漏网。

农历九月初四傍晚，李尔重亲率120多名战士经希贤南山直奔牛心山，次日拂晓来到土匪驻地不远处的山坡上，停下稍作休息，对兵力安排作了部署，部署完毕后，迅速进入阵地，占领有利地形。这时的土匪正在酣睡中，做着他们的美梦。一声清脆的枪响，打破了山里清晨的宁静。这一枪正打中放哨土匪的胳膊上，他捂着伤口往屋里跑，大喊“‘八路’来了！”土匪顿时乱了套，有的顾不上披衣穿鞋，仓皇往外逃，胡乱开枪和我军接火。我军的机枪、步枪猛烈地射向敌人，间或投出密集的手榴弹，敌人顿时死伤过半，没死的纷纷举枪投降，失去了反抗的能力。我军在打扫战场和清理俘虏时，却唯独不见了匪首周和，战士们四处搜查，仍不见踪影。一名排长欲进屋搜查，突然两声枪响，这位排长倒在了血泊之中。原来周和在偷袭下亮子区政府时，踝骨受伤，装死躲在旮旯里，伺机顽抗。由于窝棚里漆黑一团，外边看不清里边，里边却能看清外边。这名排长牺牲后，又有两名战士愤怒地冲向窝棚，被李尔重同志喊住了，并命令卧倒。可李尔重自己却隐蔽地向窝棚靠近，并向屋里喊话，交代党的政策，劝其投降。而顽匪周和却拒不投降，还在不断向外射去。我方出于无奈，将两颗手榴弹捆绑在一起，投了进去，只听轰隆一声巨响，窝棚炸飞了，燃起大火，周和这个与人民为敌的顽匪也葬身于火海之中。还有几次小的歼匪行动，李尔重也总是不避危险，亲临指挥。

身体力行，扎根群众之中。李尔重是南方人，没有住火炕的习惯。可来到平阳镇后，却能入乡随俗，不搞特殊，和十几个人挤住在一铺大炕上。当时条件十分艰苦，炕上连张席子也没有，只铺一层谷草。吃的更是困难，根本没有细粮，不是玉米面大饼子，就是大楂子、高粱米。蔬菜也就那么几样，冬天土豆、酸菜、大萝卜，夏天茄子、豆角，并且很少见油星，基本上是白盐水煮。李尔重和大家一样，一锅搅马勺。下乡就和老百姓同吃、同住、同劳动。在老乡家，啥活都干，挑水，扫院子，有时还一同下地干农活。由于李尔重没有一点大干部架子，无论走到哪里，都能很快和群众打成一片，交上朋友，并且很会做思想工作，能在唠家常话中，发现对方的思想问题，并能用深入浅出的语言，解开人们的思想疙瘩。有一次，李尔重去希贤村下乡，了解群众的发动情况。在和群众的接触中，发现王老大有思想顾虑，他就专门到王老大家做他的思想工作。他一边帮王老大干活，一边唠家长里短，从中了解他家的情况，在漫不经心的唠嗑中，宣传了党的政策，解除了王老大的思想顾虑，使他积极地投身到“土改”工作中，并成为骨干分子，希贤村的群众也很快地发动了起来。

关心战士，胜过关心自己。李尔重对下级和战士总是爱护备至，给予无微不至的关怀，充满了父辈的慈爱。在农村开展土地改革运动，生活条件异常艰苦。“土改”工作队员中，有的是大学中的青年学生，也有的是刚参加革命工作的城市青年，他们中有一部分人对农村的艰苦生活环境缺乏思想上和心理上的准备，过不惯这种艰苦生活，产生了畏难和退缩情绪。李尔重观察到了他们的这种情绪变化，他没有采取简单的批评方式解决思想情绪问题，而是作循循善诱的、耐心细致的思想教育工作，给他们讲党的传统，讲当年中央苏区的艰苦斗争，讲红军长征途中爬雪山、过草地、嚼树皮、吃皮带的艰难历程，使大家懂得我们现在的生活虽然苦一点，但和红军时期相比又算得了什么。我们已经取得了全国的胜利，困难只是暂时的。同时，他还在生活上处处关心这些青年学生，尽量安排好他们的衣食住，而他自己却一点不搞特殊化。他的事情最多，工作最忙也最累，可他的生活却最好将就。在工作的紧张时期，忙得顾不上吃饭，就在背包里装个大饼子，什么时候饿了，就啃上两口。这些对那些青年学生的教育很大，也深受感动，再也不喊苦、不喊累了，而要坚决革命到底。还有一件事，对战士们教育也很大。在一次剿匪中，抓了十几名俘虏，关在“福泰号”油坊的仓库里，由张魁发负责看守。可是在放风时，一时没注意，却让一个叫陈振林的土匪跑掉了。大家认为这回李尔重一定会大发脾气，非处分张魁发不可。李尔重从村里回来之后，听了情况汇报，不但没发脾气，还把大家找来，平心静气地说：陈振林跑不了，跑了今天，跑不了明天，我们迟早会抓住他的。我也有责任，事先没有讲清楚。不过我们也要从中吸取教训，时刻提高警惕，决不可麻痹大意，土匪再狡猾，也逃不脱我们猎人的手心，魁发同志，你说是吗？李尔重同志就是这样，每时每刻都关心爱护他周围的同志和战友，同样也赢得了同志和老乡们的尊敬和爱戴。

1948年，“土改”结束了，李尔重同志及其全体“土改”队员和乡亲们依依惜别，踏上了南下的征途，去接受新的任务。

十一、永安县委书记谭云鹤

人，总是对自己战斗生活过，留下过青春足迹的地方情有独钟。从不为人题词的90岁老人谭云鹤，破例为《穆棱河文化创意》丛书和东北民俗博物馆题写了珍贵的墨宝，就缘于心中的这份情感。

谭云鹤，原名水和。1922年7月15日生于四川万县（现属重庆市万州区）。1939年，加入中国共产党。

1946年，年仅24岁却有着丰富基层和“土改”经验的谭云鹤，被上级派往密山县明德屯（现鸡东县明德乡）搞“土改”，先后担任永安、鸡西县县委书记。在复杂多变的斗争环境下，谭云鹤根据党的土地改革政策和当时、当地的具体现状，很好地推动和把握了农村的“土改”运动有序地开展。他在“土改”工作中，处处依靠贫下中农，注意了解他们的思想，倾听他们的呼声和要求。在“土改”期间，谭云鹤严格要求自己，克己奉公，发挥共产党人的表率作用。他体谅人民的疾苦，坚持和老百姓吃住在一起。在工作上，他特别注意发动广大贫苦人民，发挥贫下中农的积极骨干力量。在分享“土改”胜利果实之时，他积极引导翻身农民，利用分得的资财来发展生产去创造更多的财富，富裕自己的同时，也可以更好地支援前线，保卫人民的政权。这些举措，改变了人们的精神面貌，调动了广大农民的生产积极性。后来他们的做法还被合江省委、东北局推广介绍。

1947年10月，谭云鹤任东北局民运部干事、巡视团团员。东安地委成立了党员干部培训班，即东安地委党校，谭云鹤等人任教员。东安地委党校成为培养教育东安根据地党员干部、“土改”积极分子的重要培训阵地。后谭云鹤被调第四野战军司令部任政务秘书，经辽沈战役、平津战役后，1949年4月进入北京。

1949年后，谭云鹤调回沈阳，历任过区委书记、东北局组织部办公室主任，松江省委常委、秘书长，黑龙江省委候补书记，后回京任卫生部副部长（正部级），中国红十字总会常务副会长、党组书记。离休后，担任过中国红十字会顾问、中国国际医学研究会名誉会长等职。

第三节 大生产运动和支前工作

1946年在中国共产党的领导下，鸡东地区伴随着剿匪建政，土地改革，同时发动群众参军参战，进行大生产运动，支援全国人民解放战争。

一、群众踊跃参加大生产，有力地支援解放战争

土地改革任务完成以后，广大农民得到了基本可以满足需要的土地，解决了生产、生活资料的困难，因而生产积极性大大提高，积极开展农业大生产运动。同时，积极参军参战，捐款捐物，支援全国解放。1947年初，鸡东地区春荒十分严重，为尽快恢复农业生产，改善农民群众生活，建立巩固的根据地，农民群众积极响应党和政府提出的“开展农业大生产运动，增加经济收入、改善人民生活、支援前线”的号召，掀起了备春耕生产高潮，涌现出一大批生产能手和劳动模范，当时七个区共推选出286名生产模范，在他们的带动下，农民群众以前所未有的积极性投身到农业大生产中。在耕牛、农机具严重不足的情况下，通过实施政府确立的“农村换工、农机具交替使用、合作互助”等政策，极大地激发和调动了广大农民参加农业生产的积极性，使有限的人力、畜力和农机具的生产潜力充分迸发，有力地推进了

农业大生产运动的蓬勃开展。半截河区新兴村群众为度春荒，有的上山打柴，有的上北甸子打草，有的编席子卖钱买粮度荒。半截河村农会李主任的妻子，自己设计出了一架“五个头儿”的纺车子，买来六斤粗冈线，把线用手破开，然后用纺车子纺成细线赚钱三万元，买小米、玉米、豆饼等度过春荒。居仁村掀起了开荒的热潮，村长率领村民到南山水沟里插牌子、定地界、割蒿子、动犁杖，总计21名村民开荒28垧。半截河区集中力量抢修水坝、清壕底、堵缺口，仅两个月动员村民八百多人，挖净一里多长的壕底淤泥。

1948年5月，大田除洼地外，全部种上。其中，新播种的谷子、玉米、高粱24 425垧，麦子18 286垧，豆子1 800垧。鸡林一个区就播种稻田4 105垧，开荒共计5 429垧，扩大耕地占全县耕地总面积49 998垧的12.4%。向国家缴纳公粮：1947年，1 612万斤；1948年，2 400万斤；饲草260万斤。其中，平阳等区的农民群众交纳公粮就达800多万公斤，饲草100多吨。

“土改”以后，在党的教育引导下，鸡东地区广大人民群众把参军参战支援前线看成是自己的光荣职责，掀起了保家卫国、参军支前的热潮，出现了父母送子、妻子送郎、哥嫂姐弟送兄弟、父子兄弟争相参军，以及干部带头儿参军的动人场面。永兴村自愿参军的壮士吴海臣当年才17岁，他与哥哥吴清臣争着去参军。他哥说他年龄小不让他去，他便哭了起来，于是他哥哥说今天你先去，后天我再去，他听说让他去，立刻高兴地背起行李就走。新兴区吉东村农会主任林守山就有两个儿子，先送长子林永占参加区中队，又送二子林永雄参加主力，杀敌立功，他带头全家参加自己的队伍，给全村参军起了带动作用

当时鸡东地区共为前线输送了5 600多名青壮年农民，仅平阳、新兴两区就有800多名青年参加了中国人民解放军，有260多

名烈士牺牲在祖国各地战场上。

二、陈浚同志回忆鸡东地区大生产运动

1948年5月20日，全县大田除洼地外，全部种上。新播种谷子、玉米，高粱24 425垧。鸡林一个区已播种水田4 105垧，大大超过了原来计划，加上机关开荒435垧，共开荒5 429垧，扩大耕地面积占全县耕地总面积49 998垧的12.4%。新兴区有一份十分有说服力的材料，其中说当地男整劳力1 900个，参军走了500个，1 270个女劳力组织起来879个，折合起来，增加了男整劳力的三分之一。

东海区新安村，1946年种地350垧，荒了100垧。1947年种了500垧，也荒了近四分之一，今年种熟地700垧，开荒30垧，都铲出来了，荒了的只有7垧。群众还赞扬说：“今年不一样了，开会就研究生产”，“区上县上干部，见面就讲铲地”，“干部下来没有官架子，跟咱们一起干活”。

党的领导，保证了工作重点由平分土地运动转为大生产运动。

从1945年9月，日本帝国主义无条件投降，东北光复，到1948年2月，胜利完成土地改革运动，鸡宁县经历了两年半的大动荡。剿匪斗争，反奸清算，没收和分配敌伪土地，贯彻“五四”指示，大胆放手，发动群众，“砍挖”运动，查“夹生饭”，直到为实行土地法大纲、发动对封建半封建剥削制度的总攻、消灭地主阶级的平分土地运动，广大农村发生了翻天覆地的变化，基本群众有了地、有了粮、有了牲口、有了住房，孕育了劳动致富、兴家立业的无限热情，渴望“稳定世道，不再翻来覆去，能过上安生日子，好好生产”。因此，东北局对东北战场的后方根据地提出集中一切力量，开展大生产运动，既适应全国大反攻和解放全东北的战争需要，也符合广大群众的根本利益和愿望。

古山子村支部，在全村开荒34垧的计划完成之后，还有余力和时间，但在种完大田以后，群众满足了，用了洋犁。党支部决定多开荒，召开了支部大会，仔细讨论，提出办法。村里的第三变工组党员最多有75人，过去工作最好，这次为争取多开荒，决定仍由这个组带头。这个组的党员同群众一起商量，计算了人力畜力和时间，提出还有可以开发4垧。可是，荒地里的草已经长茂盛了，有一尺多高，群众犯了难。党员的主动担当最吃力的扶犁手，克服了困难。另外几个组的党员，积极配合，带动各组向第三组学习，就这样，又带动了全村儿多开荒十几垧。

注：陈浚，1948年2月至1948年9月任鸡宁县委书记。

第四节　鸡东地区“土改”建政大事记

1946年

5月4日，中共中央发出《关于清算、减租及土地问题的指示》。

5月13日，鸡宁县委组成“土改”工作团，分三个小组分赴城子河、滴道、哈达区发动群众，开展反奸清算斗争，建立基层政权，拉开“土改”运动序幕。哈达岗区工作组由王栓石同志负责。

7月8日，以陈伯村为团长，李尔重、于杰为副团长的东北局“土改”工作团抵达东安地区。

7月27日，东安地区“土改”工作团40多人由团长陈伯村、副团长李尔重率领到达鸡宁县。工作团分成两个团，陈伯村率领的工作团进驻半截河，先在半截河、居仁屯、明德屯进行试点。由陈伯村同志直接领导；李尔重率领的工作团进驻平阳镇，下设“土改”工作分团，哈达区工作分团由肖梦华负责，平阳镇区工作分团由马东波负责。李尔重抓点，指挥全分团工作。

8月13日，鸡宁县“土改”工作团决定成立自卫团，以维持治安，保卫“土改”工作及建立起来的农村政权。

9月10日，中秋节，地委书记吴亮平主持召开各“土改”工作团负责人会议，研究检查掌握“土改”政策等方面的问题。上午，地委和县委部分领导参加半截河等区庆翻身，检阅人民武装大会。群众载歌载舞，欢庆胜利。

9月，半截河、明德屯群众斗争地主尚世强。清算了他霸占土地、剥夺粮食、剋扣工钱、吞占配给物品的罪行。公审姓万的伪屯长和特务陈刚。群众还起出了地主的枪支和弹药，武装“土改”的积极分子。

9月，“土改”工作团依靠农民协会组织贫雇农参加清算斗争大会，揭发汉奸、地主欺压农民罪行，掀起反奸清算斗争高潮。

半截河居仁村（现向阳镇红星村）为当年东安地区土改工作团驻地。在那里曾召开过影响很大的合江省“土改”工作经验交流会。其经验做法曾在《东北日报》《合江日报》《东安日报》上刊载发表。

10月，半截河居仁屯斗争公审了伪维持会长、恶霸地主王忠。

12月，开展了消灭“土改”“夹生饭”与纠偏工作。先对半截河及铁路沿线各区进行全面复查。经复查98%以上村屯符合“熟饭”的标准。复查中发现平阳镇的一个屯由于农会中混进了坏分子，群众没真正发动起来，致使工作队走后出现地主反攻倒算现象。检查团便对此地重新发动群众，清除农会中的坏分子，把权力交给可靠的贫雇农手中，对反把地主重新斗争，彻底摧垮了封建势力，从而清除了运动死角。

12月20日，密山县委召开巩固“土改”工作会议。

12月21日，吴亮平主持召开东安地区“土改”总结工作会议。

1947年

1月20日，中共鸡宁县委召开土地改革会议，传达东北局和省委关于解决土地改革中的“夹生饭”问题的指示，决定开展“砍挖”斗争，把土地分配好。

2月5日，东安地委向各县、区“土改”工作团致信就如何进行发动群众，开展诉苦运动提出五个方面的具体要求。

2月，“土改”工作团对前段工作进行总结检查。

2月24日，东安地委发出《开展群众大生产运动》的指示。

3月15日，东安地委召开会议，地委副书记兼“土改”工作团团长陈伯村传达了林彪、高岗的讲话，指出：当前重点是创建根据地与生产粮食，并指出全国性的革命高潮两年内即将到来。

4月20日，鸡宁县委临时政府县长丁家鼎（原伪鸡宁县公署行政科长）、维持会长刘维本、吴祝三等被镇压。

7月21日，“土改”工作团马东波、司开智带“土改”工作组到下亮子区，张进带“土改”工作组到新兴区（原银峰乡）开展“土改”工作。

8月，鸡宁地区几个区掀起“砍大树（地主）”“挖浮财”的“砍挖”运动。平阳区永兴村在审查中挖出10棵“大树”，5户富农，5个警察特务。

1948年

2月，鸡宁县委发出纠偏指示，给被错定的中农、贫农、工商业者“纠偏”，并清退被清算的财物。

3月，鸡东地区土地改革结束。

4月5日，按《中国土地法大纲》的规定，开始平分土地。

第七章　红色历史印迹

第一节　抗日战争和解放战争时期的历史印迹

鸡东在抗日战争和解放战争期间，留下了大量遗史，但遗址基本没有保存下来。为了铭记历史，传承历史，我们从乡镇老促会的调查和一些史料、回忆录、口述中挖掘整理了部分红色印迹。

一、张老畲儿菜营

张老畲儿菜营位于原新华乡（今东海镇）北部哈达水库西北一个叫炮手沟的地方。张老畲的房子就建在一个簸箕形的小山窝里。

1932年，独身的张老畲儿，在这里安家。他以采集木耳为生，久而久之，人们都习惯地把这里叫作张老畲儿菜营。

张老畲菜营的西北面丁家菜营，过西岗就是抗日时期密山县委书记朴凤南的家。两家相邻，无不互相往来。天长日久，由于“朴”的工作，张老畲儿接受了革命思想，积极为革命做了很多事情。所以当时的县委书记朴凤南选中了这个地方，把密山县委设在这里，指挥密山游击队转战南北，打了一个又一个胜仗。使敌人胆战心惊，人民拍手称快。从此，张老畲儿菜营便成了密山、鸡东一带的革命指导中心。

斗转星移，大半个世纪过去了。张老奤菜营的旧址已是林木丛生，难以辨认了。但是，曾为革命做过贡献的张老奤儿菜营，却深深地印在鸡东人民的心里！

二、柞木台子

柞木台子就是现在的鸡东县明德朝鲜族乡明德村。柞木台子原来只有几户朝鲜族人家。到了闯关东时期，一部分外地的汉族人流落至此。因此地后山柞树多，远看这个小山又像个台子，就叫了“柞木台子”，后来又叫过靠山屯、熊家大院儿。1938年，半截河伪警察署朴署长根据《四书·大学》一书中的开头语“大学之道在明德”而取名明德屯。明德公社也因此而得名。

柞木台子在密山和鸡东地区的党史上和抗日斗争史上有着重要影响。它是党组织建立最早，抗日队伍活动较多的地方。1931年12月，中共饶河中心县委领导人崔庸健派金刚天、蔡基范到柞木台子发动群众，开展抗日活动，发展了一批党员，组建了柞木台子党支部。

1933年3月，中共党员朱德海、崔洪基、安日山由哈达河来到柞木台子安家落户，重组柞木台子支部。柞木台子被写入密山、鸡西和鸡东党史和抗日斗争史。《黑龙江革命老区》《密山革命老区》《鸡东革命老区》《鸡东抗日烽火》对此都有记载，原东北抗联四军军长、后历任黑龙江省副省长的李延禄在其回忆录《过去的年代——关于抗联四军的回忆》中也多处提到柞木台子。

柞木台子1945年“九三”抗日战争胜利光复后隶属密山县向阳区管辖。1947年“土改”，斗争地主老财，分山、分地，人民当家作了主人。

历经百年的发展，如今明德村已经成为拥有300余户人家的生活富庶、文明整洁的社会主义新村庄。

三、“一撮毛”

鸡东县明德朝鲜族乡立新村史称“一撮毛”。

相传100多年以前，这一带有马贩子从沙皇俄国贩马到中国。这些人通过东南的“黑背山”进入中国，向西北的“锅盔山”方向行进。当时这一带没有道路，他们只能“拉荒”前行，为了确定行走目标，选定参照物，他们站在“黑背山”向“锅盔山”方向望去，发现中途有几棵大树目标明显，且地势较高便于歇脚，就把这里称为“一撮毛”。

“一撮毛”是鸡东县成立党支部最早的地方之一。1930年10月，中共北满特委派朴克到一撮毛建立党支部。同年12月，中共密山县委组织朝鲜群众参加抗粮暴动，由于组织不力而失败，党支部书记姜正雨被通缉，党组织因此被破坏。1931年中共饶河中心县委崔石泉（崔庸健）派党员金刚天、蔡基范到一撮毛开展革命工作。在此期间发展了一批共产党员，重新组建了一撮毛党支部。

现今的“一撮毛”立新村已经是明德朝鲜族乡的一个比较大的村子。村落规划整齐，家家户户都已经住上了砖瓦房，农民生活水平“芝麻开花——节节高”。

四、哈达河头段

历史上的哈达河头段，也叫安善屯，就是现在的东海镇（原新华乡）长兴村。

哈达河头段在抗战时期，有着重要的历史地位。这一地段是密山县委成立时（1933年10月），县委机关所在地，县委机关设在哈达河头段金炳奎家，是密山抗日救国总会成立和救国会武装斗争的主战场；是抗日救国军成立和战斗过的地方；是抗联烈士朱守一战斗并光荣牺牲的地方。这一带也就成了密山人民反日斗争的活动中心。

1932年11月，绥宁中心县委为了加强对密山地区党组织的领导，决定成立中共密山县委，将密山区委改组建立密山县委，县委机关设在哈达河头段金炳奎家（现长兴村一组）。当时的哈达河头段仅有三十多户一百多口人，但就是这个名不见经传的小村子，在抗日战争时期为抗日战争和密山县委的成长做出了卓越的贡献。原村民徐子丰和马永久的爷爷家都与密山县委机关为邻，他们也都是密山县委的联络员。村民石老六和他的两个儿子（老大叫红头、老二叫齐头）都参加了抗日游击队。民兵排长苏永胜是县委保卫人员和联络员，他领着民兵每月给抗日联军送给养两次。抗日战争时期哈达河头段有三十多人参加了抗日联军，其中有十多人为抗日献出了宝贵生命。

1933年3月16日，密山县委反日会（密山反日总会）在哈达河头段成立，反日总会机关设在哈达河头段，下设哈达河、哈达岗、西大林子、柞木台子等分会。反日会是中国共产党领导下的群众性外围组织，由党员、团员和群众的积极分子组成。密山反日总会的成立，为党开展全民族的抗日救国斗争奠定了坚实的群众基础，为党广泛发动和团结群众共同抗日，为建立抗日统一战线搭起了一座桥梁。

1936年3月，根据《东北抗日联军统一军队建制宣言》，李延录所率抗日同盟军第四军正式改编为东北抗日联军第四军。东北抗日联军第四军曾驻扎在哈达河头段。

五、哈达河二段

哈达二段，今东海镇长兴村、兴隆村一带，相对哈达河头段而言。

1933年3月，张墨林、阚玉坤、李成林等8名党员，遵照县委指示精神，在哈达河二段梁玉坤家召开了抗日骨干会议，会上成立了“密山抗日救国总会”。

1934年6月，密山游击队长朱守一指挥密山游击队攻打哈达河街基日伪驻地，与日军讨伐队展开了激战，击毙了日军黑田小队长，朱守一不幸中弹壮烈牺牲于哈达河二段，时年29岁。鸡东县人民政府于1981年在朱守一牺牲地哈达河二段兴隆村后山，重新修建了朱守一烈士陵园。

六、郝家屯

现在的向阳镇卫国村，原名郝家屯。1910年，有两位从山东闯关东过来的同胞兄弟姓郝，在黑背山脚下至北3公里处（今卫国村地址）落下了脚。占草开荒盖起了由史以来的第一撮“马架子房”，以后兄弟二人分别娶妻生子，在村北的岭下盖起了五间正房。日子过得红红火火，后来又有许多山东人、吉林人，相逢聚集到这个地方开荒耕种，取名“郝家屯”。

1933年7月初，为了团结一切抗日力量，李延禄根据军党委的决定，在军部驻地郝家屯召开各山林队首脑联席会议，以便逐步地改造山林队，促使他们起来抗日。在联席会议上，李延禄反复向山林队贯彻党的联合起来、共同抗日的思想。大家一致表示，要保护抗日游击区贫苦农民，打击日寇、汉奸、走狗，从敌伪手中夺取粮食和武器，抗日到底。会后，山林队和游击队的关系有很大的改善。

不久，又在郝家屯召开了第二次山林队首脑会议，这次联席会议上宣布东北抗日救国军改称为东北人民抗日革命军。会上宣传党领导抗日主张，整顿了个别山林队的风纪，保护了当地群众利益。通过两次山林队首脑会议，有5支山林队400多人投身抗联，壮大了李延禄领导的抗日队伍，为抗联四军的成立奠定了基础。

1933年7月17日日军驻半截河（今鸡东县向阳镇）大队长率领几十名日军及伪军第四骑兵旅驻向阳镇兵团，突然包围袭击抗日救国游击军军部所在地郝家屯。由于部队初到，地理环境生疏，敌情不明，除突围部队有些伤亡之外，担任掩护军部突围的张永富连长等15人壮烈牺牲。

1934年12月李延禄带领的东北人民抗日革命军在郝家屯黑背山下与日军激烈交战，歼灭敌人百余人。其中日本中队长沐恩一郎被抗联战士当场击毙。

郝家屯——卫国村一个历史悠久拥有传奇色彩的百年村屯。经岁月沧桑记述了历史风云的变幻，在这块热土上曾留下过东北抗日联军的足迹和许多可歌可泣的不朽诗篇。

七、哈达岗

哈达镇哈达村原名“哈达岗”。很早以前这里由于东有哈达河，西边有一条山冈，故起名“哈达岗”，1946年改名哈达村。

抗战时期，哈达岗曾是抗联的根据地和密营。大约在1935年的前后，哈达岗发生过两次战役，都是剿匪部队和胡匪之间的战斗，剿匪部队在杏花山前后实施包围，打败了胡匪，缴获了大量的枪支弹药。

八、平阳镇“八角楼”

1918年，平阳镇商人倪兰廷、惠海廷、陶喜延三人发起修建八角楼剧院，经过一年零八个月的时间建成。

八角楼是双层双檐的木拱形建筑，楼高15米，楼基用青方石砌成，1米以上青砖镶带，具有北方的独特风格，建筑工艺堪称一绝。

平阳镇八角楼虽然经过了一百多年的风风雨雨，但它仍默默地矗立在街西市场的西南方。剧场建成后，每年都有几十个剧团来这里演出。著名的连台戏曲《封神榜》《杨家将》《大西厢》等剧目，都在这儿上演过。平常上演一些地方戏二人转和曲艺，也很受人们欢迎。

在抗日战争时期，1932年8月，驻平阳镇吉林护路军团长王孝之、车之久暗通中东路护路军总司令丁超，出兵到小石河包围了抗日救国军补充二团团部，诱骗苏怀田等36人到平阳镇，被车之久部下解除了全部武装，杀害了排以上干部、战士36人，制造了“平阳镇惨案”。人民永远铭记这一历史事件。

平阳镇八角楼是县级文物保护单位。2017年投资40多万元，对八角楼进行了修缮，使八角楼焕然一新。

九、张三儿沟

现在的平阳镇永兴村在民国初期至1937年叫“张三儿沟”，1937年至1942年叫永丰屯，1943年之后改为永兴村至今。

据村里的老人们讲，是因为最早在此地落脚的是个叫张老三的人，在此地的沟膛子里以“跑山”和狩猎为生，后来人越聚越多，人们便把这条沟叫“张三儿沟”了。“张三儿沟”里现在的永兴、新发、新城三个村，在过去都统称叫“张三儿沟”。叫“张三儿沟”另一个原因，还因为此处在过去狼很多，常有野狼出没，所以把这个屯叫“张三儿（野狼）沟”。

张三儿沟有着光辉的抗战历史。1934年在纪念“九一八”事变第三周年的时候，李延禄在张三儿沟召开军民联合纪念大会，正式宣布了“东北人民革命军”的建立。

张三儿沟在光复时就自发地拉起了队伍。后来，被平阳镇公安分局收编为公安队，并在那里设立了公安派出所。不久，国民党五十二军的一部分队伍来到这里。这些“遭殃军”到这里后，杀猪、宰羊，翻箱倒柜，勒索百姓，打骂群众，强奸妇女，无恶不作，引起了张三儿沟人民和公安队的极大愤恨。张三儿沟的公安队和一些骨干村民串通附近24个村的老百姓，集合了80多人，一天夜里，在张三儿沟外布下了交叉火力网，敌人出来一个打一个，从天黑一直打到天亮。平阳公安队长徐广泉怕公安队吃亏，便带兵去增援。他的援兵到时，战斗就已结束了。在这场战斗中，张三儿沟的公安队仅牺牲了一人，而五十二军被打死70多人，130多人被俘。这一仗，大大增长了公安队的威风，长了人民群众的志气，从此，国民党五十二军逃出了张三儿沟，再也不敢到那里为所欲为了。

十、锅盔山

锅盔山位于鸡东县永安镇西北5公里处，距鸡东县城30公里。锅盔山最高海拔392.5米，是鸡西境内的一座著名的山峰。“锅盔山城遗址”就坐落在山的顶部，占据了全部山顶斜面，距今已有1 200多年的历史，是一座由靺鞨民族建设的具有军事防御意义的城址。锅盔山古城，始建于唐代、渤海国时期，是黑龙江省保存最为完整的一座古城址。1990年被黑龙江省政府公布为省级文物保护单位。

“九一八”事变后，锅盔山一带成为抗日战争时期在鸡东境内的一个重要的战场。大小战斗发生几十起，给日军以沉重打击。

1934年9月，李延禄率部队过穆棱河与密山游击队会合，在永安的锅盔山打退了日军“讨伐”队的一次进攻，缴获了一批武器弹药。

1945年，东北抗日联军某部首长登上主峰，在锅盔砬子的大石面题诗一首："破落荒凉一座城，看来久已失经营。当年典首今何在？尽被狐倜结队行。"朴实的诗句，斑驳的石壁，见证了当年的战火硝烟，也给这座千年古城又增添了新的人文内涵。现在锅盔山成为爱国主义教育基地，很多游客到这里瞻仰、缅怀革命烈士，城乡里的青少年学生经常来这里过团队活动。

十一、瓦盆窑

瓦盆窑，现在的平阳镇永长村。1937年日伪政府并屯前，这里屯名叫"瓦盆窑"。这是因为在1920年前后的民国时期，从山东来了几户人家在此落脚居住，以开荒种地和烧瓦烧盆为业，所以人们就把此地叫作"瓦盆窑"。瓦盆窑在新中国成立后更名为永长村。

抗战时期，这里是南线梨树镇—平阳镇—半截河—二人班国际地下交通站重要站点，是平阳镇地下交通站的重要组成部分。

平阳镇"东窑地"（也就是现在的平阳镇永长村）地下交通站，就在瓦盆窑，是抗日时期吉东特委设立的五个地下交通站之一。据抗日史料记载，当时很多从宁安、牡丹江到密山、饶河的我党抗日领导人、地下工作者都是经平阳镇"东窑地"地下交通站联络、转赴。平阳镇东窑地地下交通站抗日时期为我党和抗日组织掩护地下工作者，传递重要情报，组织和发动民众抗日，发挥了十分重要的作用。

十二、大石头河

大石头河发源于今穆棱市与东宁县交界的十文字北侧的落

阳山，其河段上游两旁全是大山、小山沟。每条山沟里几乎全是石头，每逢雨季，山洪将石头冲得顺水而下，进入河道。上游有近三十公里的河段里石头较多，因此得名叫大石河。大石河在密山、鸡西、鸡东地区历史上很有名，提起大石河老幼皆知。大石河不是指某一个村屯，而是指大石河流域村屯的统称。1948年以后才有了林安村、德安村、长安村、保安村、永安村这些村名的出现。

大石河一带也是抗日联军经常活动的地方。抗日将领李延禄在其回忆录《过去的年代——关于抗联四军的回忆》一书中，多处写到抗联四军在大石河地区打击日寇的行动。鸡东县党史办编写的《鸡东抗日烽火》中也多处写到杨太和等抗日将领率队在大石河一带打击日伪军的经过。1933年6月，李延禄率抗日救国游击军王毓峰团、冯守臣骑兵营400余人到大石河与杨太和所率的一团会师，给日寇以狠狠地打击。大石河地区是一块红色的土地，大石河两岸的人们是英雄的人们。抗日战争时期、解放战争时期、抗美援朝时期这里有众多有志之士报名参军，有一批勇士为国捐躯。

如今的大石河虽早已不是沿岸村屯的统一称谓了，但它的名字就像大石河的水一样流淌在大石河人的血脉里，永远不会淡去。一些从大石河走出去的人还深深眷恋着这里，大石河是他们的魂，是他们的根。

十三、小石头河

小石头河是相对大石头河而得名。小石头河发源于现在的平房林场的偏脸子和金场沟等地，由于地势较平坦，没有大石头进入河道，只有自然冲刷出来的小石头，与大石河相对得名小石河。小石头河不是某个村屯，是小石头河沿岸村屯的统称。永和镇的永庆村、永胜（牧场）村、公平村、新和村原来都叫小石头河子。

小石头河是抗日救国军补充二团副团长苏怀田的家乡。抗日救国军补充二团团部曾设在现在的永和镇的新和村。

1932年以前，苏怀田当时是小石头河屯保董，组织一支地方保安队。苏怀田同田宝贵很早就相识，他在共产党员田宝贵的感召下，激发了爱国热情，表示坚决抗日。同年2月，苏怀田高举抗日大旗，率领他那有100多支枪的队伍建立了一支抗日队伍。他们先后收缴了荒岗缉私队和梨树镇白俄谢杰斯煤矿矿警武装，装备了自己，仅一个多月时间部队就发展200余人，是当时密山县内最大的一支抗日队伍。1932年5月，田宝贵、苏怀田率部队到穆棱兴源镇投靠李延禄部，李延禄将其收编为抗日救国军补充二团，李延禄任团长，苏怀田、田宝贵任副团长。同月，抗日救国军补充二团奉抗日救国军司令部命令去梨树镇解除谢杰斯的武装，并没收谢杰斯的兵工厂。驻宝清的护路军总司令丁超已暗地通敌，投靠日本人，破坏抗日，认为补充二团占领了他们的地盘，命部下王孝之团和车之久团，从平阳镇赶到小石头河子，把补充二团的驻地包围了，诱骗苏怀田去平阳镇面谈。补充二团副团长苏怀田率领团部的人员去访丁超。苏怀田及田宝贵等人一到平阳镇，所有补充二团一、二两营的军官，在护路军所属二十六旅王孝之团和车之久团突然袭击之下，被解除了武装。以副团长苏怀田、共产党员田宝贵为首的六名营级以上的军官，全被绑起来，用铡刀铡了，排级以上的30名军官全部枪杀。这就是“平阳镇惨案”。苏怀田等36名烈士为中华民族和中国人民的解放事业，威武不屈，大义凛然地献出了宝贵的生命，鸡东人民，小石头河人们将永远怀念他们。

十四、大顶子山

传说很久以前，鸡东大顶山一带是一汪大湖，这湖叫翡翠湖，湖畔的人们捕鱼摸虾，过着安居乐业的生活。后来湖中的一个兴妖作怪祸害百姓的乌龟被一个叫大顶的渔民儿子机智勇敢地制服变成一座大山，人们为了纪念“大顶”，就把这山叫大顶山了。

1964年5月，国民党第15集团军司令上将谢文东带领大股土匪企图攻占鸡宁县城。5月15日晨6时许，谢文东匪部窜到鸡冠山北坡，妄图抢占鸡冠山的制高点，东北民主联军第六支队十七团二营教导员李银峰率部队反击，打响了鸡冠山战斗。由于进攻土匪人多，山炮、迫击炮、轻重机枪火力很猛，战斗进行得非常激烈。下午，谢文东匪徒溃败，李银峰率部队追击，当追击部队进入大顶子山下的山沟时，一发炮弹落在李银峰身边爆炸，弹片击中腰部，血流不止，李银峰不幸牺牲，年仅25岁。

为了纪念革命先烈李银峰同志，把山下的村庄命名为银峰村，把所在的乡命名为银峰乡。

十五、半截河

半截河，即现在的鸡东县向阳镇。向阳镇的所在地向阳村、通街村当时归密山管辖。半截河位于鸡东县的最东部，东与密山接壤，西与综合、下亮子相毗邻，北与明德朝鲜族乡交界。南与苏联俄罗斯搭界。半截河地名距今已有百年历史。因村东2.5公里处，有条从双叶山发源的河流，流到下游村北，没有了河床河，进入湿地，河水漫延流入穆棱河，故起名叫“半截河”。后建村时，以河命名为半截河村。

1935年初，满洲省委、吉东特委就派刘曙华等同志到半截河，深入群众，宣传抗日救国，建立整顿党、团和抗日会等组织。

1936年日本统治时期，半截河这里设有日本宪兵队、警察署特务机关、日本驻军五〇部队和村公所，下设几个甲。民国和伪满时期，这里是较大的集镇，镇内有20多家商号和店铺，还有著名的小麦加工厂“裕记火磨”。

1934年，在吉东特委书记杨松的安排下，在密山半截河“裕成当铺”建立了国际交通站。

1934年，东北抗联在找不到党组织的情况下，利用密山半截河国际交通站，与中共驻共产国际海参崴联络站接上关系，间接与党中央保持联系，接受党的领导。

王志成，是一名有着丰富对敌斗争经验、机智勇敢的同志。中共吉东特委主要负责人李范五选派他到密山半截河工作。临行前，李范五交代给他两项工作任务：一是利用合法身份收集半截河一带日伪军的军事情报：二是在那里建立一个国际交通站。王志成接受任务到半截河后，托人介绍，很快被日本录用，打入半截河日本守备队当翻译。不久王志成与半截河的地下党合伙开了个当铺，字号叫“裕成当铺”，作为交通站的联络点。

交通站安全接送过中共驻共产国际代表团巡视员吴平（杨松）到吉东地区指导抗联工作；护送过中共满洲省委书记杨光华和宣传部长唐国浦去苏联莫斯科向中共驻共产国际代表团汇报工作；接送过抗联高级干部李延禄、李延平、刘曙华（密山县委书记）、刘汉兴（陈龙抗联八军政委）、傅文忱、富振生、朱德海、李成林、张奎、李范五、田孟君等赴苏联学习或回国工作；护送密山县委和抗联四军年轻干部褚志远、王琏、李德山、方虎山、傅文忱、李发、张发、张哈、佟双庆等人赴苏联学习军事。

半截河国际交通站为党传送重要文件做出了重要贡献。在东北抗联斗争史上有着重要指导意义的《一二六指示》《六三指示信》《八一宣言》等信件都是经海参崴转到半截河国际交通站，再由吉东特委转送到各地党组织和抗联部队。除此之外，交通站还负责传递《巴黎救国时报》，各种抗日刊物，党内文件、汇报等。

十六、居仁屯

居仁屯，现在的鸡东县向阳镇红星村。居仁屯在半截河地区是开荒最早的村落之一，它地处半截河街里不足1公里距离。1934年日本侵占半截河时居仁屯住有日本人，宪兵队大特务王生家眷就住在居仁屯。

抗日战争时期，有党地下交通联络站设在居仁屯。地下交通员佟双庆曾在居仁屯以家庭为地下交通联络站掩护，转送东满省委和吉东特委领导人。

居仁屯是东安地区“土改”工作的试点村，当年东安地区土改工作团驻地。土改工作队进入居仁屯后，广泛发动群众开展“土改”工作，通过走访摸底，召开了清算大会，分配了斗争果实，并成立了农会，让农民自己当家做了主人。成立了自卫队，建立了党组织，培养了丁汝善（丁木匠）等一批干部。

1946年9月，曾在居仁屯召开过影响很大的合江省“土改”工作经验交流会。其经验做法曾在《东北日报》《合江日报》《东安日报》上刊载发表。当年从延安来居仁屯参加“土改”工作的高曙辉同志后来曾写过一篇回忆录《居仁屯的土改工作》，详细记录了居仁屯当时的村情和“土改”经过。

十七、金场沟

金场沟距西南岔林场沟西2公里。这里有沙金，从清朝晚期就有人来淘金，所以就叫金场沟。

抗战时期，侵华日军在这里修筑了“金场沟要塞”，是半截河要塞的组成部分。

1933年6月，李延禄带领抗日队伍从宁安进军密山曾在这里落脚、首驻。

1945年，苏联红军进军东北从这里经过，和日军展开过激烈战斗。

十八、平阳站

平阳站，今鸡东站。日伪时期修筑林密线（林口至密山），在这里设平阳站。1964年9月将平阳站改为鸡东站。

抗日战争时期，在平阳站（现在的鸡东火车站）附近设有抗日地下情报站。情报站领导人桑元庆利用自己给日本人开设的“共益稻米所”当先生（会计）的身份从事情报工作。平阳站抗日地下情报站当时主要收集日本宪兵队在平阳站（也就是现在的鸡东县城）一带的活动情况，查看平阳站火车来往运输情况，特别是武器、弹药情况。然后由领导人桑元庆回到平阳镇的家里，用发报机把搜集到的情报发给驻苏联境内的中共驻共产国际代表和抗日苏军。1945年1月，因叛徒出卖，桑元庆在平阳站“共益稻米所”突然遭日本人被捕。根据叛徒出卖的情况，日本人在平阳站、平阳镇（夹信子）地区抓捕了多名抗日地下情报人员，平阳站抗日地下情报站遭到破坏。其中桑元庆等22人于1945年7月被送往哈尔滨七三一细菌部队惨遭杀害。

十九、牛心山

牛心山，鸡东县平阳镇的一个小山村。东与8510农场一营一连相交，南与俄罗斯交界，西与前卫村相邻，北靠“大翁山”。

1946年9月，鸡宁“土改”工作团团长李尔重指挥三支队十七团1个连100多人，包围牛心山村土匪周和老巢，经过战斗，在一座房子里，土匪头子周和负隅顽抗，战士用手榴弹将房子炸掉，土匪小头目周和及其部下死于非命，俘虏匪徒22人，终于清除了这伙匪患，保卫了平阳镇的“土改”成果。

二十、永安县

新中国成立前夕的1947年5月，根据斗争需要，在现在的鸡东县永安镇永平村（原永久村）成立永安县。永安县县委书记谭云鹤，县长沈宪夫，县政府秘书长，组织部长马飞，县武装大队长刘某某，中队长王春生。

永安县的行政制分为县、村、屯（村相当于现在的乡镇，屯相当于现在的村）。永安县管辖区域为半截河、下亮子、平阳镇、永安四个村。

永安县1947年5月份建县，据永安镇老促会长徐世海调查和隋福老人回忆，当时永安县办公地点设在现永安中学西，去往永红村老铁路基拐角道北处，原日本开拓团办公机关的红部。1947年9月30日永安县撤销。

撤县后上述地区归属密山县，永安乡为十二区。

第二节　纪念场馆碑墓

为了永远缅怀为中国人民解放事业做出牺牲的先烈和先驱，鸡东县委、县政府，鸡东县人民，先后建立了一批纪念碑、纪念馆，并对年久失修的纪念碑投入资金进行修缮。

一、鸡东镇东山烈士陵园

为纪念抗日战争、解放战争和社会主义建设时期的烈士，鸡东县委、县政府于1993年7月，在鸡东镇东山建立了鸡东烈士陵园，占地12.34公顷。烈士陵园内有烈士墓、纪念碑。2011年投入150万进行修缮，并把11.3公顷林地划给烈士陵园。2015年投入8.3万元进行第二次修缮。

每年清明节、抗日战争胜利纪念日，党政机关、企事业单位、驻军和武警部队、中小学校都来这里为烈士扫墓，举行纪念活动，缅怀先烈。

纪念碑

二、“平阳镇惨案”烈士纪念碑

“平阳镇惨案”烈士纪念碑位于平阳镇平阳村北。

为纪念“平阳镇惨案”苏怀田、田宝贵等36位抗日烈士，鸡东县委、县政府1982年在平阳镇中村平阳镇客运站北100米苏怀田、田宝贵等烈士牺牲处建立了三十六烈士纪念碑。1982年10月1日鸡东县委、县政府在平阳公社举行了苏怀田等烈士纪念碑落成典礼。2017年进行了重新修缮。

1982年原纪念碑

三、苏怀田烈士墓

东北抗日联军第四军补充二团副团长苏怀田墓地位于永和镇新和村三组后山。1932年8月，苏怀田牺牲后由他的众亲友从平阳镇牺牲地将其头颅带回新河村，简单地埋葬在祖坟附近。1974年，鸡东县出资进行了重修，并立了墓碑。目前的墓地保持完好，为了纪念这位抗联英雄，每年清明节永和镇都组织机关干部和中小学生去为烈士扫墓。

位于永和镇新和村的苏怀田烈士墓

四、朱守一烈士纪念碑墓

为纪念密山抗日游击队长、抗日英雄朱守一烈士，1981年，县民政局在东海镇兴隆村二段建立了朱守一烈士纪念碑。1986年4月5日，鸡东县委、县政府在新华乡兴隆村二段山隆重举行了有千人参加的重建朱守一烈士墓及纪念碑落成揭幕仪式。2013年对朱守一烈士墓碑再次进行了修缮。

朱守一烈士纪念碑　东海镇中心校少先队为朱守一烈士扫墓

五、东北抗日联军第四军成立地纪念碑

东北抗日联军第四军成立地纪念牌位于东海镇新华村村部广场。

新华村原名哈达河，是抗联四军的摇篮和根据地。1934年10月，中共满洲省委巡视员吴平（杨松）到哈达河主持召开密山县委扩大会议，会议决定：密山抗日游击队与李延路领导的抗日革命军合并，组建抗日同盟军第四军。

1936年3月，根据《东北抗日联军统一军队建制宣言》，李延禄所率的抗日同盟军第四军正式改编为东北抗日联军第四军。东北抗日联军第四军成立于哈达河，军部曾驻扎在哈达河头段，今东海镇长兴村。

2014年9月25日，鸡东县委、县政府在新华村（哈达河）举行了东北抗日联军第四军成立旧址纪念碑揭幕仪式。

六、东北抗日联军第四军纪念馆

为纪念东北抗日联军第四军建立，大力弘扬抗联精神，深入进行革命传统教育，2015年7月，鸡东县委、县政府在抗联四军成立地东海镇建立了东北抗日联军第四军纪念馆。

纪念馆以大量的图片和实物展现了抗联四军的建立、发展、战斗历程。建馆后，作为爱国主义教育基地，每年都有县内外党的组织、群团组织、中小学在此组织参观教育活动。

七、永丽村烈士纪念碑

永丽村烈士纪念碑位于鸡东县向永公路永安镇永丽村村旁。1953年以前，这里先后有36人参加中国人民解放军和中国人民志愿军，每户都有一人参军入伍。在抗美援朝战场上牺牲的烈士就有15名，其中有2位连长、4位排长、9位战士。永丽村的村民十分敬仰这些从村里走出去英雄，1953年他们自发为15位烈士立了一处纪念碑，年年为他们祭奠扫墓。

2013年，鸡东县民政局在永丽村革命烈士纪念牌原址复建了一处新的烈士纪念碑，15位烈士的英名镌刻其碑上。

永安镇人民没有忘记这些革命烈士，永安镇人民和学校师生年年都在清明节到永丽村革命英雄纪念碑园扫墓，悼念革命先烈。

八、李银峰烈士牺牲地标

李银峰牺牲地位于鸡东县城东南2.5公里处的大顶子山。

1946年5月15日，东北大土匪谢文东的部下毕兴奎率领一部分顽匪，占据了大顶子山，利用险要地形组织火力负隅顽抗。

民主联军十七团二营教导员李银峰指挥战斗中冲锋在前，不幸中弹，壮烈牺牲。为纪念烈士，缅怀先烈，1955年将大顶山下的新兴村改为银峰村。2016年县委党校为在教学中进行革命传统教育，在李银峰烈士牺牲地建立了地标，并多次在此安排现场教学活动。

大顶子山李银峰烈士牺牲地

第八章　鸡东革命老区前进的脚步

第一节　建县前的鸡东老区

1965年建县前，鸡东分属鸡西市、密山县、勃利县管辖。那时的鸡东同全国一样，农业经历了单干、互助组、合作社、高级合作社和人民公社化的历程。工商业经历了公私合营及社会主义改造。那时候的鸡东经济基础十分薄弱，在“大跃进”和“三年自然灾害”的影响下，经济社会有发展，有徘徊，有跃进，有缓行。总的趋势是螺旋式的上升。

农业　1949年到1957年，正值国民经济恢复和第一个五年计划，是农业生产顺利发展时期。1957年农业总产值比1949年的900万元增长109.58%，平均每年增长12.1%。1958年到1965年建县，是农业生产遭受挫折与恢复时期。1958年实行人民公社化，刮起“一平二调”的共产风。1960年因自然灾害，农业总产值从1957年的1 887万元下降到631万元。经过调整和纠正错误，到1965年农业总产值达1 802万元，接近1957年的水平。

工业　鸡东工业有着较长的历史。民国初期在“夹信子”（今平阳镇）、半截河（今向阳镇）、四人班（今东海镇永远村）有手工业60多户。1916年，在平阳镇创办过栗家炉，1924年，半截河办起了裕记火磨。1931年前后为此地手工业鼎盛时期，平阳镇的手工业作坊达到百余家。1936年，随着林（口）密（山）线铁路建成通车，开发鸡西煤矿区，大批农民迁往鸡西、恒山，社会购买力下降，加之日伪“粮谷统治法”的实施，对粮食统治，苛捐杂税繁多，平阳镇、半截河等地的工业和手工业作坊大部分无法维持，相继歇业。

新中国成立后，鸡东的手工业得以发展。“第一个五年计划”期间，个体手工业者组织起来，成立了手工业生产合作社，实现了对手工业的社会主义改造。1957年，鸡东国营和集体工业企业相继兴办起来。有地方国营工业企业1户（鸡东煤矿），集体企业5户，年产值24万元。到1964年底，鸡东工业已经发展到全民工业企业7户，集体企业22户，职工600余人，年产值492万元。

交通邮政 鸡东革命老区交通的发展有一百多年的历史。最早期道路始建于光绪二十五年（1899年）。据《东三省记略》记载：“宁安、密山间的道路，西起宁古塔（今宁安），东至蜂蜜山（今密山市知一镇）”，经过本县西起青沟岭（老道店）、大石头河（今鸡东林安村）、夹信子（今平阳镇）、水曲柳河（今曲河村）、半截河（今向阳镇），直至鸡密交界的黑嘴子。境内路长58公里。二是梨树镇（今鸡西市梨树区）至沙岗（今密山市西）间大车道，始建于1934年，是本县境内穆陵河北岸的主要道路。东起密山的沙岗，西至梨树镇，全长175公里。经由鸡东的四人班（今东海镇永远村）和哈达河，境内长40公里。三是梨树镇至密山的道路，位于穆陵河的南岸，西起梨树镇东至蜂蜜山。经由本县西起张家街（今鸡东镇张家村），经平阳镇，东至密山的黑嘴子。境内土路长约50公里。四是1934年，修建了鸡西城子河至密山的道路（原线为梨树镇到沙岗）。西起城子河，经由哈达河、四人班、小锅盔（今永安镇）直至密山，长82公里土路，

1938年改为沙石路面。五是1934年修建了永安至半截河的道路，全长15公里。六是同年修筑了平阳镇经平阳站（今鸡东镇）至小鸡冠山（鸡西市）间道路，长30公里。七是1938年修筑了平阳站经古山子村至城密线道口，全长7公里。另外，日本军国主义占领鸡东后，相继在永和镇、平阳镇、半截河、老黑背、牛心山、四排村、西大翁等地修建了大批“军用”道路。

林密铁路始建于1934年，1936年2月正式办理客货运输业务。林（口）密（山）铁路由西向东通过本县，县内路段西起张家工区，经由鸡东、东海、永安至锅盔桥，全长35公里。1948年春有旅客列车通往哈尔滨。1964年9月将平阳站改为鸡东站。

1930年，平阳镇设立了三等邮局，半截河（今向阳镇）设立了邮政分柜。隶属密山邮政局。1933年，半截河邮政分柜改为邮政代办所。1945年后，本区域逐渐形成初具格局的城乡投递网。1946年设置了东海镇邮政代办所，1947年设永安、哈达和新兴（今银峰乡，后为鸡东镇）等邮电支局、所，办理投递业务。1953年至1965年建县，本区域已设置邮政机构12处，县、公社、大队基本上都通路，投递点延伸到小队。

电信　1935年，密山电报电话局和警备电话局成立后，在半截河、平阳镇设立了交换台。1947年本区域已有新兴、平阳、下亮子、向阳、永安、东海、鸡林、哈达、兴农9个邮电所办理电信业务。到1959年，交换机已有10部，总容量为300门，电话机已有100余台。

商业　光绪六年（1880年）清政府解除封禁后，此地就出现了商业活动，到1928年就有大小商号38家。当时，作为密山县的第一大镇平阳镇，随着境内金场沟采金业的兴起，梨树镇至密山过往旅客流量的增多，商业尤为发达。全县解放后，人民政府积极扶持和发展国营事业，保护私营商业，在“发展经济，保障供给”的方针指引下，本地商业逐渐发展壮大起来。城镇遍设商业网点，农村普遍办起农民集资的供销合作社。1956年以后，随着对私人资本主义工商业社会主义改造的基本完成，公私合营商业也相应发展起来。

文化 民国期间，此地就有民间艺人串户说评书、唱大鼓、唱蹦蹦等文艺活动。随着经济的发展，1924年平阳镇商户鲁田在街东建一座戏院，而后商户倪兰亭在街西建一座八角楼型的大戏院。1930年半截河业主于亚业在东门里建一座戏院，另一业主（姓名不详）在西门外（今向阳镇通街村）建一座落子园。这些戏院从外地接来戏班唱戏。

东北解放后，在党的文艺方针指引下，本地群众文艺活动十分活跃，1947年平阳、向阳、鸡林、永安、下亮子等区建立业余剧团。平阳镇业余剧团将义演的收入3千万元（东北流通卷）捐献给国家购买飞机大炮，受到了政府的表彰奖励。

教育 清末，此地较大的集镇夹信子（今平阳镇）、半截河（今向阳镇）有私人开办的私塾，个别村屯有的大户在冬闲季节聘请塾师办学馆。至1930年，本地共有小学6所，新中国成立后新建和扩建一批中学和小学。到1964年学校达到161所，中学4所，农中13所。有学生33 955名。

卫生 1924年前，本地只有半截河、夹信子有几名走村串户的先生（医生）。到1936年，平阳镇有医院2所，半截河有医院3所、永安等地有诊所2处，药店5处。新中国成立后，党和人民政府十分重视人民群众的健康。1955年把私营医院组织起来，实行联合。1953年以后，陆续建立了全民所有制或集体所有制的卫生院（所）。到1964年本地有全民所有制卫生院8所，集体所有制卫生院5所。

第二节　建县后到改革开放初期的鸡东老区

鸡东1965年1月建县，次年就进入轰轰烈烈的“文化大革命”十年动乱浩劫期，直至1976年粉碎“四人帮”，结束“文化大革命”。在一定程度上影响甚至破坏了经济社会发展。

农业　在“左”的思潮干扰下，“大批资本主义”“割资本主义尾巴”，农业生产造成了严重损失。但由于广大干部和群众对“左”的错误进行抵制，加上坚持了农田水利基本建设，提高了农业机械化水平，普及农村用电，农业生产条件得到进一步改善，使农业生产获得一定程度的发展，1976年农业生产总值达到3 501万元。

工业　1965年建县后，鸡东县工业发展迅速，到1970年相继建起制酒厂、轻工机械厂、食品厂、印刷厂、化工厂、轴承厂、水泥厂、机电厂。到1976年底，本县已有全民工业企业24户，集体企业8户，社队企业52户，年总产值3 158万元。

商业　1965年建县时，国营商业企业只有百货、糖业烟酒和服务3个公司。随着市场形势发展，于1966年和1968年又先后成立了石油公司和食品公司。1970年又成立了五金、蔬菜和纺织品公司。

道路交通　建县后，鸡东交通事业发展较快，全县公路由建县初期的200公里增加到1985年末的423.3公里，为建县前的2倍多。主干线有方虎公路、鸡密公路、鸡勃公路、向友公路。

邮政　1965年全县邮路总长度达1 176公里。从1969年到1975年，全县已有161个大队，603个小队每天投递一次邮件。

电信　1965年建县后，电信通讯得到了较快发展，各大队基本上都安装了电话。建县后，电话杆路总长度增至404公里，开通了本县与牡丹江、鸡西、密山各一条长途线路。1970年，杆路总长度增至496公里，长途电话4条，交换机19部，总容量970门，安装电话机701台。

文化　1965年建县以后，相续建立了文化馆（站）4处，电影管理站1处，电影院1处，新华书店1处，农村电影队5个。1966年“文化大革命”使全县文化事业遭到破坏。1979年县革委会增设了文化科，同年9月成立了“鸡东县文学艺术界联合会”。

教科体　建县后，在提高教学质量的同时，注重提高儿童的入学率，入学儿童达到适龄儿童的85%。“文化大革命”使教育受到严重冲击，学生“停课闹革命”，学校、图书馆等设备遭到严重破坏。粉碎“四人帮”以后，才恢复了学校秩序。

1965年在县委宣传部，配一名干事负责科学技术普及及协会（包含科委）工作。1968年设科技科，1976年改为鸡东县科学技术委员会。

建县后体育活动更加普及。1969年7月建立县业余体训班。

卫生计生　1965年建县时，全县有县级卫生医疗机构3处，公社卫生院13处。医务人员152人，病床135张，大队卫生所97个。县、乡、队三级医疗预防网基本形成。

1970年，县建立计划生育领导小组。1973年提出了晚婚晚育。1979年改为“一对夫妇只生一个孩”，从此全县计划生育工作进入新阶段，人口出生率由1973年的30.97‰到1979年下降到17.10‰，自然增长率由24.27‰，下降到12.43‰。

党的建设和政治建设　1965年1月，经黑龙江省委批准建立鸡东县委。1966年“文化大革命”开始，县委受到冲击陷于瘫痪。1967年4月建立中共鸡东县革命委员会核心小组。1970年9月18日恢复中共鸡东县委。1965年建县时有基层党委16个，总支5

个，支部277个，党员4 021名。到1978年有基层党委17个，总支25个，支部621个，党员8 622名。中共鸡东县第一次代表大会于1966年7月26日至29日召开，代表292名；中共鸡东县第二次、第三次、第四次代表大会分别于1970年9月、1976年1月、1980年2月召开。

鸡东县第一届人民代表大会1966年3月28日召开，代表190名，列席代表115名；根据省选举委员会规定，“文化大革命”中成立的革命委员会，全国统一算作一届代表大会，也就是鸡东县第二次人民代表大会在“文化大革命”时召开。鸡东县人民委员会1965年1月1日设立，鸡东县革命委员会1967年4月成立。

1966年1月、1967年12月、1974年1月分别召开了鸡东县第一次、第二次、第三次贫下中农代表大会。

第三节　改革开放以来的鸡东老区

1978年党的十一届三中全会以后，到1985年，鸡东革命老区的经济社会有了跨越式发展，显示出了改革开放的生机和活力。

1976—1985年间

农业　党的十一届全会以后，认真贯彻党的路线、方针和政策，极大地调动了农民的生产积极性。到1983年农业总产值达到7 535万元，比1978年增长65.6%。1979年到1983年的5年时间，有3年的粮豆亩产超过150公斤以上。1983年在遭受到严重旱灾的情况下，全县粮豆亩产仍然达到166公斤，总产1.19亿斤。1984年粮食总产1.53亿公斤，是历史上的最高水平。1985年农业遭受干旱、洪涝、低温、寡照等自然灾害，粮食总产1.12亿公斤。农民人均收入441元，比历史上收入最高的1984年提高了25%。

工业 党的十一届三中全会后，鸡东县工业在“调整、改革、整顿、提高”的方针指引下有了较快发展，先后办起了砖瓦厂、针织二厂、成衣厂、酒花厂、绒织厂等全民所有制企业和东海机械厂、东海童装厂、新华白灰厂、鸡林造纸厂、向阳啤酒厂等社办企业。到1985年底，已有工业企业138户，其中全民所有制企业28户，工业总产值完成10 807万元，首次突破亿元大关，比1979年增长1.5倍。1985年16户预算内企业实现利润425万元，成为全省扭亏增盈先进县之一。

1985年全县（不含中直和省煤）煤炭总产量为188万吨。其中县营煤矿37万吨，乡镇煤矿101万吨，企业煤矿50万吨。煤炭总产量居全省地方煤矿的第一位，煤炭总产值占全县工业总产值的36.8%。

交通邮电 改革开放后，鸡东交通运输事业发展迅速。铁路公路纵横交错，四通八达，已形成密集的交通网。1985年末有机动车3 975台，比1979年增加10倍。货运量达180万吨，比1979年增加9倍。开设13条客运路线，全民、集体、个体共有客车36台，比1979年增加1.1倍。

1985年全县邮电机构17处，全县邮路总长度增至1 585公里，比1965年建县时增长99%。到1985年末全县各村和农、林、牧场、水库以及地方煤矿也都安装上了电话机。

商业 由国家、集体、个体组成的商业网点遍及城乡，布局合理。县域有国家和其他集体商业网点79个，个体工商注册商店、店铺135户，饮食网点68个。农村有供销网点194个，个体有证商贩540户。到1985年社会商品零售总额达9 839.5万元，比1979年增长1.3倍。其中商业零售额367.8万元，占85%。

外贸金融 1985年出口商品增加到近30种，创历史最好水平。出口额达602.5万元，比1979年增长18.5倍。

1985年财政收入2 327万元，比1979年增长1.2倍。1985年末储蓄额达到3 729万元，人均141元，比1979年增长4倍。

科教　1985年末，全县有科研机构2所，全县15个乡镇设置了农业技术推广站、畜牧站、水利站、林业站、经营管理站、农机站，有13个乡镇建立了良种场（队）。到1985年全县有自然科学人员913人，社会科学人员233人。

1985年末全县有中学28所，其中完全中学6所，在校生16 069人。小学199所，班级1 457个，在校生44 213人，中小学教师2 970人。适龄儿童入学率达到99%，比1979年增长10%。幼儿园62所，入园儿童5 610人。从1971年到1985年，为大、中专院校输送新生1 609人。其中大专以上648人。

文化　1985年全县文化艺术事业机构有217个，比1965年建县时增长20倍。有文化馆1处、文化站15处、电影公司1处。有专业剧团1个，40人。电影院4处，工人俱乐部3处，电影队193个。群众文化娱乐活动异常活跃。

卫生计生　到1985年全县有医疗卫生机构93处，其中县级医疗机构7处，乡镇卫生院15处，企业办医院、诊所71处，村办卫生所178个，个体诊所21处，病床701张，卫生技术人员825人，其中有医师以上职称的110人。1965年建立县卫生防疫站、县妇幼保健站。1978年建县药品检验所。1979年建县牙科诊所和结核病防治所。1985年农村“赤脚医生”改称乡村医生，村卫生所有医生317人，解决了小病不出村的需要。

1979年以来严格实施计划生育国策，6年平均每年人口纯增长率在5‰。1982年被评为黑龙江省计划生育先进县。

体育　到1985年，全县有大型体育场1处，业余体校1所，学生42人，截至1985年末为国家输送优秀运动员68名。

广电　到1985年，全县有广播电台1处，电视转播台12个，覆盖率60%。有县、乡广播站15个，广播室133个。1985年建立了鸡东县电视台，使全县都可以收看到中央台、省台、鸡西市台和鸡东台的节目。

宜居住房 居民居住条件大有改善。城镇人均住房9平方米，农村14平方米。

党的建设、政治建设 党的十一届三中全会以后，鸡东县党的建设、政治建设走向新的历程，这期间召开了中共鸡东县第四次代表大会、第五次代表大会；召开了鸡东县第三届、第四届人民代表大会；政协鸡东县委员会1980年11月3日成立，1980年11月、1984年4月分别召开了政协鸡东县第一届、第二届全体委员会议；这期间还召开了全县科学大会、全县教育工作大会、全县勤劳致富表彰大会。一个生机勃勃的局面展现在人们面前。

1986—2005年间

从1986年到2005年鸡东革命老区的经济社会发展日新月异，改革砥砺前行，创新史无前例，各项工作硕果累累。

农林牧业 至1985年春，全县所有的生产队全部实行了家庭联产承包责任制。1998年进行第二轮承包，承包期再延长至30年，广大农民的生产积极性和创造性充分释放出来，各种新型协会、种养专业户涌现。2004年，国家实行农业“一免二补”（免除农业税、粮食直补、良种补贴）政策，粮食种植面积达93万亩，占总耕地面积的75%，经济作物与饲草种植面积31万亩，占25%。2005年，无公害食品种植面积100万亩，建成无公害食品基地52个。科技贡献率达46%。粮经饲种植比例已调整到48∶45∶7，全县粮食总产突破3.5亿公斤，农业总收入实现84 700.7万元，农民人均收入3 651元。

经过近20年的发展，至2005年，种植北药面积已发展到3 500亩。至2005年，共进行了五期农业综合开发，先后开发了鸡林、平阳、向阳、前卫、综合、黄泥河等五个小区和八楞山水库中低产田改造，改造中低产田16.22万亩，灌溉水田19.4万亩。

2005年，造林256公顷。其中群众造林164公顷。道路绿化累计达到410公里。

1989年，凤凰山国家级自然保护区始建，是集森林动物保护、科学研究、生态旅游和可持续利用于一体的综合性自然保护区。

至2005年末，全县农机总动力由1995年的6.11万千瓦，增长到27.4万千瓦，比1985年增长了4.5倍。农机专业户发展到467户。

畜牧业产值达55 000万元，比1986年增长116.3倍，占农业总产值的比重达31%以上。在农业收入中占据了1/3。

乡镇企业　至2005年，全县乡镇企业总数为1 815户，其中，乡村集体企业125户。

工业　1986年，境内有大小煤矿80处。2000年，大小矿井达到380对，577处，产原煤489.6万吨，其中县属国有煤矿产煤85.2万吨，实现产值6 063.5万元，创利税932万元。至2005年，县属煤矿全部退出国有，全县乡镇集体或个体矿井共有136处，原煤产量320万吨。

2001—2005年，3户焦化企业相继转制，退出国有，整体出售，重新组建成乐贤焦化有限责任公司、宝泰隆煤化工业集团公司和红旗焦化厂三户民营企业。2005年，鸡东县3户焦化企业共生产焦炭48.4万吨，实现产值6亿元，上缴税金5 668万元。2000年，有13户轻纺企业，从业人员2 198人，产值2 388.9万元。1988年9月，鸡东县制药厂建成投产。2001年10月，鸡东县制药厂被个体业主朱国斌收购，成立医圣制药公司。

交通邮政通讯　2001—2005年，鸡东县道路建设总投资1.2亿元，先后修建了鸡哈、太哈、鸡密、鸡东至八楞山通乡公路和6条通村公路。至2005年，县域公路总里程880.3公里。其中，乡级公路416.1公里，村级公路150.5公里，专用公路160.4公里。基本形成了县、乡（镇）、村相连相通的交通运输网络。

至2005年末，邮电支局（所）增加到23个，邮路总长144公里。电话入户4.5万户，入户率为44.83%。其中，农村2.865 6万户，占全县入户台数63.91%。数字互联网用户5 000户，小灵通1万户。

商贸 1986年，全县共有国有商业、集体商业、个体商户经营网点1 069个。至2005年，有商业网点13 248个，从业人员35 050人，年商品销售额35 460万元。

至2005年末，县供销社创办各类专业协会47个，组建村级服务合作社20个，成立专业合作社16个，参与农户达8 600户，吸纳会员12 600人。

社会保障 2005年末，全县共有15 884名企业职工和1 100名个体工商户参加了基本养老保险。逐步开展了机关单位聘用、合同干部、合同工人和事业单位的养老保险工作。

金融 2005年末，全县企业存款、个人储蓄存款余额分别为9 119万元和20 687万元。

教育 1986年，全县有小学166所，中学28所。其中高级中学4所。2005年，对中、小学校的布局进行了调整，合并了一些学校。至2005年末，全县有小学80所，在校学生16 427名；中学21所，在校学生13 268名。其中高中3所，在校学生3 167名。2005年，全县幼儿园规范化建设合格率84%。

体育 1987—2005年，共举办5届全民体育运动大会。1998年，鸡林朝鲜族乡被国家农牧渔业部授予“全国群众体育活动先进先镇”的称号。同年，黑龙江省群众体育工作会议在鸡东县召开。

医疗卫生　1986年，全县有卫生医疗机构272处，其中县直属卫生医疗机构8所；企（事）业办医院（所）71所。2005年7月19日，县政府印发《鸡东县中医院改制为股份制非营利性医院试点方案》，根据这一方案，将中医院改造成非营利性股份制医院。1997年，农村实行了合作医疗试点。

1986年，有卫生专业技术人员373人。其中，有中级专业技术人员57人。至2005年，全县医疗和预防机构有专业技术人员825人。其中，高级专业技术人员42人（主任医师3人，副主任医师39人）。

1986年，县直属医疗单位共有用房1.1万多平方米，有床位204张；乡镇卫生院有用房6 200平方米，有床位67张。至2005年，县直医疗单位共有用房3.2万多平方米，共有床位690张；乡镇卫生院共有用房8 500平方米，共有床位150张。

1986年，鸡东县建立了县、乡（镇）、村三级计划生育宣传教育网络。2005年，对农村部分计划生育家庭进行奖励扶助。节育率达到93.32%，一孩率60.12%。

文化　1986年，县有文化馆、图书馆、歌舞团、新华书店、电影发行放映等文化事业机构。至2005年末，有7个文化事业机构，11个乡（镇）文化站。

1986年，图书馆馆藏各类图书9 000余种、45 771册。至2005年末，馆藏图书文献14 526种、50 446册，期刊180种、报纸16种。

1986年，新华书店完成销售62万多元。2005年，完成销售352.9万元。

1993年5月，国家文化部授予鸡东县“全国文化先进县”，参加全国边境文化长廊建设现场会的领导和代表200多人到鸡东参观指导。文化部副部长高占祥、黑龙江省副省长周铁农亲临指导。

2005年，电影院4处、煤矿俱乐部2处，厂矿放映队11支，农村放映队15支。

广播电视报纸 1985年，由鸡东广播站改建为鸡东广播电台（调频）。全县有14个乡镇广播站，已形成县、乡、村有线广播网。2000年，有线电视网络覆盖14个乡镇。至2005年，县城有线电视入户率96%，可收看32套节目。乡镇有线电视入户率达90%以上。

《鸡东报》原名《鸡东经济报》，1997年8月创刊，2003年10月停刊。《鸡东周刊》共出版85期。

居民收入与住房 2005年，城镇居民人均可支配收入7 410元，是1985年382元的19倍，以年均递增15.3%的速度增长；农村居民家庭人均纯收入为3 843元，是1985年441元的8.7倍，以年均11.5%的速度增长。

城乡居民的居住环境和居住条件明显改善，县城居民大部分住进楼房，农村99%以上的住房实现砖瓦化。2005年，全县城乡居民人均居住面积分别为26.7平方米和24.2平方米，比1986年的9.8平方米和18.5平方米，分别增长172.4%和30.8%。

党的建设、政治建设 这一期间，召开了中共鸡东县第六次、第七次、第八次代表大会；召开了鸡东县第五次、第六次、第七次、第八次、第九次人民代表大会。召开了政协鸡东县五届一次、六届一次全体委员会议。其间，鸡东县被省政府授予“村镇建设先进县”“城镇建设先进县”“全省公路建设先进县”“全省社会治安综合治理先进县”；被民政部授予“全国民政工作先进县”；被民政部、中央军委总政治部授予“全国双拥模范县”；被文化部授予“全国文化先进县”；被农业部授予“全国农业先进县”“全国农民收入先进县”；被科技部授予

“全国科技进步先进县”。

2006—2012年间

从2006年到2012年党的十八大召开前是革命老区鸡东县又一个重要的历史发展时期。

经济发展 2011年，农业总产值33.2亿元，比上年增长9.5%。粮食产量达到12.8亿斤，比上年增长18.9%。农民人均纯收入10 738元，比上年增长45.7%。农业生产综合机械化程度达到91.8%。畜牧业产值实现9亿元，同比增长15.7%。2011年末，畜牧业产值达11.93亿元。农村劳动力转移每年2.5万人，收入2.87亿元。

2011年，工业总产值实现127亿元。工业增加值实现36.1亿元，同比增长21.1%，占GDP的比重43.1%。全县规模以上工业产值、增加值、主营业务收入、利税分别实现39.9亿元、13.9亿元、27.9亿元、4.6亿元，同比分别增长83.9%、87.6%、87.1%、156%。煤炭产量实现400万吨。

2011年末，规模以上工业企业21家，销售收入达到亿元以上企业9家。

2011年，对俄边境贸易实现2.5亿瑞士法郎，实现过贸6 000万瑞士法郎。

2011年末，商品零售总额11.6亿元。

2011年财政总收入5.636 5亿元。比上年增加15.30%，其中地方财政收入2.922 7亿元，比上年增加15.01%。财政总收入是1965年的178倍，是1978年的50倍。

2011年各类存款余额49.4亿元，比上年增加17.3%，是1978年的130倍；人均储蓄13 567元，是1978年的82倍；各项贷款余额28.3亿元，比上年增加38.7%，是1978年的120倍。

社会发展 2011年末，有文化馆1个、歌舞团1个、文化市场管理所1个、文物管理所1个、图书馆1个、电影公司1个。全县有乡镇文化站11个、村级文化室198个、农村文化大院73个、农家书屋123个。全县各类文化经营单位达150余家。县图书馆藏书15 100种52 626册。

2011年末，有幼儿园87所，在园幼儿5 083人。有小学19所，在校生11 747人，小学适龄儿童入学率99%。初中10所，九年一贯制学校7所，在校生11 298人，初中适龄人口入学率98%，小学升初中升学率达到100%，九年义务教育覆盖率达到100%。普通高中3所，在校生3 564人，中等职业教育学校1所，在校生1 297人。各级各类民办学校和教育机构17所。电大、农大、职教、党校、成人教育完善。“两基”通过国家验收。

全县共有县直科技协会17个，农村专业技术协会57个，农村经济专业技术合作社75个，会员20 000余人，全县有各类专业技术人才5 617人，其中，高级职称772人，中级职称2 977人。1995年、2009年、2011年三次荣获“全国科技进步先进县”，2010年荣获“全国科普惠农兴村先进单位”，2011年荣获“全国科普示范县”。

2011年末，全县有各类医疗卫生单位205个，乡镇卫生院11个、村卫生所154个、民营医疗机构3所、个体医生16户。卫生系统有职工总数1 058人，卫生专业技术人员829人，医疗机构床位共有1 280张，每千人拥有医疗床位3.9张，有社区卫生服务中心1个，社区卫生服务站6个。

社会保障　2011年城镇居民最低生活保障户数3 779户、7 658人，月发放低保金102.6万元；农村最低生活保障户数4 979户、7 771人，季发放农村低保金147.5万元。

环境保护　2011年本级财政用于环境保护的资金3 571万元，占财政支出的3%。空气质量一级天数212天，二级71天，三级82天。空气中二氧化碳、二氧化硫排放量达国家级标准。

基础设施　“十五”期间，总投资4.3亿元，新建项目150

个，增加公路里程1 189.6公里。2011年末，全县公路总里程1 473.854公里，其中：国道1条，境内全长24.049公里；省道1条，境内全长36.7公里；县道3条，全长77.988公里；乡道55条，全长534.998公里；村道145条，全长592.514公里；专用公路28条，全长207.605公里。

境内兴凯湖机场，现已开通北京—鸡西、鸡西—青岛—上海、鸡西—沈阳—三亚、鸡西—大连—天津、鸡西—哈尔滨等多条航线。

城区市政建设　2011年末，有中心大街、北华大街、南华大街、银峰大街、振兴大街等主干道路11条，总长度24.164公里，比建县时增长33倍。

鸡东热电厂2003年建成投产，2011年总发电量为2.86亿千瓦时。城区一级网供热管线总长度6.6公里，供热面积169.17万平方米。

境内有燃气供应站1个，1985年建站。2011年，年供应总量400立方米，居民用气量400立方米，燃气普及率85%。

城区园林绿化有了很大发展，城区11条主要街路全部植树绿化。

党的建设、政治建设　2006年至2012年期间召开了中共鸡东县第十次、第十一次代表大会；召开了鸡东县第十次、第十一次人民代表大会；召开了政协鸡东县第八届、第九届委员会全体委员会议。

第四节　党的十八大以来的鸡东老区

从2012年党的十八大到2017年党的十九大召开的5年时间

里，鸡东老区在县委、县政府的领导下，以党的十八大精神为指针，坚持创新发展、协调发展、绿色发展、开放发展、共享发展的理念，真抓实干，开拓进取，全县经济建设、政治建设、文化建设、社会建设、生态建设全面发展，全面提升，取得了巨大成就。

（一）五年来，努力化解和克服经济下行带来的冲击和影响，县域经济保持平稳运行

“十二五”期间，全县地区生产总值年均增长7.2%。公共财政预算收入是“十一五”期间的1.66倍，固定资产投资年均增长13.6%，外贸进口总额是“十一五”期间的1.07倍，社会消费品零售总额年均增长15.3%，城镇和农村常住居民人均可支配收入年均分别增长10%和12.9%。城镇和农村常驻居民人均可支配收入分别实现22 360元和14 180元。2017年，城镇和农村常住居民人均可支配收入同比分别增长6%和8%，达到24 088元和15 517元。

结构调整稳步推进，接续产业逐步隆起。大力培育新的经济增长点，发展绿色食品、北药种植、新型材料、特色旅游等非煤产业，非煤产业占全口径财政收入的比重由35.8%提高到76.3%。项目建设越来越实，发展后劲不断增强。五年来，累计引进全口径招商引资项目106项，到位资金188.9亿元，对上争取资金44亿元；先后实施重点产业项目74项，完成投资63亿元，共有32个项目实现竣工投产。破解企业运行难题，工业经济得到恢复性增长。2016年，全县13户规模以上工业企业全部恢复生产，实现现价总产值7亿元，同比增长7.6%。外贸进出口总额7 599万美元。2017年，净增规上工业企业7户，总数达到20户。总产值、主营业务收入、税金同比分别增长46.8%、30.4%和12.8%。

（二）五年来，组织和引导农民积极发展农业，实现了农业效益和农民收入的稳增长

种养业结构不断优化。三产业比重调整为37.5∶26.9∶35.6。种植业实施“三增、一稳、一减”，大（杂）豆种植面积增加到10.5万亩，北药种植面积增加到1.5万亩，挂袋木耳数量增加到181万袋；水稻种植面积稳定在33万亩以上；玉米种植面积减少27.31万亩。2017年，粮、经、饲比例由94.2∶4.5∶1.3调整到77.5∶7.1∶15.4。

农业生产能力大幅提高，农民收入增加。粮食播种面积稳定在155万亩以上，总产量突破15亿斤，跻身全国粮食大县行列。2017年，农业专业合作社、家庭农场、种养大户分别达到501个、424个和959个。农业企业达到200家。农村常住居民人均可支配收入年均增长1 300多元。

（三）五年来，坚持不懈地推进生态宜居宜业鸡东建设，城乡人居环境得到很大改善

基础设施建设全面加强，城乡居民住房条件改善。集全县之力推进棚户区改造，消化房地产库存，解决“烂尾楼”问题。申请国开行资金5.57亿元，改造棚户区3 231户23.62万平方米。投资2亿元改造农村泥草房4 068户，新建农村住宅23.6万平方米。实施道路畅通工程。累计投资9 766万元，先后新建改造城镇街道23条。投资6 477万元，新建农村饮水安全工程196处，全县90%的行政村都吃上了放心水。实施镇内公共厕所“旱改水”工程，拆除旱厕15处，新建水冲式厕所12处。

生态环境质量逐步提高，新增城镇公共绿地面积10公顷，开展美丽乡村建设，建成分布式新能源1 800户。加强农村生态治理，成功打造1个国家级生态乡镇、10个省级生态乡镇、107个省级生态村。加强以凤凰山和麒麟山为重点的景区规划建设，建设国家级AAAA级风景区和AAA级风景区各1处。2016年，对照国家新标准，镇内环境空气质量优良天数达到312天，在有效监测天数的95%。

（四）五年来，坚持不断地加大民生投入，努力让群众享受更多的改革发展成果

致力于惠民生、保稳定、群众福祉日益增进。截至2015年，累计投入民生资金57亿元，占财政总支出的75%；2016年投入民生资金19亿元，占财总支出的85%。

城镇低保标准从月人均310元提高到530元，农村低保标准从年人均1 800元提高到3 720元，农村五保集中供养标准、分散供养标准分别从年成年人均3 260元、2 370元提高到6 720元、4 074元。城镇居民基本医疗保险实现即时结算，最高报销限额由4万元提高至10万元；城镇居民大病救助保险最高报销限额达到20万元。新农合住院患者最高补偿资金封顶线从7万元提高到11万元。积极鼓励大众创业、万众创新。累计新增创业主体361个，实现新增就业2.3万人。发展社会事业，增强了公共服务的能力。投资16.9亿元实，施教育基本建设项目33项、7.7万平方米；全面完成“三通两平台”建设，在鸡西地区率先建立了以教育城域网、教育云平台及学校多媒体教学终端为一体的信息化管理体系。投资1 395万元，完成卫生基础设施建设项目17项，医疗卫生条件得到改善；在全市率先启动县级公立医院综合改革试点。投资1 010万元，新建城乡敬老中心，投资448万元，建成失能养护中心、社区日间照料中心。投资204万元，在每个乡镇新建了面积在300平方米以上的乡镇综合文体站，文化资源共享覆盖率达到80%以上。

（五）五年来，不遗余力地加强和创新社会治理，安全稳定的形式得到有效维护

安全生产形势稳定。截至2015年底，全县煤矿事故起数、死亡人数分别比前5年下降60%。信访形势明显好转。实行领导包案和销号制，化解久拖未决的“骨头案”和历史遗留问题278件。社会治理富有成效。深入推进“六五”普法，社会法治水平稳步提高。投资400万元，完成城镇技防建设，实现镇内主要街路和区域间视频监控无盲区，社会治安状况良好，群众安全感不断提高。

（六）五年来，致力于抓队伍、转作风，党的建设全面加强

党的十八大以来，面对复杂多变的宏观环境和艰巨繁重的发展任务，县委、县政府深入贯彻落实中央和省市委决策部署，团结带领全县党员干部群众，积极应对，砥砺前行，转型升级促发展，加大投入惠民生，固本强基抓党建，坚持不懈抓服务，全县经济社会各项事业全面进步。

人大、政府、政协、统战、武装群团、老干部等各项工作协调推进，各方面工作协调推进。

几年来相继荣获全国科技进步先进县、全国科普示范县、全国双拥模范县、全省保障性安居工程先进县、省级卫生标兵县城、省级生态县、全省未成年人思想道德建设先进县等多项荣誉称号。

第五节　鸡东老区举全县之力实施“一号工程”，脱贫攻坚取成效显著

县委、县政府多年来一直高度重视扶贫工作，采取“投、

包、联”等有效措施，扶贫解困，使鸡东老区贫困人口逐年减少，更多的贫困人口过上衣食无忧的好日子。

2015年以来，县委、县政府认真落实中央、省市脱贫攻坚决策部署，将扶贫开发工作作为“一号工程”，以脱贫攻坚统揽全局，深化部署、明确目标、整县推进、合力攻坚，上下一心，众志成城，各项工作扎实推进，成效显著。县委全会就扶贫开发工作进行了总体部署，召开了全县农村工作暨扶贫开发工作会议，多次召开县委常委会议、县政府常务会及专题会议研究推进，成立了县精准脱贫工作领导小组，负责扶贫开发工作总规划、总协调、总调度，县委、县政府主要领导多次深入贫困村开展调研工作，帮助谋划产业扶贫项目。制定出台了《鸡东县“精准扶贫·结对帮扶”活动实施方案》《2017鸡东县精准扶贫年度减贫计划》《鸡东县贫困户政策性农业保险补贴工作方案》《鸡东县教育扶贫方案》《鸡东县健康扶贫方案》《鸡东县贫困村摘帽方案》《鸡东县安全饮水保证措施》《鸡东县危房改造实施方案》等规范性文件。落实党委脱贫攻坚主体责任、党政主要领导脱贫攻坚“第一责任人”职责，严格执行县级领导包乡联村、乡负责同志分片包干、乡干部和驻村第一书记包村等制度。全县22名县处级领导干部分包11个乡镇任队长，帮扶22户贫困户，全县134个单位结对123个行政村形成“一对一”或“一对多”的精准结对帮扶工作机制。县精准脱贫工作领导小组分别与11个乡镇、11个乡镇扶贫工作队签订了《精准扶贫目标责任书》，各乡镇又与各村签订了《精准扶贫目标责任书》，县、乡（镇）、村三级层层有责，切实形成了一级抓一级、层层抓落实的工作格局。

2016年重点实施了“六个精准”。一是扶贫对象精准。按照《全省脱贫攻坚精准识别、精准退出实施方案》《全省脱贫攻坚工作“回头看”实施方案》《全市脱贫攻坚工作“回头看”实施方案》要求，全县对11个乡镇123村开展建档立卡“回头看”的工作。通过全县统一标准，并严格执行“一申请、一入户、两评议、两审核、两公示、一公告”等程序，确保了扶贫对象精准。二是项目安排精准。针对8个省级贫困村，县委县政府高度重视，全力推进产业扶贫工作。县领导先后十余次集中深入贫困村了解情况，结合村情实际，帮助研究确定扶贫项目，重点实施中草药种植、蔬菜大棚、挂袋木耳、美国大榛子、绿色水稻种植合作社、组建农机服务队等扶贫项目8个，投入资金975.42万元，项目的实施带动838户、1 800余人致富增收，年人均增收1 000余元。特别是更新村利用国家扶贫资金200万元，建设蔬菜大棚105栋。2016年底，增加收入20万元，户均增收2 000元。带动全村贫困户81户，136人全部脱贫。三是资金使用精准。2016年以来对帮扶对象累计投入资金达100万元，主要用于危房改造、建蔬菜大棚、畜牧养殖、送医送药、资助学费、柴米油盐等生产生活救济；对帮扶村累计投入资金达430万元，主要用于修建水、路、文化器材等基础设施建设。资金使用全部按要求及时拨付，无截留、占用等违规现象发生。四是措施到户精准。针对全县贫困户不同致贫原因分为：因学、因病、因灾、因缺产业、因其他原因致贫等五种类型，根据不同的致贫原因，统筹制定了《教育扶贫方案》《健康扶贫方案》《贫困户政策性农业保险补贴工作方案》等扶贫措施。五是因村派人精准。在123个包扶单位选派了工作能力好、宗旨意识强、服务水平高的干部进驻到所包村任第一书记，做到包保帮扶与基层党建同推进、共提升。同时，各乡镇在每个村选派一名乡镇领导作为包村干部，进一步充实了力量、配强了人员。特别是鸡西市委高度重视，为8个贫困村选定实力较强的单位进行帮扶，并选派了第一书记。六是脱贫成效精准。2016年鸡西市贫困退出考核组一行15人，对鸡东县贫困退出及脱贫攻坚抽样考核验收，贫困退出满意度为98%，脱贫攻坚考核为A级，经考核验收全县3 194人贫困户人口及5个贫困村全部脱贫。2017年6月，由省检查验收组对全县脱贫攻坚“回头看”推进情况进行检查验收。共抽查全县8个乡镇12个村511户。其中：8个乡镇随机抽查4个贫困村、8个非贫困村。评定我县受访户对建档立卡政策的知晓率为96.69%；新识别的贫困户精准率为100%，脱贫户精准率为99.57%，群众对帮扶工作的满意度为98.43%；清除户精准率99.08%；非贫困户对建档立卡政策和标准知晓率为95.39%；退出贫困村的精准率为100%。

2017年，全面推进脱贫攻坚创新机制，强化攻坚措施。一是推进产业发展，确保贫困户稳定增收。发展特色产业促增收。根据贫困户不同情况、不同愿望，由帮扶责任人制定具体措施，特别针对年老体弱贫困人口，大力发展庭院经济。共为贫困户提供鸡、鸭、鹅雏2 000余只，生猪、羊崽200余头，并帮助销售，100余户贫困户每户增收1 000元左右。壮大集体经济促增收。2017年，转移贫困劳动力308人，人均增收6 000元；农机服务队带动贫困户73户、157人，户均增收3 500余元；北药、蟹稻等合作社带动贫困户19户、41人，户均增收5 000余元。更新村等蔬菜大棚带动贫困户158户、172人，人均增收2 000余元；黑木耳产业带动贫困人口50余人，人均增收3 000余元。正乡村通过与鸡东金谷兴粮粮食储藏有限公司协商，开展订单生产，公司以每斤高于市场价格0.05元的价格收购，仅此一项带动贫困户51户，人均增收200多元。实施光伏项目促增收。重点实施光伏发电项目，按计划分批进行建设。第一批在4个贫困村建设4个集中式光伏发电站。总投资393.7万元左右，项目建成后带动67户贫困户，每户年增收3 000余元，12月末建设完成。二是综合施策，筑牢脱贫基础。深入实施金融扶贫到村到户工程。出台了《扶贫小额贷款实施方案》《扶贫小额信贷风险补偿资金管理办法》及《扶贫小额贷款贴息实施办法》，并设立1 000万元风险补偿金，对贫困户的生产经营活动和脱贫项目予以贷款支持。2017年已为224户贫困户贷款941.18万元；光伏发电贷款335万元。深入实施教育扶贫到村到户工程。全县建档立卡264名贫困学生，共资助建档立卡家庭学生205人，28.4万元（其中国家资助资金15.35万元，地方财政资助金额13.07万元），并免除28名普通高中“建档立卡”家庭学生学杂费为10名建档立卡大学生办理了生源地助学贷款。此外，通过金秋助学活动，资助贫困学生215人，资助金额36万元；2017年实施雨露计划，职业教育扶贫助学补助资金14.9万元，对建档立卡贫困户家庭中接受中、高等职业教育的子女30多名学生每年每生3 000元助学补助，一直到毕业。深入实施饮水安全扶贫到村到户工程。为确保2017年脱贫人口所在41个村屯水质全部合格，投资74万元进行安全饮水工程建设，受益村屯人口10 391人，其中：贫困人口265人。深入实施危房改造到村到户工程。全县农村共有建档立卡贫困户危房412户，其中C级危房142户，D级危房270户。2017年实际改造建设236户，其中C级维修42户，D级翻建194户，截至2017年11月中旬已全部完工入住。房屋改造完成后，乡建处和各乡镇进行了首轮验收，又聘请省寒地建设研究院对2017年全部改造房屋进行验收，同时，对2018年计划改造危房鉴定169户。深入实施健康扶贫到村到户工程。制定了《鸡东县健康扶贫方案》及“扶贫医疗保障明白卡”。建档立卡贫困人口到县域内定点医疗机构就诊实行“先诊疗、后付费”和“一站式”结算机制。全县共接收住院贫困患者565人，实行了先诊疗后付费结算，按照国家医保部门相关规定的比例予以报销。民政部门对建档立卡贫困户2017年缴纳新型农村合作医疗保险1 247人，救助22.4万元；缴纳2018年城乡居民基本医疗保险费57.6万元，3 476人；

医疗救助1 055人次，122.2万元；临时救助33.43万元，救助558户次。将患有纳入“三个一批”的9种重大疾病的贫困人口44人，开展集中救治工作。此外，通过实施公共卫生服务、家庭医生签约服务落实慢性病签约服务，现已经组织家庭医生签约服务团队216个，与贫困户签约服务率达到98%。完成了县直二级医院与13个乡镇卫生院医联体建设，并派出专家队伍定期到乡镇卫生院出门诊，开展具体业务帮扶，提升了基层卫生院服务能力。2018年以来，共有1 245人次建档立卡贫困人员住院，医疗总费用521.47万元，保障内费用460.69万元，报销338.66万元。有43名贫困人员申请了门诊慢性病及大病治疗，已有19人结算医药费90.33万元，报销72.77万元。有9人次按规定得到了大病保险理赔，共计报销50 151元。深入实施救济帮扶到村到户工程。以最急需、最贫困群众为靶向，重点对农村五保、重度残疾人、孤寡老人、长期患病者进行扶持，选派11个工作组进驻各乡镇对建档立卡贫困人员进行走访核定工作，新纳入农村最低生活保障人员为377人。下拨慈善救助资金20万元至各乡镇、5个贫困村及社区，用于建档立卡贫困户中重病重残人员及其他特困群众。此外，为防止因意外伤害致贫，还为18—65周岁建档立卡，贫困人口2 254人投保了每人30元的小额意外伤害险，共计67 620元。三是整合各方力量，确保贫困户早日脱贫。全县123个单位结对帮扶123个行政村，重点围绕“两不愁、三保障”标准，因地制宜、因人而异制定脱贫措施。2017年，帮扶单位投入46.5万元用于改善村容村貌，加强基础设施建设。帮扶责任人入户送温暖27 000余人次，捐赠衣物3 600余件，送慰问金89.45万元，赠送价值15万余元的米、面、油等生活用品，切实帮助贫困群众解决生产生活难题。举办各培训班27期，培训561人次。四是按照“准、严、实”的要求，狠抓工作落实，始终突出精准。稳定全县、乡、村三级有扶贫信息员队伍，确保信息及时采集、录入、更新。继续加快推进脱贫攻坚大数据管理平台建设，抓好建档立卡扶贫对象数据清理工作，严格按照问题清单进行有针对性的清洗工作。据不完全统计，工作开展以来共清洗异常数据1 000余条，确保信息准确、真实，并与全国扶贫开发信息系统信息完全一致。继续做实精准帮扶。深入开展“一帮一联”活动，完善“一户一册五卡四账”工作，推动帮扶责任、扶贫政策落实，引导贫困群众提高思想认识，转变观念，扶贫先扶志，不能一味地“等、靠、要”。坚持严督查。完善督查、协调、通报三项制度，2017年对“一册五卡四账”、结对帮扶、扶贫工作队员驻村情况等开展了4次督查暗访工作，并及时反馈和通报发现的问题，限期整改，有力促进了工作责任的落实。严落实。强化“一把手”负总责的脱贫攻坚责任制，主要领导带头抓、亲自推动，层层签订脱贫攻坚责任书、立下“军令状”，层层传导压力，进一步加强各单位协调配合，强化工作合力，强化脱贫攻坚共同推进。同时，注意打造亮点，及时总结提炼，形成可复制、可推广的模式、经验，示范带动面上工作。在县电视台每周五专题报道“第一书记”、帮扶责任人、帮扶单位等先进典型。严作风。严格防止形式主义，扶真贫、真扶贫，确保扶贫工作必须务实，脱贫过程必须扎实，脱贫结果必须真实，让脱贫成效真正获得群众认可，经得起实践和历史检验。

按照省脱贫攻坚工作要求，通过开展“回头看”和动态管理，严格执行“一宣传、一申请、一入户、两评议、两审核、两公示、一公告”等程序，到2017年底，全县建档立卡贫困人口1 711户，3 469人；脱贫996户，2 000人；未脱贫715户，1 469人。2017年脱贫128户，278人。

脱贫攻坚进行时，2019年鸡东脱贫攻坚战役将取得决定性胜利。

第九章　老促会工作

第一节　鸡东县革命老区建设促进会

根据1979年民政部、财政部关于对革命老区认定标准，黑龙江省民政厅1985年认定全省54个县（市、区）为革命老区。在54个老区县（市、区）中，一类老区12个，鸡东县被认定为黑龙江省一类革命老区。鸡东县革命老区建设促进会1996年1月建立。

1996年1月，县人大常委会原主任王洪剑任县老促会会长，县民政局原局长吕智惠任老促会秘书长；2001年3月，县委调整县老促会成员，县政协原主席王贤任会长。2002年4月，经县委同意祖景坤（县人大常委会原副主任）任县老促会副会长，县民政局副局长朴成杰任秘书长。2003年4月14日，县委办公室、县政府办公室印发鸡办发〔2003〕14号文件《关于调整县老区建设促进会成员的通知》，名誉会长马丹（县委副书记）、杜吉君（县委常委、副县长），会长王贤（县政协原主席），副会长祖景坤（县人大常委会原副主任）、舒建林（县委办公室主任）、陈广波（县政府办公室主任）、于常君（县民政局局长），秘书长朴成杰（县民政局副局长），副秘书长张前矛（县卫生局党委原副书记）。2005年2月21日，县委办公室、县政府办公室印发鸡办发〔2005〕12号文件《关于调整县革命老区建设促进会成员的通知》，名誉会长齐宝泉（县委副书记）、马丹（县委副书记、县政府常务副县长），会长王贤（县政协原主席），副会长祖景坤（县人大常委会原副主任）、舒建林（县委办公室主任）、陈广波（县政府办公室主任）、于长君（县民政局局长），顾问刘俊璞（县人大常委会原副主任）、田明久（县人大常委会原副主任），秘书长朴成杰（县民政局副局长），副秘书长张前矛（县卫生局党委原副书记）。2007年1月8日，县委办公室、县政府办公室印发鸡办发〔2007〕2号文件《关于加强鸡东县革命老区工作的实施细则的通知》，成立鸡东县革命老区工作领导小组，组长俞景福（县委副书记），副组长王素（县委常委、县政府常务副县长）、沈涛（县政府副县长）、王贤（县老促会会长）。调整县老促会成员：会长王贤（县政协原主席），常务副会长祖景坤（县人大常委会原副主任），副会长田明久（县人大常委会原副主任），顾问刘俊璞（县人大常委会原副主任）、秘书长张前矛（县卫生局原党委副书记）。2011年2月25日，县委办公室、县政府办公室印发鸡办发〔2011〕2号文件《关于调整鸡东县革命老区建设促进会成员的意见》，鸡东县革命老区建设领导小组组长孙明瑞（县委副书记、政法委书记），副组长王素（县委常委、县政府常务副县长）、李政道（县政府副县长）、王贤（县老促会会长）。县革命老区建设促进会会长王贤（县政协原主席），常务副会长祖景坤（县人大常委会原副主任）、副会长田明久（县人大常委会原副主任）、汪鸿（县政协原副主席、调研员），顾问刘俊璞（县人大常委会原副主任），秘书长张前矛（县卫生局原党委副书记）。2012年3月22日，县委办公室、县政府办公室印发鸡办发〔2012〕9号文件《关于调整鸡东县革命老区建设促进会成员的通知》，鸡东县革命老区工作领导小组组长王素（县委副书记），副组长殷洪亮

（县委常委、县政府常务副县长）、张翼鸿（县政府副县长）、王贤（县老促会会长）。2013年4月，经县委同意，原县政府调研员常斌同志任鸡东县革命老区建设促进会副会长。2014年3月，经县委同意，殷鸿亮（县委副书记）任鸡东县革命老区工作领导小组组长。2014年10月30日，经县委同意，汪鸿同志（县政协原副主席调研员、县老促会副会长）任县老促会会长。2017年3月鸡办发21号文件《关于调整鸡东县革命老区工作领导成员的通知》，徐铭（县委副书记）任县革命老区工作领导小组组长，徐正非（县委常委、副县长）、朱贵海（县政府副县长）、汪鸿（县老促会长）任副组长。2018年1月，经县委同意，毛中一（县委副书记）任县革命老区工作领导小组组长。

为了推进老区工作的开展，2002年，鸡东县各老区乡（镇）成立了老区建设促进会，选聘退休的乡（镇）科级干部任乡（镇）老促会会长。全县有乡（镇）老促会11个，村级老促会123个，民营企业老促会2个，形成了健全的老区工作网络。

根据黑龙江省老促会《关于加强妇工委组织建设的意见》和鸡西市老促会要求，经县老区工作领导小组同意，2013年8月26日，成立“鸡东县老促会妇工委”，县妇联副主席王建颖任县老促会副秘书长兼妇工委主任。2016年6月，县妇联副主席王玉霞任县老促会副秘书长兼妇工委主任。

第二节　鸡东县有关老区工作的文件

中共鸡东县委办公室鸡东县人民政府办公室转发《县老促会关于在县、乡（镇）老促会开展“五个一活动方案》的通知”。鸡办字（通知）〔2003〕3号

中共鸡东县委办公室鸡东县人民政府办公室转发县老促会《关于动员社会力量支援老区建设的意见》的通知。鸡办发〔2008〕2号

中共鸡东县委办公室鸡东县人民政府办公室印发《关于加强鸡东革命老区工作的实施细则》的通知。鸡办发〔2007〕2号

中共鸡东县委办公室鸡东县人民政府办公室关于印发《县老促会成员单位联系省级贫困村结对帮建工作的方案》的通知。鸡办发〔2008〕5号

中共鸡东县委办公室鸡东县人民政府办公室关于转发《中共鸡西市委办公室、鸡西市人民政府办公室关于开展老区村企合作共建工作的通知》的通知。鸡办发〔2011〕6号

中共鸡东县委办公室鸡东县人民政府办公室《关于成立老区宣传工作领导小组的通知》。鸡办发〔2012〕7号

中共鸡东县委办公室鸡东县人民政府办公室关于印发《鸡东县老促会成员单位联系老区村结对帮建工作方案》的通知。鸡办发〔2012〕8号

中共鸡东县委办公室鸡东县人民政府办公室《关于落实省委〔2012〕3号、市委〔2012〕2号文件精神，加强鸡东革命老区建设的实施意见》。鸡办发〔2012〕10号

中共鸡东县委办公室鸡东县人民政府办公室《关于表彰全县老区建设工作先进单位（集体）和先进个人的决定》。鸡办发〔2013〕24号

中共鸡东县委办公室鸡东县人民政府办公室《关于表彰全县老区建设工作先进集体（单位）、先进个人的决定》。鸡办发〔2015〕26号

中共鸡东县委办公室鸡东县人民政府办公室《关于转发中办发〔2015〕64号文件的通知》。鸡办发〔2016〕6号

中共鸡东县委办公室鸡东县人民政府办公室《关于调整鸡东县革命老区工作领导小组的通知》。鸡办发〔2017〕21号

第三节 鸡东各有关部门编写的有关革命老区的书目

鸡东县委宣传部：

《鸡东抗日斗争史话》2015.8

《鸡东红色印记》2017.3

鸡东县党史办：

《中国共产党鸡东县历史纪实》

《鸡东抗日烽火》

鸡东革命建设促进会：

《鸡东革命老区》2013.7

《鸡东革命老区宣传资料》2014.6

《红色记忆——鸡东革命老区（续）》2016.6

《鸡东老地名》2017.6

《鸡东革命老区宣传资料（第二辑）》2018.5

《鸡东老区红色历史文化笔记》2020.6

《鸡东老区红色历史十讲》2021.3

后 记

鸡东于1965年建县，虽建县较晚，但红色历史厚重，是黑龙江省12个一类革命老区县之一。传承老区历史，讲好老区故事，是我们鸡东革命老区建设促进会的一份历史责任。根据国家老促会关于全国1 599个老区县统一编写《老区发展史》一书的要求，在县委、县政府领导的亲切关怀和支持下，在省、市老促会的精心指导下，经过县老促会同志们近九个月时间的精心编纂，《鸡东县革命老区发展史》一书和大家见面了。

在本书编纂过程中，我们查阅了大量文史资料，并根据老区革命斗争发生发展的脉络，本着忠于史实，突出重点，详略得当，通俗好读的初心，力求确保内容的全面性、完整性、系统性和准确性。书中的史料绝大部分来源于档案和有关历史书籍，也有的来源于经历者的回忆和老区历史爱好者的采访笔记。但由于时间相隔久远，史料搜集困难，很难全面反映鸡东老区历史发展全貌。

依据史书编写体例，本书采用了纪传体编写。因为抗日斗争、地下交通、剿匪除患、“土改”建政阶段的综合历史资料所存极为有限，这段历史主要靠经历者、见证者的回忆来佐证和体现。由于各方面的因素所致，对一些回忆方面的史料没能请原作者重新审阅，对有的史料在尊重历史、尊重原作的情况下，只在文字上有所删改。

在《鸡东革命老区发展史》付梓之际，特别感谢一些关心鸡东老区的同志积极参与，热情支持。为本书提供史料和文稿的有万民义、付玉龙、白灵学、尚尔硕、李铁、隋贤德、刘祉含、孙华玉、陈广林等。在此深表谢意！

本书编辑收录的各种文件、文章、资料、统计数字时限原则上到2016年末，个别数字收集到2017年末。

本书在编辑出版的过程中，得到了县委、县政府领导的高度重视和相关部门的鼎力支持，特别是县委宣传部、党史研究室、县档案局、统计局、财政局、县委党校、县政府铅印室以及各乡镇党委、政府、老促会给予了大量的支持和帮助。在此表示衷心感谢！

鸡西市老促会和鸡西市党史研究室的领导为《鸡东县革命老区发展史》审校付出了大量心血，在此，致以崇高的敬意！

编辑时间仓促，疏误之处在所难免，敬请各位领导、专家、学者批评指正。

编者

2019年3月

主要参考文献

［1］鸡东县志编纂委员会办公室.鸡东县志1965—1985［M］.黑新出图字（88）724号，1989.

［2］鸡东县地方志编纂委员会.鸡东县志1986—2005［M］.哈尔滨:黑龙江人民出版社，2018.

［3］鸡东县地方志编委会办公室.鸡东县情1986—1990［M］.黑新出图（1998）191号，1998.

［4］鸡东县地方志办公室.鸡东年鉴2016.［M］.黑新出图字2017—17，2017.

［5］吴宝林.鸡东抗日烽火1991［M］.黑新出图字第551号，1991.

［6］鸡西市地方志编纂委员会.鸡西市志1994［M］.北京:方志出版社，1996.

［7］密山县志编纂委员会.密山县志1994［M］.北京:中国标准出版社，1980.

［8］密山市党史研究室.中共密山历史.第一卷.2012［M］.黑新出图内（2011）195号，2012.

［9］黑龙江省革命老区建设促进会.黑龙江革命老区2008［M］.哈尔滨:黑龙江人民出版社，1980.

［10］鸡西革命老区建设促进会，中共鸡西市委党史研究

室.鸡西革命老区［M］.黑新出图内字2007—18号，2007.

［11］密山市革命老区建设促进会.密山革命老区［M］.内部资料，2014.

［12］政协鸡东县委员会文史委.鸡东政协文史资料.第一、二辑［M］.内部资料，1984.

［13］韩新君等.东安根据地回忆录［M］.哈尔滨:黑龙江人民出版社，2018.

［14］韩基成.鸡西市政协文史资料——哈达河红色历史记忆［M］.黑新出图内字，2017.

［15］政协鸡西市第十一届委员会.鸡西市政协文史资料——鸡西抗日战争文史资料［M］.黑新出图2015—2号，2015.

［16］梁文玺.黑龙江抗日斗争时期地下交通［M］.哈尔滨:哈尔滨工业大学出版社，1992.

［17］李延禄.过去的年代［M］.哈尔滨:黑龙江人民出版社.1979.

［18］东北抗日联军史料编写组.东北抗日联军史料.1987［M］.北京:中共党史资料出版社，1987.

［19］龚惠，马彦文.东北抗日联军第四军.1986［M］.哈尔滨:黑龙江人民出版社，1986.